기해동정록己亥東征錄

세종, 대마도를 정벌하다

권오단 지음

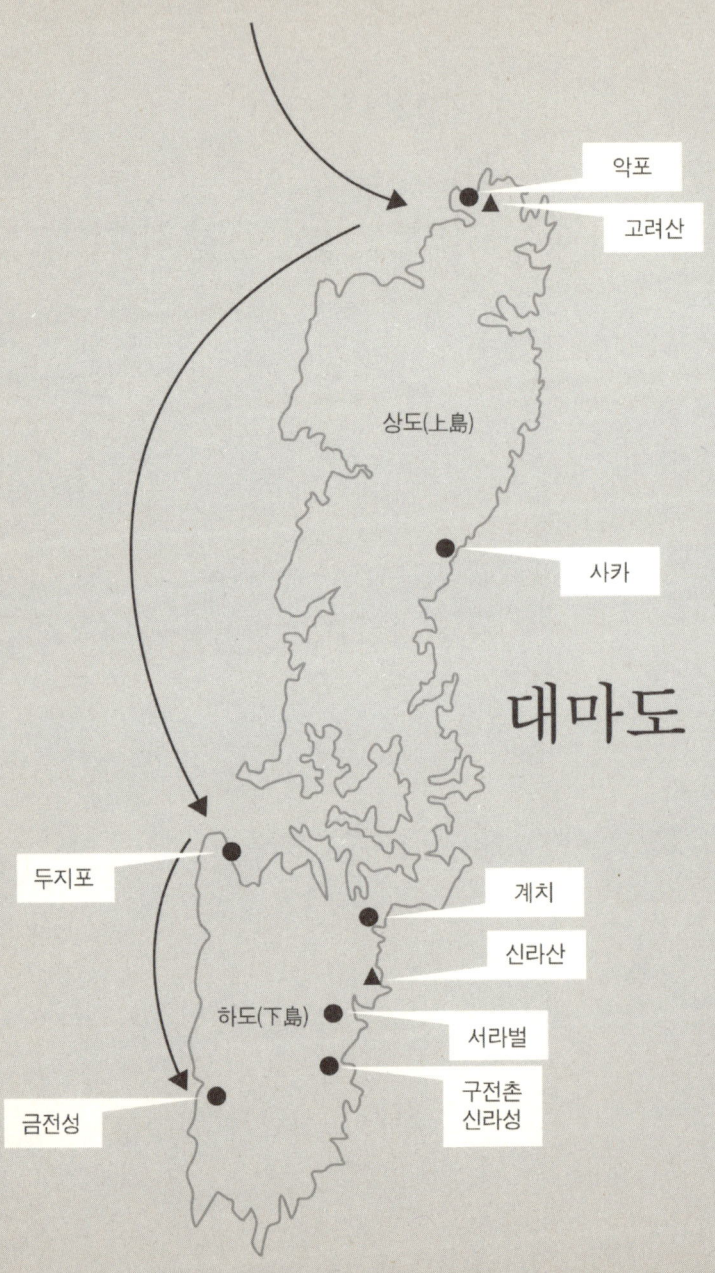

대마도 정벌 관군의 진출로

악포
고려산

상도(上島)

사카

대마도

두지포

계치
신라산
서라벌

하도(下島)

구전촌
신라성

금전성

차례

북소리 ——— 005

시험試驗 ——— 033

결단決斷 ——— 053

출정出征 ——— 063

검객劍客 ——— 089

난관難官 ——— 143

동정東征 ——— 165

패전敗戰 ——— 201

퇴각退却 ——— 239

논공論功 ——— 247

반간계反間計 ——— 271

귀환歸還 ——— 287

항서降書 ——— 295

낙천정樂天亭 ——— 301

북소리

1

시뻘건 불길과 매캐한 연기 사이로 왜구 하나가 사립문을 걷어차고 마당으로 뛰어 들어왔다. 시퍼런 왜도를 든 왜구가 낫 한 자루를 들고 뛰어나오는 아버지의 가슴팍을 걷어찼다. 아버지가 주춤거리며 물러나는 사이에 왜구의 날카로운 칼날이 아버지의 가슴을 스치고 지나갔다.

아버지가 썩은 장승처럼 바닥으로 쓰러지자 왜구가 아버지의 등을 왜도로 찔렀다. 칼에 찔린 아버지가 두 팔을 버둥거리며 비명을 질렀다. 왜구는 아버지의 등을 밟고 입가에 뱀 꼬리 같은 미소를 흘리며 칼을 비틀었다. 고통에 몸부림치던 아버지가 힘없이 늘어졌다.

　방문이 덜컥 열리며 목침을 든 어머니가 뛰어나왔다. 왜구가 아버지의 등에서 칼을 뽑아 달려오는 어머니의 배를 찔렀다. 붉은 칼이 어머니의 등으로 튀어나왔다. 배에서 칼을 뽑은 왜구가 이번에는 가슴을 비스듬히 내리쳤다. 어머니가 피를 쏟으며 힘없이 땅바닥에 나뒹굴었다.

　방 안에서 동생들의 우는 소리가 들렸다. 왜구가 방 안으로 뛰어들어갔다. 비명소리가 들리더니 피가 뚝뚝 떨어지는 칼을 든 왜구가 마당으로 뛰어나왔다. 히쭉히쭉 웃던 왜구는 부엌으로 들어가 광솔에 불을 붙여 나왔다. 그러더니 잠시 지붕을 올려다보다가 불붙은 광솔을 지붕에 던졌다. 짚으로 만든 지붕이 삽시간에 불길에 휩싸였다. 매캐한 연기가 안개처럼 흩어지고 초가에 붙은 불길이 빠르게 번졌다. 불타는 초가를 올려다보며 웃고 있던 왜구가 갑자기 고개를 돌렸다. 충혈된 붉은 눈동자가 길게 찢어지면서 고양이 눈처럼 변하더니 왜구의 얼굴이 커다란 뱀의 머리가 되었다. 통나무처럼 커다란 뱀이 주둥이를 크게 벌리고 자신을 한입에 삼킬 듯이 다가왔다.

　"헉"

　순돌은 번쩍 눈을 떴다. 눈앞으로 잎사귀가 가득한 푸른 나무가 보였다. 무성한 잎사귀 사이에서 눈부신 광선이 내리쬐고 있었다.

　"여, 여기가 어디지?"

　순돌은 자신이 나무 그늘 아래에 누워있는 것을 깨닫고 몸을 일으켰다. 이마에 식은땀이 송송히 맺혀있었다. 이마를 닦다가 길게 한숨을 내쉬었다.

"괜찮으냐?"

나무 그늘 아래에 백발이 성성한 노인 하나가 앉아있었다.

"골목길에 쓰러져 있기에 데려왔다. 염천에 더위를 먹으면 죽기 십상이다. 행색을 보아하니 거지같은데 뉘한테 맞았느냐?"

얼굴은 마른 대추처럼 골았지만 팔자 눈썹이 눈처럼 희고 피부가 깨끗한 노인이 맑은 눈으로 물끄러미 순돌이를 바라보았다.

"신문고를 두드리려다가 군졸들한테 맞았구먼유."

"신문고를?"

"야. 사람들한테 듣기론 저같이 천한 것들도 칠 수 있다 하던데 매만 맞고 왔구먼유."

"신문고를 아무나 치는 것은 옛날이야기지. 하도 북을 두드리는 사람들이 많아서 요즘엔 관원들이 아예 그 앞을 지키고 있는 걸. 말씨를 보아하니 충청도에서 온 것 같은데 무슨 억울한 사정이 있는 모양이지?"

사연을 말하기도 전에 눈물부터 왈칵 쏟아졌다.

"사연이 깊은 모양이구나. 밥은 먹었느냐?"

순돌이 눈물을 닦으며 말했다.

"어제 저녁부터 암 것두 못 먹었구먼유."

"시장하겠구나. 사연은 나중에 듣기로 하고 밥을 먹여줄 테니 따라오너라."

혀를 차던 노인이 자리에서 일어나 앞서 걸었다. 순돌이 그 뒤를 절룩거리며 따라갔다. 염천더위에 나흘간 밤낮을 쉬지 않고 560길을 온 탓에 미투리는 헤어져 맨발이 되었으며 저고리는 먼지와 때로 먹갈색이 되었다. 세수도 제때 못하여 얼굴이 때와 흙으로 시커매 거지나 매한가지였다.

노인은 작은 골목길 어귀에 있는 사립문 안으로 들어갔다. 싸리나무로 울타리를 한 삼간 초가집의 열린 방문 안에 늙은 노부인이 앉아 있고, 부엌에 있던 중년의 아낙 하나가 치마에 물기를 닦으며 마당으로 나와 인사를 하였다.

"나리, 오셨어요."

집과 옷은 허름하지만 차림새가 단정한 노부인과 중년의 아낙이 노인을 나리라고 부르는 것을 보니 양민 같지는 않아 보였다.

"이보게. 여기 한 상 차려 내오게."

"예."

아낙이 군말 없이 부엌으로 들어갔다. 노인이 마당가에 있는 평상에 앉아 손짓을 하였다.

"이리 오너라."

순돌이 절룩거리며 평상에 엉거주춤 앉았다.

"편히 앉거라."

순돌이 자리에 앉자 노인은 눈을 가늘게 뜨고 아무 말 없이 순돌의 모습을 그윽이 바라보았다. 부엌에서 아낙이 작은 개다리소반을 들고 나와 평상에 올려놓았다. 밥그릇 그득히 담긴 싯누런 기장밥과 간장, 그리고 된장에 나물을 무친 찬이 전부였다.

"시장할 텐데 많이 먹어라. 찬은 없지만 아마 꿀맛일 게야."

순돌은 시장하던 터라 상 위에 놓인 음식을 게 눈 감추듯이 허겁지겁 먹었다. 순식간에 상을 깨끗이 비우고 찬 물 한 잔을 들이켜니 정신이 들었다. 상을 물린 후에 노인이 차분한 목소리로 물었다.

"무슨 일로 신문고를 두드리려 하는 것이냐?"

"지는 충청도 비인에 사는 순돌이라 하구먼유. 그러니까 나흘 전이지유. 단옷날 이른 아침에 저희 마을에 왜구들이 쳐들어왔지유. 그때 저는 뒷간에 가 있었는데 왜구들이 부모님과 동생들을 무참하게 죽이곤 집을 불태웠구먼유. 제가 사는 마을은 시방 개 한 마리 남지 않고 쑥밭이 되었구먼유. 지옥이 되었지유. 듣자하니 한양에 소원을 들어주는 북이 있다 하기에 나흘 동안 잠도 안 자고 찾아왔는데 신문고를 두드릴 수 없더구먼유."

순돌이 손등으로 눈가를 닦으며 힘없이 고개를 숙였다.

"동생들 셋은 하나는 열 살이구, 하나는 일곱 살이구, 막내는 다섯 살이구먼유. 부모님들까지 모두 다섯 명이 죽었구먼유. 지는 너무 겁이 나서 아무 소리도 못하고 뒷간에 숨어 있었구먼유. 바보처럼 숨어 있었구먼유. 정신을 차리고 보니 저 혼자 살아있었구먼유. 육백 리 길을 정신없이 걸었구먼유. 배고픈지도 피곤한지도 모르고 걸었구먼유. 북을 쳐서 부모님과 동생들의 원한을 풀어준다고 걸었구먼유. 그런데 소용이 없더구먼유. 지더러 볼일 없다구 매를 때리더구먼유. 원수를 갚아야 할 텐데 소용 없더구먼유."

순돌이 닭똥 같은 눈물을 뚝뚝 흘리니 노인의 눈가에도 눈물이 맺히고 부엌에 있던 노부인과 늙은 여종도 소매로 눈가를 닦았다. 노인이 고개를 끄덕이다가 말했다.

"그러고 보니 비인현에 왜구들이 쳐들어왔다 하더니 네가 그때 가족을 잃었구나."

"예. 관가에서는 쉬쉬하니 원수 갚을 방법이 있어야지유. 신문고나 두드려 나라님께 억울한 사정을 이야기해 보려구 찾아왔구먼유."

"아직 어린 나인데 육백 리 길을 걸어오다니 당차구나. 네 딱한 사정은 안됐지만 왜구들의 노략질이 어제오늘 일이 아니지 않느냐. 나라에서 반드시 조처를 취할 것이니 걱정 말아라."

"아녀유. 지는 나라님을 반드시 만나야 해유. 나라님께서 제 억울한 사정을 들으시면 왜구들을 토벌해 주실 거구먼유. 듣자니 대마도가 왜구들의 소굴이라던데 임금님이라면 그곳을 쳐서 왜구들의 씨를 말릴 수 있지 않겠어유? 나라님이 명을 내리시면 간단할 텐데 왜 그러는지 지는 모르겠구먼유."

"나라일이라는 것이 네 생각처럼 그리 단순한 것이 아니란다."

"지는 무식해서 잘 모르겠구먼유."

순돌이 평상에서 일어나 노인에게 꾸벅 인사를 하였다.

"밥은 잘 먹었어유. 은혜는 잊지 않겠구먼유. 지는 이만 물러가겠구먼유."

"정말 신문고를 두드리려느냐?"

"야."

"황소고집이로구나. 좋을 데로 하거라. 그런데 낮에는 어려울 게야."

"그럼 밤에는 쉽나유?"

노인이 빙그레 웃으며 말했다.

"낮에는 지키는 사람이 있어 어렵고 밤에는 지키는 사람이 느슨하니, 일이 여의치 않으면 자정 무렵에 북을 두드리거라. 우리 임금님의 귀는 밤늦게까지 열려 계시니 말이다."

"명심하겠구먼유."

꾸벅 인사를 하고 사립문을 나가던 순돌이 몸을 돌렸다.

"그런데 어르신의 성함은 어찌 되시는 감유?"

"내 이름은 유관柳寬이라 하지."

"잘 알겠구먼유. 어르신, 복 많이 받으셔유. 이 은혜는 죽어서도 잊지 않겠구먼유."

순돌은 허리를 구부려 인사를 하곤 사립문을 나섰다.

긴 여름 해가 서산으로 기울어가고 있었다. 어스름 땅거미가 깔리는 이맘때가 되면 비인에서는 사람의 자취를 찾을 수 없건만 한양이라 그런지 오가는 사람들이 여전하였다.

해가 긴 여름이라 그런 것인지도 몰랐다. 낮 동안 숨이 막히던 더위가 밤기운에 차차 누그러져서 집 안에 갇혀있던 사람들이 더위를 피하러 나온 것인지도 몰랐다.

집집마다 불을 밝혀서 배고개에서 바라보면 별들이 땅 위로 내려앉은 것 같았다. 배고개를 내려와 종로 큰길로 들어서니 쓰게 치마를 눌러쓴 여인들의 모습도 보이고, 말을 탄 양반들과 사인교를 차고 행세하며 지나가는 관리들의 모습도 보였다. 비단옷을 입은 양반들은 활개를 치며 위세 좋게 걸어가고, 그 앞에 등롱을 든 하인들이 종종 걸음으로 앞서갔다. 화려한 비단옷을 입고 머리를 높이 올리고 나귀 타고 가는 기녀들의 모습, 머리에 짐을 이고 코 흘리는 아이의 손을 잡고 바삐 가는 아낙, 시주를 받으러 다니는 머리를 깎은 중들의 모습도 간간이 구경할 수 있었다. 짐을 실은 장사꾼이며, 옹기를 진 옹기장이며, 기직을 파는 장사치까지 수많은 사람들이 거리를 지나쳐 갔다.

순돌이는 처마 밑에서 오가는 사람들을 구경하다가 간간이 고개를 돌려 고각을 바라보았다.

군졸들은 철통처럼 고각을 지키고 있었다. 백성들을 위해 만들었다는 신문고는 백성들과는 다른 세상에서 존재하는 것 같았다. 낮 동안에는 아무리 기를 써 봐도 북을 칠 수 없을 것이니, 노인의 말마따나 늦은 밤에나 두드릴 수밖에 없을 것 같았다.

멀리에서 종소리가 들렸다. 웅장한 종소리가 오랫동안 여운을 남겼다. 아마도 종루에서 들려오는 소리 같았다. 인경의 소리가 잦아들면서 거리를 오가는 사람들도 줄어들었다. 어둠이 깊어갈 수록 인적은 잦아져서 인경이 열두 번 치자 거리에 사람이 보이지 않게 되었다.

어둠이 내린 거리에서는 먼 산에서 우는 두견새 소리와 매미 소리만이 한밤의 고요를 은은하게 깨트리고 있었다.

딱, 딱—

멀리서 야경꾼들의 목책 소리가 들려왔다. 어둠 속에서 횃불을 든 군사들이 대오를 지어 거리를 돌아다니고 있었다. 순라군을 피해 육조의 골목길로 나가보니 어둠이 내린 넓은 대로 좌우에 고래등 같은 기와가 즐비하고 멀리 북쪽 산 아래에 높은 성문이 보였다. 광화문이라는 곳이었다. 광화문 높은 성벽에 불길이 일렁거리고 있었다. 수직하는 군사들이 지키고 있는 모양이었다. 신문고는 광화문 앞에 있었다. 처음에 순돌이는 겁 없이 신문고를 두드리려다가 고각을 지키는 군졸들에게 매를 흠씬 맞고는 종로 사거리까지 쫓겨 내려왔다.

딱, 딱—

횃불을 든 군사들이 대오를 지어 다가오고 있었다. 순돌은 골목을 전전하며 순라군들을 피해 다녔다. 이곳저곳에서 횃불을 든 순라군들이 어지럽게 돌아다녔다. 작은 골목길과 울타리를 전전하며 순라군을 피해 다니던 순돌은 육조거리의 담장에 몸을 붙이고 신문고가 있는 고각을 바라보았다. 고각 앞에 화톳불 하나가 켜져 있었다. 늦은 밤에도 군사들이 고각을 지키고 있음인지 몰랐다.

순돌은 용기를 내어 담장 밑으로 살금살금 걸음을 옮겼다. 구름이 달을 가려 사방이 더욱 어두워져서 길 가는 수고를 덜어주었다. 고각 앞에서 순돌은 몸을 바닥에 찰싹 붙이고 조심조심 기었다. 고각 앞의 화톳불이 근방을 비쳐 주었다.

낮 동안에는 네 명이나 지키고 있던 고각 주위에 군사들이 보이지 않았다. 사람이 다니지 않는다고 경계를 푼 모양이었다. 그때였다. 창을 든 포졸 하나가 고각 뒤편에서 화톳불 앞으로 불쑥 튀어나왔다.

밤에도 군졸이 고각을 지키고 있었던 것이다.

창을 든 군졸이 연신 하품을 하였다. 순돌이 바닥에 엎드려 한동안 바라보니 고각을 지키는 군졸은 한 사람 밖에 없었다. 조심스럽게 돌아가면 군졸에게 들키지 않고 고각 위로 올라가 북을 두드릴 수 있을 것 같았다.

살금살금 고각 뒤편으로 기어갔다. 모기가 웽 소리를 지르며 주위를 맴돌았다. 뺨이 따끔거리는 것이 모기가 피를 빠는 모양이었다. 얼굴이 간질간질하였지만 지금 모기를 쫓을 수는 없는 노릇이었다.

찰싹—

군졸이 모기를 쫓는 듯 연신 손뼉을 마주치는 소리가 들려왔다. 고각 앞에 있는 군졸은 모기를 쫓느라 정신이 없는 모양이었다.

순돌은 무릎걸음으로 빠르게 기어 고각의 기둥 뒤로 몸을 숨겼다. 조심조심 계단을 올라가니 누각 위에 커다란 신문고가 보였다. 고각 난간 옆에 커다란 북채도 보였다. 조심스레 북채를 잡고 신문고 앞에 섰다. 죽은 부모님과 어린 동생들이 생각났다.

'이 소리가 임금님의 귀에까지 들리도록 도와주세요. 억울하게 죽은 사람들의 원한을 풀 수 있도록 도와주세요.'

순돌이는 북채를 굳게 잡고 북을 향해 힘껏 내질렀다.

둥—

고요한 밤의 정적을 깨고 북소리가 크게 울렸다.

"뭐냐? 누구냐?"

고각 아래에서 번을 서던 군졸의 목소리가 들려왔다. 계단을 밟고 올라오는 발자국 소리가 어지럽게 들렸다. 마음이 급해진 순돌은 다시 한 번 힘껏 북을 쳤다. 이 소리가 임금님의 귀에까지 들리기를 간절히 바라면서 순돌은 온힘을 다해 신문고를 두드렸다.

둥-둥-둥-둥-둥-

2

잠을 이루지 못하고 후원을 거닐던 세종은 연못가에 멈추어 천천히 고개를 들었다. 인왕산 중천에 떠 있는 둥근 달이 은은한 빛을 뿌리고 있었다. 산골짜기에서 부는 가을바람이 세종의 목덜미 속으로 파고들었다. 각지에서 올라온 상소와 처리할 문건을 살펴보던 세종은 이날도 밤늦게까지 침소에 들지 못하고 이렇듯 경회루를 거닐고 있었다.

둥-둥-둥-둥-

세종은 들릴 듯 말 듯 멀리서 들려오는 은은한 소리에 귀를 기울이다가 고개를 돌려 뒤따라오던 내시에게 물었다.

"이것이 무슨 소린가?"

판내시부사 김용기가 눈을 찡그리며 먼 곳의 소리에 귀를 기울이다가 부복하며 말했다.

"황공하오나 소신의 귀에는 두견이 울음밖에 들리지 않습니다."

세종이 다시 귀를 기울여 보았다. 구슬피 우는 두견새 울음소리가 늦은 밤 후원의 고요를 깨트리고 있을 뿐이었다.

"지금 시각이 어떻게 되었는가?"

"사경(四更, 새벽 1시~3시)이 지난 줄로 아옵니다."

"사경이 지났다?"

잠시 말이 없던 세종은 석강夕講에서 예문관 대제학 유관柳寬이 했던 말을 떠올렸다.

'주상전하. 용상 뒤에 있는 병풍에 해와 달이 그려져 있는데 어떤 연유인지 아십니까?'

'임금이란 곧 해와 달과 같은 존재라서 그런 것이 아닌가?'

'반만 맞았습니다.'

'무슨 뜻이오?'

'해는 낮에 모습을 드러내고 달은 밤에 나타납니다. 임금은 해와 달과 같이 밤낮으로 백성들의 사는 모습을 살피고 그 소리에 귀를 기울여야 하기 때문에 정전의 병풍에 해와 달을 함께 그리는 것입니다.'

'경이 내게 할 말이 있는가?'

'신이 듣기에 요즘엔 신문고가 낮에 울리지 않고 밤에 울린다고 합니다. 주상께서 늦은 밤까지 책을 보시다가 혹여 바깥으로 나오게 되면 시험 삼아 한번 귀를 기울여 보십시오.'

세종은 유관이 병풍의 그림을 빌어 임금의 도리를 일깨워 주고 신문고가 유명무실해진 것을 빗대어 지적한 것이라 여겼다. 그러나 지금 생각하니 심지 깊은 유관이 그런 말을 할 때엔 반드시 다른 사정이 있을 것 같았다.

"잘못 들었을 리 없다. 분명히 북소리였어."

"하오나 이경(二更, 오후 9시부터 11시)부터 오경(五更, 새벽 3시부터 새벽 5시)까진 도성 출입이 금지되어 있사옵니다. 도대체 어떤 자가 이 시각에 북을 치고 다니겠습니까?"

"그래?"

잠시 생각에 잠겨있던 세종이 천천히 입을 열었다.

"내 짐작이 맞다면 신문고申聞鼓에서 난 소리가 틀림없을 것이다. 너는 당장 궁궐 밖으로 나가 바깥에 무슨 일이 있는지 확인하고 돌아오라."

"예."

부드러운 세종의 목소리에 김용기는 몸을 굽혀 인사하고는 뒷걸음질쳐서 허둥지둥 후원 바깥으로 달려 나갔다. 잠시 후, 아문으로 달려갔던 김용기가 부랴부랴 돌아와 후원 정자에서 기다리던 세종 앞에 머리를 조아렸다.

"무슨 일이냐?"

"그, 그것이……."

김용기가 용안을 힐끔 우러러보곤 입을 열었다.

"웬 거지 아이가 신문고를 두드리다가 순라군에게 붙들려 경수소驚守所로 끌려갔다 하옵니다."

세종이 머리를 갸웃거리며 물었다.

"도대체 무슨 일로 깊은 밤에 신문고를 두드렸단 말이냐?"

김용기가 난처한 얼굴로 세종에게 머리를 조아렸다.

"그, 그것이 늦은 밤 갑작스레 일어난 일이라서 깊은 내용까지는 듣지 못했사옵니다."

"무슨 일로 이렇게 늦은 밤에 신문고를 두드렸을꼬?"

잠시 생각하던 세종이 김용기에게 말했다.

"나와 함께 경수소로 가자."

"예?"

놀란 김용기가 세종의 용안을 올려다보았다.

"궁금하구나. 그 아이의 사연이……."

"하오나 이렇게 깊은 밤에 고작 그런 자의 일로 경수소에 간다는 것이……."

"신분의 고하에 관계없이 모두 내 백성이다. 내가 백성의 소리에 귀를 기울이지 않고 그들의 고통을 쓰다듬어 주지 않으면 누가 대신해 줄 것인가? 염려 말고 앞장서거라."

"예."

김용기가 몸을 굽혀 등롱을 들고 앞서 나갔다.

3

광화문 앞의 경수소 문 앞에서는 화톳불 다섯 개가 대낮같이 환하게 어둠을 밝히고 있었다. 경수소 감옥 앞에서 외롭게 보초를 서고 있던 병사 두 명은 뜻밖의 임금 행차에 혼이 달아날 듯 놀라 머리가 땅에 닿을 듯이 몸을 구부려 인사를 하였다.

등롱을 든 김용기가 나서서 물었다.

"잠시 전에 신문고를 두드린 자가 여기 있느냐?"

"예. 그걸 어찌?"

내시가 고개를 돌려 세종의 용안을 한 번 올려다보곤 다시 말했다.

"그자를 데려오너라."

"예."

병사 하나가 곤두박질치듯 경수소로 들어가더니 붉은 옷을 입은 금위장과 함께 나와 읍하였다.

"수고가 많구나."

금위장이 황공하여 고개를 들지 못하고 서 있자니 군졸이 누더기 옷을 입은 아이 하나를 끌고 나왔다. 열다섯 쯤 되어 보이는 제비부리댕기를 한 소년이었다.

"꿇어라."

소년이 무릎을 꿇자 금위장이 힐책하듯 소년의 어깨를 눌러 바닥에 엎드리게 하였다.

"냉큼 엎드려라. 상감마마시다."

"예?"

바닥에 찰싹 엎드린 소년의 손과 발이 사시나무 떨리듯 떨렸다.

"무서워할 것 없다."

세종이 부드러운 목소리로 말했다.

"전하. 천한 아이입니다. 어찌?"

세종이 얼른 김용기를 향해 손을 내저었다. 김용기가 난처한 얼굴로 한 걸음 물러서니 세종이 다시 고개를 돌려 소년에게 말했다.

"고개를 들라."

김용기가 슬그머니 두 사람 옆으로 다가와 조용히 말했다.

"어명이다. 어서 고개를 들어라."

사시나무 떨 듯하던 소년이 천천히 머리를 들었다. 그러나 시선은 여전히 용안을 보지 못하고 바닥을 향한 채였다.

"이름이 무엇이냐?"

김용기가 왕의 말을 받았다.

"네 이름이 무엇이냐?"

소년은 왕의 위엄에 기가 질려서 대답을 하지 못하다가 내시의 질책을 받고 모기소리로 중얼거렸다.

"순돌이어유."

말을 받은 내시가 큰 소리도 대답하였다.

"순돌이라 합니다."

세종이 부드러운 목소리로 물었다.

"나이가 몇이냐?"

"올해로 열여섯이구먼유."

"네가 신문고를 두드렸느냐?"

"예."

"그 북이 어떤 북인지 아느냐?"

순돌이 세종을 힐끔 올려다보곤 입을 열었다.

"임금님께 억울한 사정을 말할 수 있는 북이라고 사람들에게 들었어유."

김용기가 역정을 내었다.

"이놈. 간이 배 밖으로 나왔구나. 어느 안전이라고 너같이 천한 놈이 상감마마와 독대한단 말이냐? 맹랑한 놈이로구나. 네가 진실로 죽고 싶은 것이냐?"

"그럴 것 없다. 내가 직접 듣고 싶다."

세종이 손을 저은 후 다시 물었다.

"네 억울한 사정이 무엇이냐? 어려워 말고 말해 보거라."

순돌이 엎드린 채로 단옷날 충청도 비인현에 왜구가 침입해 와서 동리 사람들과 부모형제가 죽은 사연을 말하였다.

"임금님. 왜구 놈들이 단옷날 이른 아침에 우리 동네로 쳐들어와 동네 사람들을 몰살하고 부모님과 제 동생들을 무참하게 죽였구먼유. 왜구들이 이 땅을 침입하지 못하도록 씨를 말려 주서유. 더 이상 백성들이 원통한 죽음을 당하지 않도록 임금님께서 왜구들을 물리쳐 주서유. 듣자하니 대마도가 왜구들의 소굴이라 하던데 왜구들을 쳐서 불쌍하게 죽은 사람들의 복수를 해 주서유. 우리 부모님과 동생들의 복수를 해 주서유. 부디 제 소원을 들어주서유."

순돌이 손등으로 눈물을 닦으며 울부짖었다.

그렇지 않아도 며칠 전, 충청도 비인현에 왜구가 침입한 일로 한바탕 궁궐이 시끄러웠다. 왜구들의 침입이 흔한 일이 되었고, 또한 병권에 관한 것은 상왕의 권한이 되다보니 세종도 알고는 있었으나 관여하지 않았다. 그러나 지금 순돌의 이야기를 들어보니 왜구의 잔학

함에 치가 떨리고 분노가 치밀어 이대로 좌시해서는 안 되겠다는 절박한 마음이 들었다. 졸지에 가족을 모두 잃어버리고 충청도에서 오백 리 길을 걸어와 신문고를 두드린 순돌의 처지를 생각하니 임금의 자리에 있으되 임금답지 못한 자신의 모습에 가슴 가득 부끄러움이 솟아났다.

세종이 근심이 가득한 얼굴로 입을 열었다.

"알겠다. 내 조처할 것이니 울지 말거라."

"예?"

순돌이 놀란 듯 얼굴을 들었다.

"왕실에 허언은 없나니. 네 소원을 들어주마. 그러니 울지 말라."

"감사하구먼유. 임금님, 감사하구먼유."

순돌이 땅에 이마를 박을 듯이 꾸벅꾸벅 절을 올렸다.

"지낼 곳은 있느냐?"

"……."

물끄러미 순돌을 바라보던 세종이 물었다.

"그런데 이렇게 야심한 밤에 신문고를 어찌 두드렸을꼬? 혹시 너에게 깊은 밤에 북을 두드리라고 일러주던 사람이 있지 않았느냐?"

"예? 그걸 어떻게?"

순돌이 놀란 얼굴로 힐끔 고개를 들었다가 재빨리 이마를 땅에 처박고 말했다.

"한양이 초행이라서 신문고가 어디 있는지 몰라 수소문하다가 백발의 노인 하나를 만났구먼유. 그 노인이 집으로 데려가 밥을 먹여주고 제 사연을 물어보기에 사정을 말하였더니 감시가 소홀한 늦은 밤에 북을 치라고 하셨구먼유."

대제학 유관이 꾸민 일이 틀림없었다. 석강에서 유관이 말한 것은 늦은 밤 순돌의 원통한 이야기를 들어보라는 뜻이었다. 세종이 미소를 지으며 고개를 끄덕이다가 김용기에게 말했다.

"저 아이가 당분간 이곳에서 지낼 수 있도록 조처하라."

"예."

김용기가 고개를 꾸벅 숙였다.

4

경수소를 나온 세종은 곧장 병조를 찾았다. 병조에서 수직을 서던 병조 정랑 권맹손權孟孫이 세종의 때 아닌 방문에 놀라며 머리 숙여 인사를 하였다.

"수고가 많소."

"송구하옵니다."

"오늘 온 충청감사의 장계를 보고 싶은데?"

권맹손이 장계를 가져와 세종에게 공손히 바쳤다. 세종이 의자에 앉아 장계를 찬찬히 읽어보곤 한숨을 길게 내쉬었다.

"비인현의 피해가 막심하겠구나. 상왕께서 어떻게 조처하셨는가?"

권맹손이 허리를 굽히며 대답하였다.

"왜적을 방비하지 못한 마량포 만호 김성길을 참형에 처하게 하시고, 충청도의 시위별패와 하번 갑사와 수호군을 징집하여 엄하게 방비하게 하셨습니다. 총제 성달생은 경기·황해·충청 수군 도처치사에, 상호군 이각은 경기 수군첨절제사에, 이사검은 황해도 수군첨절제사에, 전 총제 왕인은 충청도 수군도절제사에 명하고 또 해주목사 박영은 황해도 수군절제사를 겸하게 하셨습니다. 그리고 첨총제 이중지를 충청도 조전 병마절도사로 삼아 왜구를 섬멸하게 하셨습니다."

"음. 알겠다."

세종이 장계를 건네곤 말없이 병조를 나갔다.

정전으로 돌아가던 세종은 후원 연못가에 멈추어 서서 천천히 고개를 들었다. 달빛이 구름 속에서 빛을 잃고 있었다. 중천에 뜬 달이 백성들의 소리를 듣지 못하는 자신의 모습인양 여겨졌다.

부끄러웠다.

산골짜기에서 부는 바람이 세종의 목덜미 속으로 파고들었다. 곤룡포를 파고드는 바람이 오늘따라 후덥지근하게 느껴지는 이유는 가슴속에서 불같이 치솟는 자신에 대한 분노 때문인지도 몰랐다.

조선이 개국한 지 29년, 태종에게 제위를 이어받아 정사를 이끈 지 아직 일 년이 채 되지도 않았다. 세종의 나이 23세, 무언가를 하기엔 수강궁에 건재하신 상왕의 그늘이 너무도 짙었다.

세종은 자신의 처지가 거목의 그늘에 가려 느리게 성장하는 어린 나무와 같게만 생각되었다. 깊이 숨을 들이마셨다. 청량한 공기가 폐부 깊숙이 들어왔다. 답답한 마음에 발길 닫는 데로 후원을 거닐다 멈추어 서니 눈앞에 근정문勤政門이 보였다. 동서 양편으로 일화문日華

門과 월화문月華門을 거느린 근정문으로 들어서니 저 멀리 삼급三級의 돌층계 위에 웅장하고 화려한 근정전勤政殿이 나타났다.

앞뜰에는 문무양반文武兩班의 위계位階를 새긴 품석品石이 허수아비처럼 줄지어 서 있었고 넓은 뜰 사방으로는 행각行閣이 둘려 있는데 곳곳에 칼을 찬 갑사들이 눈을 부릅뜨고 서 있었다.

세종이 계단을 올라가 품석이 있는 뜰 앞 가운데 멈추어 섰다.

"판내시부사."

"예."

세종의 뒤편에서 석상처럼 서 있던 판내시부사判內侍府事 김용기金龍奇가 고개를 숙였다.

"생각하니 대마도에 관하여 모르는 것이 너무 많은 것 같다. 너는 지금 예문춘추관으로 가서 대마도에 관계된 문건들을 남김없이 찾아오너라. 또 병조로 가서 그동안 왜구들이 이 땅을 침범했던 기록들도 찾아오고."

"예."

김용기가 읍을 하고 물러나서 잰걸음으로 월화문을 빠져나갔다.

세종은 천천히 고개를 들어 어둠이 내린 하늘 위로 우뚝 서 있는 근정전을 바라보았다. 근정전의 기와지붕이 희미한 달빛 아래에 거인처럼 웅크리고 있었다. 근정전은 조선이라는 거인의 심장이었다.

이 심장 안에 있는 것은 상왕이 아니라 세종 자신이었다. 태상왕께서 어렵게 창업한 이 나라, 상왕께서 힘들게 기초를 세운 이 나라를 굳건한 반석에 앉히는 일이 자신의 몫임을 세종은 알고 있었다. 그렇

지만 그 길을 가기까지는 아직 너무도 오랜 인내가 필요했다. 상왕이
라는 큰 거목은 세종이 초월하기에는 너무도 크고 무거웠다. 근정전
을 뒤덮고 있는 기와의 무게처럼 말이다. 멀리 두견의 울음소리가 낮
게 들려왔다.

5

다음날, 주강晝講이 끝난 후에 세종이 대제학 유관을 따로 불렀다.
"불러 계시옵니까?"
백발이 성성한 유관이 가볍게 읍을 하였다.
"어젯밤에 과인이 잠을 자지 못하고 후원을 거닐다가 신문고 소리
를 들었어요. 희한하게 어제 석강에 경이 정전의 병풍 뒤에 있는 해
와 달의 의미를 알려 준 후에 그리 되었으니 참으로 공교롭지요?"
유관이 허리를 굽히며 웃었다.
"황공하옵니다."
"경은 그 아이를 어떻게 할 생각이오."
"오갈 곳이 없는 아이이니 퇴청할 때 신이 데려갈 생각입니다."
"경의 살림살이도 그리 넉넉잖은데 무작정 데리고 있다고 수가 나
겠소?"
"사람이 나면서 먹을 것은 가지고 태어난다고 하는데 산 입에 거
미줄이야 치겠습니까? 궁하면 통한다고 수단을 강구하면 되겠지요."
세종이 고개를 몇 번 끄덕이다가 말했다.

"내가 경에게 한 가지 물어보고 싶은 것이 있소."

"무엇이든 물어 보시옵소서."

"무엇 때문에 그 아이의 사정을 듣게 한 것이오?"

"신문고는 백성들의 억울한 사정을 들어주기 위해 마련한 북입니다. 그동안 양반들의 재산 싸움에 이용되어 유명무실하게 되었지만 반드시 울려야 할 때에는 울려야 하는 북이기에 그리한 것입니다."

"경도 아시다시피 나는 힘이 없소. 힘이 없는 내가 어찌 그자의 소원을 들어줄 수 있겠소."

"송구스런 말씀이지만 한마디 하겠습니다. 지금 이 나라의 임금은 상왕전하가 아니라 여기 계신 주상전하이시옵니다. 주상전하께서 보위를 물려받아 즉위하신 지 한 해가 지났음에도 상왕의 그늘에서 안주하심은 일국의 국왕으로서 신하들과 백성들에게 좋은 그림이 아니옵니다. 전하께서 결단을 내리지 않으신다면 언제까지나 허울 좋은 임금님밖에는 될 수 없을 것입니다."

"그럼 내가 어떻게 하면 좋겠소?"

"제가 도와드리겠습니다."

"어떻게 나를 도와주겠단 말이오."

"두고 보십시오. 당장 오늘 저녁이면 아시게 될 것입니다."

유관이 선량한 얼굴로 세종을 바라보며 미소를 지어보였다.

유관은 그 길로 수강궁을 찾았다. 이때 태종은 수강궁 후원에서 활을 쏘고 있었다. 유관이 사단 뒤편에 말없이 시립하였다.

깍지를 끼우고 멀리 떨어진 과녁을 말없이 응시하던 태종이 이윽고 천천히 활을 들었다. 깍지 낀 손이 풀리며 시위를 벗어난 화살이 벼락처럼 날아가 포물선을 그리며 과녁에 적중하였다.

"중中이요."

과녁 뒤편에서 내관이 뛰어나와 빨간 깃발을 휘둘렀다. 신궁이라 이름 높던 태조에게는 미치지 못하지만 태종 역시 활 쏘는 것에 있어서 이름이 높았다.

"허허허."

태종이 흡족한 얼굴로 구레나룻 수염을 쓰다듬다가 사단 뒤편에 시립해 있는 백발의 유관을 보았다.

"이게 누구야? 하정夏亭 아닌가?"

하정은 유관의 호였다. 고려 적부터 친분이 깊은 까닭에 태종은 하정의 호를 여과 없이 불렀다. 유관이 미소를 지으며 허리를 굽혔다.

태종은 들고 있던 활을 곁에 있는 내시에게 건네곤 성큼성큼 유관에게 다가왔다.

"한동안 뜸하더니 오늘은 무슨 바람이 일었는가?"

"송구합니다. 긴히 드릴 말씀이 있어서 찾아왔습니다."

"경이 내게 할 말이 있다고? 그것도 긴히……."

태종은 정색이 되어 유관의 얼굴을 한동안 바라보았다. 조정 내부에서 태종에게 바른 소리를 할 사람은 유관 밖에 없었다. 그만큼 깨끗하고 내외에 신망이 두터운 인물이었기 때문에 태종 역시 그의 말을 선선히 받아들이는 실정이었다.

태종은 천천히 수강궁 후원의 정자 안으로 들어갔다. 이미 정자 안에는 다과가 준비되어 있었다. 태종이 자리에 앉아 유관에게 앉길 권하였다.

유관이 자리에 앉자 태종이 찻잔을 권하며 말했다.

"내게 무슨 말을 하고 싶은 겐가?"

"전하. 정치란 무엇입니까?"

태종이 유관의 얼굴을 바라보았다. 팔자로 길게 쳐진 흰 눈썹 아래로 쪼글쪼글한 유관의 얼굴에는 웃는 듯 마는 듯 표정이 없었다.

"갑자기 내게 그런 말을 하는 이유가 무엇인가?"

"소신은 작년 전하께서 왕위를 전위하실 때에 하셨던 말씀을 아직도 생생히 기억하고 있습니다. 정치란 바름이니, 나라를 바로잡는 것이라고 말입니다. 윗물이 맑아야 아랫물이 맑을 수 있다 하시고, 부덕한 자신은 스스로 물러나겠다고 하시지 않으셨습니까?"

"그렇지. 내가 그런 말을 했었지."

"전하. 소신은 전하께서 외척들의 비리를 눈감지 아니하시고 일벌백계한 것도 그 때문이라고 생각하고 있사옵니다. 그렇지 않습니까?"

"그렇소. 나라가 바로서기 위해서는 정치를 맡아보는 사람들이 깨끗해야 하는 것이오. 그렇지 않고서는 백성들이 누구를 본받고 따를 수 있을 것인가."

"바로 그것입니다. 신은 전하께서 왕위를 전위하실 때 실로 탄복하였습니다. 그것이야말로 주공이 무왕에게 천하를 넘겨준 것과 무엇이 다르겠습니까?"

"하하하. 듣자하니 너무 과한 칭찬이 아닌가?"

태종이 고개를 젖혀 호탕하게 웃었다. 태종이 태조에게 왕위를 넘겨받은 지 18년, 태종의 치세는 그리 안정적이지 못하였다. 불안정한 개국 초기의 정세에서 혼탁했던 형제들끼리의 왕위다툼, 그리고 천재지변으로 인한 사회적 불안 등은 태종의 임금으로서의 정치적 입지를 불안케 했다. 이때 왕실을 등에 업은 외척의 발호에 불안을 느낀 태종은 부인인 원경왕후 민씨의 친동기 넷을 사형시켰으며, 작년 12월 세종의 장인인 심온沈溫 역시 협유집권挾幼執權 혐의로 처형하였으니, 이로써 조선의 척리는 품계는 높아도 정사政事에는 참여할 수 없는 틀이 만들어졌다. 태종 스스로 왕위를 물러난 것 역시 정치政는 바름正이라는 원칙을 따른 것이었다.

"세상사에는 모두 지켜야 할 법이 있습니다. 그것을 지키는 것이 가장 중요한 것이지요. 맹자는 천하는 바른 것으로 돌아가고, 의는 사람이 가야 할 길이라고 하지 않았습니까? 정正과 의義는 모든 사람들이 가야 하는 길이지요."

"그렇지. 그렇지."

"그렇다면 이제는 새로운 왕에게 맡겨보시는 것이 어떠십니까?"

태종이 웃음을 멈추고 유관을 바라보았다. 그가 찾아온 의도를 비로소 짐작할 수 있었던 것이다. 모든 것을 바르게 올려놓은 공은 태종의 것이로되, 반석 위에 오른 공을 실행하는 것은 세종에게 맡기자는 것이었다.

"자네가 나를 찾아온 것이 그 때문이었나?"

유관이 몸을 바로 하여 바닥에 엎드리며 말했다.

"새 술은 새 부대에 담는다고 하였습니다. 이제 전하께서 전위하신 지 1년이 지나셨고, 새임금의 춘추가 약관을 넘기셨으니 국정을 운영하는 데 어려움은 없으리라 판단되옵니다. 전하께서 마음만 가지고 계신다면 지금 당장이라도 행하실 수 있는 일입니다."

"그대는 세종을 믿는가?"

"부모가 자식을 믿지 않는데 누가 그 자식을 믿겠습니까? 전하께서 새 임금을 믿어주시지 않는다면 전하께서 일궈놓은 모든 것은 물거품에 지나지 않습니다."

잠시 생각하던 태종이 길게 탄식하였다.

"그도 그렇구려. 내가 믿지 않는데 신하들이 믿어줄 리 없지. 신하들이 믿어주지 않는데 백성들이 믿어주겠는가?"

"모든 것은 전하의 판단에 달려있습니다. 조선이라는 왕조의 기틀을 다지는 큰일이옵니다. 부디 깊게 생각하시옵소서."

한동안 유관을 바라보던 태종이 말없이 고개를 끄덕였다.

시험 試驗

1

이날, 석강이 끝난 후에 상왕이 세종을 수강궁壽康宮으로 불렀다.

"불러 계시옵니까?"

수강궁 내전 안에 앉아있던 상왕의 얼굴빛이 여느 때와 달랐다. 굳게 닫힌 입과 화가 난 듯 찡그린 얼굴에서 세종은 상왕의 심기가 불편함을 짐작하였다. 문득 아침에 유관이 도와주겠다고 했던 말이 생각났다. 유관은 75세의 고령으로 예문관 대제학으로 있었는데 성격이 온화하고 돈후하며 청렴하여 삼정승과 육조대신 뿐 아니라 백성들에게서도 존경과 신임을 받았다.

태상왕 역시 그를 신임하여 돌아가신 후에도 능을 지키게 하셨고 상왕 역시 유관의 말이라면 팥으로 메주를 쑨다고 해도 믿을 정도였다. 상왕이 갑자기 부른 것을 보면 유관이 상왕에게 무슨 말을 한 것이 틀림없었다.

"아바마마. 무슨 불편한 점이라도 있사옵니까?"

태종이 무겁게 입을 열었다.

"내가 주상에게 물어볼 말이 있어서 불렀소."

"무엇이든 물어 보소서."

"주상께서 임금이 되기 전 나에게 한 말이 있지요? 나라를 다스리는 도道는 문文을 날經로 하고 무武를 씨緯로 한다고 했던, 기억하시오?"

"예. 기억하고 있습니다."

"그것이 무슨 뜻인지 내 자세히 알고 싶은데 말해 줄 수 있겠소?"

세종은 느닷없는 태종의 물음에 당황하였지만 이내 생각을 정리하여 입을 열었다.

"문을 날로 하고 무를 씨로 한다는 말은 문무가 모두 조화로워야 한다는 의미입니다. 문의 경이란 안에서 다스림을 엄하게 함이요, 무의 씨란 밖으로부터의 모욕을 경계함에 있습니다."

"다스림을 엄하게 한다는 것은 어떻게 한다는 말이오? 진秦나라처럼 법을 엄하게 적용한다는 말이오?"

"아닙니다. 진나라는 법을 엄하게 적용하여 부강하게 되었지만 그 법이 민중을 옭아매어 법으로써 망하였습니다. 법은 반드시 필요한 것이지만 반드시 법에 의존하여서는 안 될 줄로 압니다."

"그럼 문의 경이 무엇이란 말이오?"

"문의 경이란 교화를 밝혀 민풍을 진작시키는 것입니다. 백성들을 지혜로움智과 어짊仁, 성스러움聖과 의로움義, 충성스러움忠과 화합和의 여섯 가지 덕德으로써 인도하고, 효도孝와 우애友, 화목함睦과 인척간의 정姻, 믿음任과 긍휼히 여김恤의 여섯 가지 행실로서 가르치고, 예절과 음악, 활쏘기와 말 타기, 문자와 산수의 여섯 가지 재주로써 시험하여 풍속을 교화하고 인심을 진작시키는 것입니다."

태종이 고개를 끄덕이며 다시 물었다.

"그렇다면 밖으로의 모욕을 경계한다는 것은 무엇이오? 병사와 군마를 늘리고 병기를 개발한다는 말이오?"

"아닙니다. 무의 씨란 나라의 근본을 굳게 한다는 뜻이지 병사나 군마를 늘리는 것은 아닙니다. 천하의 일은 근본이 있고 말단이 있지 않은 것이 없으니 가르치기를 교화로써 하는 것은 다스림의 근본이요, 방위하기를 방패와 성으로 하는 것은 다스림의 말단입니다. 이것은 옛 사람들이 문덕으로 전하고 무공에는 뜻을 극진하려고 하지 않았던 까닭입니다."

"주상. 나라를 다스림은 말로만 하는 것이 아니오."

"무슨 말씀이시온지?"

"내가 힘이 없고서 무슨 일을 할 수 있단 말이오? 들판에 곡식이 가득하여도 외적이 침입해 와서 병기를 치켜들고 위협하여 가져가 버리면 어떡하겠소? 가까운 고려의 일을 상고해 보아도 이 나라가 힘이 없었기 때문에 원나라에 수탈을 당하고 홍건적과 왜적의 침입을 당한 것이 아니오. 내가 힘이 없고서는 주상이 말한 문의 날은 무용지물에 불과할 뿐이오."

세종은 얼굴이 화끈거려 고개를 숙였다. 도대체 일이 어떻게 되어가는 것인지 알 길이 없었다.

상왕이 엄하게 말했다.

"주상. 주상은 충청감사의 장계를 보았는가?"

"예."

"어떻게 생각하는가?"

"송구하옵니다. 왜적에게 불쌍한 백성들이 희생당한 것을 생각하면 신은 부끄러워 얼굴을 들 수 없사옵니다."

태종이 엄숙한 얼굴로 입을 열었다.

"지극한 문은 무가 없을 수 없고 지극한 무는 문이 없을 수 없는 법이지만 지극한 무가 바탕이 되지 않고서는 지극한 문은 이룰 수 없는 법이오. 주상. 내가 주상에게 국사를 맡긴 것은 문과 무를 균형 있게 조화하여 이 나라의 기틀을 튼튼하게 하기 위함이 아닌가."

"송구하옵니다."

"주상이 국사를 맡은 지 이제 일 년이 되어가는구려. 주상의 부지런함은 익히 들은 바, 일 년이면 충분히 나라가 돌아가는 상황을 알 때도 되었고 혼자서 꾸려나갈 때도 되었소."

세종이 놀란 얼굴로 상왕의 용안을 올려다보았다.

"그게 무슨 말씀이시온지?"

"병권을 주상에게 넘길 생각이오. 왕권이 강해야 나라가 바로서는 법. 하늘에 해가 둘이 아니듯 이 나라에도 주상은 한 사람 뿐이오. 이제는 주상의 능력을 보여줄 때가 되었소."

세종이 바닥에 엎드려 머리를 조아렸다.

"그것은 아니 될 말씀입니다. 상왕께서 정무를 돌보아주시지 않으신다면 신이 누굴 의지하여 국무를 볼 수 있단 말입니까?"

"주상의 효성스러운 마음은 지극히 아는 바이니 번번이 사양할 것 없소. 내가 호랑이 등을 탄 지 18년, 이제는 나랏일에 손을 놓을 때가 되었소. 이제는 주상이 나에게 보여주시오. 주상이 말하던 무의 씨를, 내가 안심할 수 있도록 지극한 무위武威를 보여주시오."

2

사정전思政殿으로 돌아온 세종은 조강 후에 유관이 했던 말을 생각하곤 그의 성의를 감사하게 여겼다. 유관이 나서서 상왕을 설득하지 않았다면 이런 말도 안 되는 일은 일어나지 않았을 것이다.

무위를 보여 달라던 상왕의 목소리가 귓가를 어지럽게 맴돌았다. 상왕은 세종에게 차기 왕의 강력한 힘을 보여 달라는 것이었다. 문치文治는 스스로를 지켜낼 수 있는 무력武力의 바탕 안에서 이루어져야 하는 것이었다. 지금은 국가의 기틀이 이루어질 시기, 상왕께서 자신에게 기대하는 바가 무엇인지 세종은 짐작할 수 있었다.

"마마. 병조판서 조말생趙末生이 찾아왔습니다."

문 밖에서 내시의 음성이 들려왔다. 이내 문이 열리고 조말생이 편전으로 들어와 읍하곤 자리에 앉아 입을 열었다.

"신이 수강궁에 찾아가 상왕께 왜구의 동정을 전하였사온데 상왕께서 앞으로 병사의 일을 주상에게 아뢰어 결정하라는 분부를 받자왔사옵니다."

"상왕께서 춘추가 노모老耄하지 않고 병환도 정사政事를 폐지할 정도가 아닌데 어찌 그럴 수 있겠소. 병사에 관한 일은 상왕께 물어 결정할 것이오."

"송구하옵니다."

조말생이 황해감사의 장계를 당상관에게 올렸다. 세종이 당상관에게 받은 장계를 읽어 보았다.

비인현에 침입한 왜구들을 치러간 조전 절제사助戰節制使 이사검이 만호 이덕생과 함께 병선 5척으로 해주의 연평곶이延平串에 와 있을 때였습니다. 적선 38척이 짙은 안개 속에서 갑자기 나타나 사검의 배를 에워싸고 협박하여 양식을 구하기에 사검이 사람을 보내어 쌀 5섬과 술 10병을 주었더니 적은 아무런 고맙다는 말도 없이 보낸 사람을 붙잡고 양식을 더 토색질하여 이사검이 진무鎭撫 2인과 선군船軍 1인을 보내어 쌀 40섬을 주었습니다. 이때 왜적이 말하기를 저희들이 조선을 목적하고 온 것이 아니라 본래 중국을 향하여 가려고 하였는데 마침 양식이 떨어져서 이곳에 온 것이며, 전일에 도두음곶에서 싸움한 것은 우리가 먼저 친 것이 아니라 도리어 그대의 나라 사람들이 우리들을 하수下手하기에 부득이 응하였을 뿐이라 하였습니다.

　세종이 착잡한 얼굴로 장계를 내려놓고 조말생에게 물었다.
　"왜구들의 세가 이렇게 강하단 말이오? 왜구와 싸우러 간 병사들이 어찌 이렇게 무능하단 말이오. 우리가 왜구를 어찌할 수 있는 방법이 없단 말이오?"
　"송구하옵니다."
　조말생이 머리를 조아렸다.
　"내가 알기로 우리 땅을 침입하는 왜구들의 대부분이 대마도에 적을 두고 있다고 들었소."
　"그렇습니다."
　"듣기에 상호군으로 있는 평도전平道全을 출정하게 하였다면서요?"
　"그러하옵니다."
　"평도전은 대마수호 종정무宗貞茂가 보낸 검객이 아닙니까?"
　"예. 그러합니다. 이번에 평도전이 상왕의 명을 받아 부하 왜인 16명을 거느리고 출정하였습니다."
　"대마도 왜구들을 대마도에서 온 자가 막으러 간다니 이건 말이 맞지 않는 것 같소."
　"평도전을 보낸 것은 좌의정 박은의 뜻이옵니다. 평도전이 상왕의 은덕을 후하게 입은 터라 왜구를 토벌하는 일에 신명을 다하리라 생각하여 말하니 상왕께서 윤허하신 것입니다."
　"이이제이以夷制夷라……. 아무리 그러하여도 대마도의 왜인이 대마도의 왜인을 칠 수 있을까요?"

평도전은 대마도에서 으뜸가는 검객으로 대마수호였던 종정무가 태종에게 천거한 바 있었다. 태종이 평도전을 아끼어서 원외사재소 감員外司宰少監의 벼슬을 내리고 은대를 주었으며 또한 그의 아버지가 죽었을 때에도 후하게 부의를 내렸던 적이 있었다.

"칼을 들고 싸우는 단병전에선 평도전 만한 이가 없으니 할 수 없는 노릇이지요."

"할 수 없는 노릇이라……."

세종이 탄식을 하며 한숨을 내쉬었다. 이이제이는 중원에서 이적을 방지하기 위해 사용하던 방법이었다. 몽고족을 막기 위해 거란을 방패로 삼고 거란을 막기 위해 여진족을 울타리로 삼아왔던 것이다. 그러나 역사를 상고하면 울타리가 되었던 거란이 세력을 키워 중원을 무너트리고 금金을 세웠고, 거란을 막던 몽고족이 힘을 키워 원元을 세웠으니 나라가 강성할 때는 이로운 방책이지만 나라가 약할 때는 도리어 이롭지 못한 방책이었다.

한낱 왜구에게 힘을 쓰지 못하는 나라는 국방이 강하다고 할 수 없었다. 거꾸로 생각하면 변방의 야인들이 침입했을 때에도 큰 낭패를 겪을 수 있다는 뜻이 되는 것이었다.

장차 나라의 앞날을 생각하니 눈앞이 막막했다. 조선이 얼마 되지 아니한 나라인 만큼 아직까지 초석이 단단하게 박힌 것은 아니라는 것이었다. 세종은 이 나라의 내실을 든든히 다지는 것이 앞으로 자신이 해야만 하는 일임을 자각하였다.

"대마도가 왜구의 근거지라 하는데 본래 누구의 땅이오? 일본의 땅이오? 아니면 우리의 땅이오?"

"역사를 상고하면 대마도는 본래 경상도 계림鷄林에 소속되어 있었는데 고려 말 나라가 혼란한 틈을 타 왜구들이 들어서서 지금은 해적의 소굴이 되었습니다. 본조 정해년(태조 10년)에 태상왕께서 우정승 김사형으로 하여금 대마도와 일기도를 토벌하게 하였는데 그때 종정무가 무리를 이끌고 항복하여 태상왕으로부터 도총관의 벼슬을 얻었습니다."

"우리나라의 녹을 먹는 번장藩將으로 이렇게 충성을 맹세하고도 어째서 딴 마음을 품는 것인가?"

"종정무가 번장으로서 대마도의 왜구를 근절하는 데 일조하였다가 작년 4월에 죽은 후 그 아들 도도웅와가 뒤를 이었습니다. 종준과 도도웅수는 도도웅와의 동생들로 근래에 일어나는 왜변은 장남인 도도웅와가 벌인 일이라 사료됩니다."

잠시 생각하던 세종이 조말생에게 물었다.

"소소한 것은 빼고, 비인현처럼 큰 난리는 몇 번이나 되는가?"

"일일이 말씀드릴 수는 없습니다만 왜구의 피해는 거의 해마다 일어난다고 보시면 될 것입니다."

"해마다?"

세종이 용안을 찡그리며 물었다.

"종정무가 대마도 도총관으로 왜구를 근절한다 했는데 어째서 해마다 왜변이 끊이지 않고 일어나는 것인가?"

"송구하옵니다. 신은 부끄러워 할 말이 없사옵니다."

조말생이 납작 엎드려 고개를 숙였다.

세종은 말없이 생각에 잠겼다. 태상왕 때에는 아직 건국의 기초가 다져지기 전이었다. 전조(고려)에 원나라의 가혹한 갈취로 피폐되었고, 홍건적과 왜구의 발호로 민생이 안정되기 전이었다.

원의 쇠퇴기 때에 고개를 쳐든 왜구들은 조선이 개국하고 상왕께서 왕자의 난을 진압하며 즉위 초기에 조정 내부의 문제로 고민하고 있을 때 틈을 놓치지 않고 발호하였다. 그렇게 조정 내부에 빈틈이 생길 때마다 왜구는 잡초처럼 일어나 무고한 백성들이 수난을 당하였을 것이다.

종정무는 조선과 일본 사이를 오가며 박쥐같은 생활을 했음이 틀림없었다. 때론 일본의 비위를, 때론 조선의 비위를 맞추며 이득을 취하고 또 빈틈을 만나면 도적질로 살아왔을 것이다.

농사짓기에 척박한 자연환경에서 살아가는 것은 쉬운 일이 아니지만 번장이라는 미명 아래에 대마도 왜인이 조선에 보여준 충성심은 이율배반적이라 할 수 있었다. 어찌 보면 이 나라 조정은 대마도의 왜구들에게 이용당하고 있었는지도 몰랐다. 아니, 그동안의 피해상황을 보면 대마도 수호의 손아귀에 놀아난 꼴이었다.

종정무가 머리를 숙이면 그동안의 악행은 무마되었으며 또한 많은 포상이 돌아갔다. 대마도와 일기도 역시 그러한 행태의 반복으로 도적질과 포상이 반복적으로 이어져왔으며, 조정은 항상 그들의 요구를 울며 겨자 먹기 식으로 들어주었다. 그리 보자면 비인현의 변란 또한 대마도의 왜인이 즐겨 쓰는 책략의 선상에 있는 것이 분명해 보였다.

종정무의 아들인 도도웅와는 국적이 어디인지 알 수 없는 시신의 머리 몇을 가지고 조정에 들어와 충성을 다짐할 것이며 임금은 거짓된 충성을 믿고 후한 보상을 해 주게 될 것이었다.

'이건 잘못되었다. 왜구에게 끌려 다녀서는 아니 된다. 끝없이 반복되는 사슬을 반드시 끊어야 한다.'

조정의 대마도 왜인에 대한 정책은 근본적으로 잘못된 것이라 할 수 있었다. 끝없이 반복되는 불합리의 끝을 낼 때가 된 것이다. 상왕의 제위 18년 동안 정치는 안정되었고, 경제기반도 전조에 비해 부유해졌다. 왜구를 정벌함은 간교한 대마도 왜인을 벌하는 의미 이외에 안으로 나라의 기강을 바로 세우고 밖으로 조선의 강함을 보여주는 좋은 계기가 될 수 있었다.

지금 조선의 상황에서 왜구들에게 할 수 있는 가장 강력한 통제의 수단은 유화도 아니요 회유도 아닌 강력한 정벌 밖에는 없어보였다. 그리하자면 원정을 생각지 아니할 수 없었다. 바다 건너 이틀길이나 되는 먼 곳을 원정함에 있어서 파생되는 문제가 여러 가지 있었다.

우선 바다를 건너기 위해선 수많은 전선이 필요했다. 온 나라의 배를 긁어모으면 충분한 배는 되겠지만 노후화된 병선들의 수리도 생각지 않으면 안 되었다. 또한 군사들의 무기와 갑옷에 들어가는 군비와 식량 또한 생각지 않을 수 없는 일이었다. 원정하는 군사들의 수를 일만으로 생각했을 때 상상 이상의 엄청난 비용이 들 것은 불 보

듯 뻔한 일이었다.

육전에 익숙한 군사들이 수전에서 얼마나 능력을 발휘할 것인지도 문제였다. 높은 풍랑이나 태풍이라는 자연적인 요소도 무시할 수 없었다. 바다를 건넌 후의 일도 생각해야 했다. 생소한 낯선 환경에서 단병접전에 강한 왜인들과 맞부딪혔을 때 승산이 있는가도 헤아려야 할 문제였다.

원정을 하게 된다면 시기를 언제로 잡아야 할지도 생각해야 했다. 농번기를 넘겨 병력을 충당할 수 있는 겨울로 잡아야 할 것인지, 즉시 실행에 옮겨야 할 것인지도 신중히 판단해야 할 문제였다. 주변국가와의 마찰도 염두에 두지 않으면 안 되었다. 일본과 중국 황실의 내부 상황이 어떠한지 미리 파악해 놓아야 할 일이었다. 여러 가지 생각들이 세종의 머리를 어지럽게 만들었다. 어느 것 하나 쉽게 판단하고 결정할 문제가 아니었던 것이다.

"병판은 그만 물러가 보세요."

조말생이 읍을 하고 천천히 물러갔다.

서안을 밝히는 노란 대초가 하늘거리며 타오르고 있었다. 세종은 밝게 빛나는 불빛을 별빛 같은 눈망울로 바라보았다.

'최소의 비용으로 인명의 손실을 극소화하면서 최대의 효과를 거둘 수 있는 방법이 무얼까?'

마음을 가다듬은 세종이 천천히 손을 뻗어 서안에 놓인 문서를 읽어나갔다. 임금의 눈치를 살피던 내시 김용기가 조심스럽게 말했다.

"전하. 밤이 늦었사옵니다. 어제도 밤을 꼬박 세우 듯하셨는데 용체가 상하실까 걱정입니다. 오늘은 일찍 침전에 드심이 어떠하시겠습니까?"

세종이 엄한 목소리로 말했다.

"죄 없는 내 백성들이 흉악한 왜구들의 손에 무참히 죽었다. 저승에서 울고 있을 백성들을 생각하면 내가 어찌 두 발을 뻗고 편히 잘수 있겠는가? 나는 괜찮으니 물러가거라."

"아닙니다. 소신의 생각이 짧았습니다. 신이 주상의 곁을 지키겠습니다."

김용기가 무릎을 꿇고 앉아 서적을 뒤적거렸다.

3

다음날 조회가 끝난 후, 세종은 김서金恕를 편전으로 불러들였다. 김서는 회례관回禮官으로 일본국에 다녀온 까닭에 일본과 대마도의 정세에 대해 잘 알고 있기 때문이었다.

김서가 편전으로 들어와 국궁을 하고 자리에 앉았다.

"근래에 대마도 왜인들의 포학이 심하여 그대를 불렀소. 근래 일본국의 상황은 어떻소?"

김서가 고개를 들었다.

"국왕을 대신해서 태정대신인 원도의源道義가 막부로서 일본국을 다스려 오고 있었는데 원도의가 죽고 난 후에 그 아들인 원의지源義持가 막부가 된 지 10여 년이 되었습니다. 제가 듣기에 재작년에 원의

지의 동생 원의사源義嗣가 수호세력들과 반란을 일으켜 일본국이 한바
탕 시끄럽다 들었습니다."

"그렇다면 원의지가 권력을 확실하게 움켜잡지 못했단 말이군."

"예. 그렇다고 할 수 있습니다. 원도의가 살아있을 동안 기타야마
에 저택을 지었는데 무려 쌀 1백만 석이 들었다 합니다. 저택의 연못
에 만든 사리전은 온통 금박으로 장식하여 금각金閣으로 부를 정도니
수호들과 백성들이 세금으로 많은 고통을 겪었다 할 수 있습니다."

"과연. 그렇다면 원도의가 집권하는 동안 막부의 그늘에서 숨을
쉬지 못하던 수호와 토호들이 반란을 일으켰고 지금도 진행되고 있
다면 한동안 외부의 일에 대해서는 관여할 틈이 없겠군."

"그렇습니다."

서안을 손가락으로 두드리던 세종이 다시 물었다.

"대마도에 대해 경이 아는 바를 말해 보게."

"대마도는 우리나라와 구주九州 가운데 있사온데 부산에서 480리
떨어져 있사옵니다. 물길로는 하루나 이틀 거리에 있습니다."

"가까운 거리군."

"예. 거리는 제주도와 비슷합니다. 대마도에는 군郡이 8인데, 풍기
군豐崎郡·두두군豆豆郡·이내군伊乃郡·괘로군卦老郡·요라군要羅郡·미녀군
美女郡·쌍고군雙古郡·이로군尼老郡이 있습니다. 포구는 대략 82포浦가
있으며, 도주島主는 종씨宗氏인데, 그 선조 종경宗慶이 죽은 뒤에 아들
영감靈鑒이 대를 잇고, 영감의 아들 정무貞茂가 작년에 죽은 후 그 아들
도도웅와가 대를 이었습니다. 도도웅와에게는 동생 종준과 도도웅수

가 있습니다. 태조대왕 대에 종경에게 벼슬을 주어 대마도를 관리하게 하였는데 좌하(佐賀, 사카)에 도주의 집이 있습니다.

대마도에서 일기도一岐島까지는 또한 480리 거리에 있으며 마을이 7개 있고, 14포浦구가 있사온데 지형이 수레바퀴 같아 동서가 반날길, 남북이 하룻길이고, 면적이 대마도의 절반쯤 됩니다.

일기도에서 구주까지는 일백여 리 떨어져 있사온데 구주절도사 원도진源道鎭이 구주 땅을 다스리고 있사옵니다. 구주는 또한 아홉 개의 작은 주로 나누는데 축전주(筑前州, 지꾸젠)·축후주(筑後州, 지꾸고)·풍전주(豊前州, 부젠)·풍후주(豊後州, 붕고)·비전주(肥前州, 히젠)·비후주(肥後州, 히고)·일향주(日向州, 휴우가)·대우주(大隅州, 오오스미)·살마주(薩摩州, 사쓰마)로 나누어져 있사오며 대마도의 종씨들은 원래 축전국의 태수인 소이씨少貳氏들의 가신들로 고려 말에 대마도로 건너와서 큰 세력이 되었습니다."

"축전주筑前州와 관계가 깊다면 종씨들의 뒤에 소이씨들이 있다는 말이 되는군."

"그렇습니다. 지금 축전주의 태재太宰는 소이등원만정少貳藤原滿貞인데 막부와 친밀한 관계는 아닌 듯싶었습니다."

"잘 알겠네. 생각보다 소상하게 알고 있군."

"송구합니다."

김서가 머리를 조아렸다.

"내가 지도를 만들려 하는데 경이 도와줄 수 있겠나?"

"신이 미욱하지만 성심을 다해 돕겠습니다."

세종이 시립해 있는 김용기를 불렀다.

"너는 김서와 함께 도화서로 가서 대마도의 지도를 상세히 그려오너라."

"예."

김용기와 김서가 뒷걸음질쳐서 방문을 나섰다.

4

세종은 김서와 김용기를 보낸 후 병조판서 조말생을 편전으로 불러들였다.

"왜구를 토벌하러 간 군사들에게서 소식은 없나요?"

"예. 아직 소식이 없습니다. 군사들이 도망친 왜구를 찾으러 백령도로 갔다 하니 곧 소식이 당도할 것입니다."

"그렇군요."

세종이 조말생의 얼굴을 바라보며 물었다.

"우리가 만일 대마도를 치게 된다면 명의 조정에서는 어떻게 생각할까요?"

조말생의 얼굴이 굳어졌다.

"주상께서는 대마도를 정벌하실 생각이십니까?"

세종이 만면에 부드러운 미소를 띠며 말했다.

"전쟁은 국가의 중대사입니다. 백성들의 생사와 나라의 흥망이 달려있는 것이니 신중하게 생각하지 않을 수 없지요. 나는 단지 병판의

생각이 어떠한지 물어보는 거요. 긴장하지 말고 병판의 생각을 말해
보세요."

"아뢰옵기 황공하오나 영락황제는 보위에 오른 지 10여 년 동안
안남과 막북으로 세 차례의 원정을 감행하였습니다.01 그것은 영락
황제가 주변국의 팽창에 대해 신경을 곤두세우고 있다는 의미가 아
니겠습니까? 황제가 안남과 막북의 몽고족을 원정하는 것은 그들의
세력이 커지는 것을 막으려는 의도입니다. 만일 우리가 대마도를 치
기 위해 병력을 동원한다는 것을 알게 되면 황제가 의심의 눈초리로
우리를 바라보지 않겠습니까?"

"그런가요?"

"소신은 그렇게 생각합니다. 고려 말에 태상왕께서 중원을 회복하
려고 병력을 데리고 만주 땅을 밟은 것을 가지고도 홍무제는 트집을
잡았습니다. 태상왕 때 대마도를 정벌하지 못한 것도 그 때문이 아닙
니까? 우리가 대마도를 칠 명분으로 군력을 키운다면 명나라가 두고
보지만은 않을 것입니다."

"두고 보지 않는다면?"

"영락황제의 성격상 친정을 감행할지도 모르지요."

"난 그렇게 생각지 않아요. 태상왕 때와 지금은 상황이 많이 달라
졌어요. 막북에 세력을 키운 몽고족이 호시탐탐 중원을 노리고 있는

01 영락제는 영락 4년(1406년) 안남에 원정군을 보내었다. 3년 후 영락 7년(1409년)에는 명의 사신
을 살해한 것이 원인이 되어 구복(丘福)을 대장군으로 삼아 10만의 대군으로 몽고로 원정을 갔
다가 대패하고 돌아왔으며, 영락 12년(1414년)에는 50만의 대군을 이끌고 몽고 원정을 감행하
여 승전을 거두고 돌아왔다.

상황에 황제가 그동안 우호적인 관계로 지내왔던 우리에게 창을 겨누진 않을 거예요. 더구나 세 차례의 친정으로 명의 재정이 많이 악화되어 있을 테니 당분간 전쟁은 생각지 못할 거예요. 또 대마도의 왜인들은 절강과 중국의 연안지역을 노략질하는 도적들로 명의 조정에서도 골칫거리로 생각하는 존재들이지요. 우리가 명을 대신하여 도적들을 토벌하겠다면 명의 조정에서는 우리를 의심하기는커녕 자신들을 대신해서 도적을 토벌하는 우릴 고맙게 생각할 거예요."

조말생은 세종의 조리 있는 말과 판단에 말문이 막혔다. 보위에 오른 지 1년, 섭정의 그늘 아래에서 정사를 배워나가고 있는 어린 세종의 판단은 깊고도 정연하였다. 하긴 어려서부터 책 한 권을 일백 번 이상 보던 세종이었다. 정사를 본 이래 깊은 잠에 든 적도 없었고, 의학, 천문, 지리, 군사 등의 모든 분야를 빼놓지 않고 공부하던 왕이었기에 가능한 일이었다.

세종이 갑자기 길게 한숨을 내쉬었다.

"병판. 이런 말을 하고 있는 과인이 참으로 부끄럽구려."

"어째서 갑자기 그런 생각을 하십니까?"

"과인이 밤늦게까지 홀로 앉아 옛 사서를 읽다보면 참으로 안타까운 마음이 들 때가 많습니다. 이 나라는 옛적에 고구려의 땅으로 천하를 발아래에 두고 중원과 자웅을 겨루어 수나라를 무너트린 적도 있었소. 고려 때에는 영토가 비록 줄어들었지만 황제의 나라로서 위엄을 잃지 않고 금나라와 어깨를 겨루며 위엄을 사해에 떨친 적도 있었소. 고려가 국력이 쇠하여 원나라의 지배를 받게 됨에 차차 명운이 떨어져서 마침내 조선이 세워졌지만 천명을 얻지 못하여 변방의 속국으로 전락하더니 한낱 섬나라의 도적을 벌함에도 왜국과 명의 눈치를 봐야 하는 지경에 이르렀으니 어찌 부끄럽지 않겠소."

세종의 눈가에 이슬이 맺히는 것을 보고 조말생이 힘없이 머리를 숙였다. 세종이 그윽한 눈으로 조말생을 바라보며 물었다.

"이는 모두 이 나라가 힘이 없기 때문 아니겠소?"

"그러하옵니다."

"전쟁이 얼마나 민생을 피폐하게 만들고 국가의 재정을 악화시키는지 나도 잘 알고 있소. 그러나 이제 우리가 힘을 키우지 않는다면, 우리의 힘을 보여주지 않는다면 우린 영원히 속박의 사슬에서 벗어날 수 없소. 영원히 다른 나라의 눈치를 보면서 살아야 할 거요. 난 그 사슬을 끊어버리고 싶은 거요. 병판은 내 뜻을 알겠소?"

조말생은 고개를 들어 세종의 용안을 바라보다가 이마를 방바닥에 찧을 듯 절을 하였다.

"상왕께서 주상전하께 병권을 맡긴다고 하실 때에 짐작은 하였습니다. 신이 이제 전하의 뜻을 알았으니 견마지로犬馬之勞를 다할 따름입니다."

"내 뜻을 알아주니 고맙소, 병판. 나를 도와주시오. 조선이 다른 나라의 눈치를 살피지 않는 나라가 될 수 있도록 도와주시오."

"전하. 신의 힘이 닿는 데까지 전하를 돕겠습니다."

조말생의 눈가에도 이슬 같은 눈물이 그렁그렁 맺히었다.

결단 決斷

1

5월 14일, 수강궁으로 찾아간 세종이 상왕께 대마도를 정벌할 뜻을 밝혔다. 상왕이 눈을 부릅뜨고 엄한 목소리로 말했다.

"이것은 전쟁이다. 전쟁은 백성의 생사와 나라의 흥망을 좌우하는 중대사이다. 치밀하게 준비하지 아니하고 젊은 혈기만 믿고 결정한 것이라면 지금이라도 다시 생각하거라."

세종이 입술을 굳게 다물고 있다가 단호하게 대답하였다.

"전하. 소자가 오랫동안 숙고하여 결정한 일입니다. 제 결정에 후회는 없사오니 하명을 내려주십시오."

"좋다. 왕이란 결정을 내리는 자리에 있는 것이다. 주상이 결정을 내렸다면 신하들이 따라오도록 만들어야지."

상왕이 고개를 몇 번 끄덕이다가 내시를 시켜 대신들을 불러오게 하였다.

잠시 후, 네 명의 대신들이 수강궁으로 들어왔다. 영의정 유정현·좌의정 박은·우의정 이원·예조판서 허조許稠가 들어와 상왕과 세종에게 인사를 하곤 자리에 앉았다.

상왕이 대신들을 둘러보다가 깊이 한숨을 내쉬었다.

"과매한 내가 덕이 밝지 못하여 즉위한 이래로 재앙과 변괴가 끊이지 않더니 이제는 왜구의 변란을 만나 무고한 백성들이 앙화를 입게 되니 어찌 심사가 화창할 수 있겠느냐? 왜구들을 어찌하면 좋겠는가? 대소신료들은 허심탄회하게 이 문제를 어찌할 것인지 말해보라."

세종이 힐끔 상왕을 올려다보았다. 방금 전까지 강인한 모습을 보여주시던 상왕께서 대신들 앞에서 약한 모습을 보여주심은 무슨 뜻인가?

눈앞에 앉아있는 대신들이 서로의 얼굴을 바라보고 있었다. 상왕께서 세종의 얼굴을 바라보았다. 문득 방금 전, 상왕께서 하신 왕이란 결정을 내리는 자리라는 말이 떠올랐다.

세종이 천천히 입을 열었다.

"신의 생각으로는 병력을 내어 대마도를 정벌하는 것이 옳다고 생각합니다."

상왕이 태연하게 되물었다.

"주상. 지금 대마도를 정벌한다 하였소?"

"예. 악의 뿌리를 뽑아놓지 않고서는 왜변이 되풀이될 뿐입니다. 한 번의 수고를 기울여 만세의 근심을 떨치는 길은 대마도를 정벌하는 길 밖에 없습니다."

좌의정 박은이 말했다.

"전하의 말씀이 지극히 옳습니다. 그러나 대마도를 정벌하는 것은 쉽지 않은 일이옵니다. 첫째로 대마도의 왜구는 일본국의 수호로써 이를 치는 일은 일본국의 반발을 불러일으킬 것입니다. 자칫 잘못하면 큰 전쟁의 불씨가 될 수도 있습니다. 둘째로 명나라의 눈을 의식하지 않을 수 없습니다. 명나라의 허락도 받지 않고 대마도를 친다면 반드시 책임을 물을 것입니다."

세종이 부드럽게 말했다.

"그것은 좌상께서 모르는 소리입니다. 역사를 상고하더라도 대마도는 본래 우리의 땅이고, 종정무의 할아비인 종징무宗澄茂는 고려 때에 벼슬을 받았으며 그 손자인 종정무는 태상왕으로부터 벼슬을 받아 어엿한 조선의 번장이 되었습니다. 이제 그 아들인 도도웅와가 무리를 이끌고 침공하였으니 이는 명백한 반역행위라고 할 수 있습니다. 우리 땅을 지키는 번장을 치는 일에 어찌 일본국과 명의 눈치를 봐야 한단 말입니까?"

우의정 이원이 말했다.

"하오나 우리가 그렇게 이야기한다고 명나라와 왜국이 순순히 받아줄는지 소신은 염려가 되옵니다."

세종이 말했다.

"화가 나는구려. 우리 땅을 침범한 도적을 치는 데에 다른 나라의 눈치를 봐야 하다니 어찌 이런 일이 있단 말이오? 왜구가 일본국을 등에 업고 있다고 우리가 불의를 저지른 대마도를 치지 않는다면 일본국이 우리를 어찌 생각하겠소?"

병조판서 조말생이 말했다.

"신의 생각도 주상의 뜻과 같습니다. 전쟁과 같은 국가의 막중대사에 주변국의 움직임도 생각하지 않을 수는 없습니다만 지금 왜국은 막부와 수호의 불화로 대마도를 돌볼 여력이 없으며 명나라는 황제의 과도한 원정으로 국력이 소모되어 있기 때문에 우리가 거사를 벌이기에는 알맞은 시기인 것 같습니다. 무엇보다 명분이 뚜렷하니 염려하실 것은 없을 듯합니다."

상왕이 고개를 끄덕이며 말했다.

"내가 들어보니 주상의 말이 옳은 것 같소. 내 나라의 번장을 치는데 일본국이 관여할 일은 아니지. 명나라의 눈치를 보는 것은 더욱 부끄러운 일이 아니겠는가."

상왕이 신하들에게 물었다.

"주상의 뜻이 이러한데 경들은 어떻게 생각하시오."

영의정 유정현이 말했다.

"주상전하의 말씀이 옳은 것 같습니다. 이때에 왜구를 벌하지 않으면 두고두고 침탈이 계속될 것이오니 한번 군사를 모아 대마도를 처서 후환을 없애는 것이 좋겠습니다."

좌의정 박은과 우의정 이원도 대마도를 정벌하는 것으로 뜻을 모았다.

상왕이 고개를 끄덕이며 말했다.

"주상의 말이 옳소. 우리가 지금 왜구를 물리치지 못하고 항상 침노만 받는다면, 한漢나라가 흉노에게 욕을 당한 것과 무엇이 다르겠는가. 마땅히 정벌하는 것이 옳다."

상왕이 세종에게 고개를 돌려 말했다.

"그렇다면 주상은 출병을 언제쯤으로 생각하시오?"

"병서에 전쟁은 속전속결로 하라 하였습니다. 신의 생각으로는 늦어도 5월 말에서 7월까지는 마무리를 지었으면 좋겠습니다."

"5월 말이라면 지금부터 서둘러야 할 것이 아닌가? 왜 그렇게 급하게 서두르는가?"

"고려 때에 원나라가 왜국을 정벌하러 간 적이 있었사온데 태풍에 모두 죽었다 하였습니다. 기록을 살펴보니 전함의 숫자만도 4천 5백 척이 되고 군사들도 수십만에 달했습니다. 상고하면 7월은 태풍이 올 시기이니 태풍을 피하여 속전속결로 대마도를 정벌해야 할 것입니다. 이외에도 우리가 정벌을 서둘러야 하는 이유가 또 있습니다. 이사검의 장계를 보면 왜구들이 중국으로 노략질을 하러 간다고 하였습니다. 그렇다면 대마도 왜구들의 주력이 없다는 말이 되오니 우리 군사들의 희생을 최소화하여 적의 소굴을 깨칠 수 있을 것입니다."

조말생이 말했다.

"제 생각도 같습니다. 적의 주력이 없는 틈을 타서 대마도를 친다면 인명의 희생 없이 큰 전과를 올릴 수 있으리라 사료됩니다."

예조판서 허조가 얼굴을 찡그렸다.

"이것은 왜구들의 죄를 성토하기 위해 군사를 일으키는 것이오. 우리가 당당하지 못하게 왜구를 친다면 왜구들과 다른 것이 무엇이란 말이오?"

좌의정 박은이 허조의 편을 들었다.

"내 생각도 그렇소."

세종이 말했다.

"과인의 생각은 다르오. 좌상과 예판은 송양宋襄의 고사02를 모른단 말이오? 춘추에 의전義戰이 없다는 말이 있소. 전쟁에 의로움이란 없다는 말이오. 병兵은 이김으로서 공功이 되는 것이오. 한고조가 항우를 배신하여 죽인 것이 후세에 비웃음을 샀다는 말은 들어보지 못했소. 우리가 이미 왜구를 벌할 대의명분이 확실한데 이제 왜구들의 편의를 봐 주어 병사들의 희생을 크게 하고, 좋은 때를 놓쳐버린다면 천하 사람들이 우리를 비웃을 것이오."

상왕이 고개를 끄덕이며 말했다.

"주상의 말이 참으로 옳구려. 적이 허술한 틈을 타서 쳐부수는 것

---

02 송양(宋襄)의 인(仁). 송나라 양공이 초나라의 공격을 받았을 때 홍수(泓水)를 가운데 끼고 대치하고 있었다. 초나라 군사들의 숫자가 훨씬 많았지만 강의 이점 때문에 유리한 조건이었다. 초나라 군사들이 홍수를 건널 때에 송나라 양공은 공격 명령을 내리지 않았고 초군이 강을 건너 대오를 갖추자 공격 명령을 내려 송군은 대패하였다. 어리석은 결정을 하는 것을 일컫는 말이다.

은 병서에도 있는 말이오. 적의 주력이 없을 때에 그들이 했던 것처럼 그들의 처자식을 잡아 오고, 우리 군사는 거제도에 물러나 있다가 적이 돌아옴을 기다려서 요격하여 무찌르면, 어찌 우리를 약하다 할 것이며 장차 후일을 걱정할 것인가."

우의정 이원이 근심어린 얼굴로 물었다.

"아뢰옵기 황공하오나 한 가지 문제가 있사옵니다. 지금은 농번기인데 이때에 군사들을 징집하면 백성들의 원성이 높을 것입니다. 더구나 가뭄이 심하여 백성들의 고생이 이만저만이 아니옵니다. 이대로 가뭄이 계속되면 기민들이 늘어날 것이니 어찌하면 좋겠습니까."

세종이 이원에게 말했다.

"정유년에 큰 가뭄이 있었지만 다행이 무술년에는 큰 풍년이 들었소. 광흥창에 묵은 쌀과 콩을 팔아 기민을 구조하면 될 것이오."

세종이 고개를 돌려 신하들을 번갈아 바라보며 말했다.

"왜구들이 이 땅에 침입하여 백성들을 겁박하고 제멋대로 살육을 저지른 지 오랩니다. 왜구들에게 침범당한 백성들의 원성도 또한 귀기울여야 할 때입니다. 이제 다른 백성들의 사소한 원성을 두려워하여 그 화근을 뿌리 뽑지 않는다면 평생 우리는 왜인들의 손아귀에 놀아나게 될 것입니다."

세종이 고개를 돌려 상왕에게 말했다.

"전하. 전조부터 이 땅에 왜구의 침탈로 원한이 깊은 백성들이 많사오니 만일 상왕께서 뜻을 굳히신다면 백성들이 도리어 팔을 걷어붙이고 자발적으로 참여할 것입니다."

"주상의 말이 지당하오."

상왕이 입가에 만족한 미소를 흘리며 조말생에게 물었다.

"병판. 지금 조선의 수군이 징발할 수 있는 병선이 얼마나 되는가?"

"경상·충청·전라도의 크고 작은 병선이 모두 2백 50여 척이 되옵고 민간의 크고 작은 배를 합하면 도합 3백여 척이 넘습니다. 그 중에 조선에 남아 중국으로 간 왜구의 주력 선단을 방어하는 병선 50여 척을 빼면 2백여 척이 당장에라도 동원될 수 있사옵니다."

상왕이 이번에는 세종에게 물었다.

"주상은 대마도 정벌에 적합한 장수로 누굴 생각하는가?"

"경험이 많은 장수가 좋을 듯합니다. 상왕전하께서 생각하시는 장수가 있으신지요?"

상왕이 잠시 생각하다가 말했다.

"이종무李從茂가 어떨까?"

이종무는 전라도 장수현 사람으로 젊어서부터 활을 잘 쏘고 말을 잘 달렸다. 지금은 판우군도총제부사직을 맡고 있는데 성질이 순박하고 진실하여 상왕이 신임하는 무인이었다.

유정현이 말했다.

"신도 상왕전하와 같은 생각입니다. 이종무는 환갑을 바라보는 나이지만 전쟁의 경험이 풍부하고 왜구의 습속을 잘 아는 인물이니 수장으로서 적절하다 생각됩니다."

상왕이 세종의 의향을 물었다.

"주상의 생각은 어떠한가?"

"신도 상왕의 뜻과 같습니다."

상왕의 입가에 흐뭇한 미소가 어렸다.

이날 논의 끝에 대마도로 출병할 장수가 선발되었으니 이종무를 삼군 도체찰사三軍都體察使로 명하여 중군中軍을 거느리게 하고, 우박禹博·이숙묘李叔畝·황상黃象을 중군 절제사로, 유습柳濕을 좌군 도절제사로, 박초朴礎·박실朴實을 좌군 절제사로, 이지실李之實을 우군 도절제사로, 김을화金乙和·이순몽李順蒙을 우군 절제사로 삼았다.

출 정出征

1

5월 15일, 대마도를 정벌한다는 교지教旨가 반포되었다.

왕은 말하노라. 무력만 일삼는 것은 성현聖賢의 경계하는 바이나 죄를 성토하기 위하여 군사를 일으키는 것은 제왕帝王의 부득이한 일이다. 옛적에 성成03 · 탕湯04이 농사를 버리고 하夏를 쳤으며, 주선왕周宣王이 6월에 험윤玁狁을 쳤으니, 비록 일의 대소의 차이는 있으나 모

---

03 고대 주(周)나라의 성군. 성왕(成王)
04 고대 하(夏)나라의 성군. 탕왕(湯王)

두 죄를 성토하기 위해 거사한 것은 마찬가지이다.

대마도對馬島라는 섬이 본래 우리나라 땅인데 다만 험조險阻하고 궁벽窮僻하며 협소狹小하고 천루賤陋한 곳이므로 왜노倭奴가 웅거하는 것을 들어 주었던 것뿐인데, 이에 감히 개처럼 도둑질하고 쥐처럼 훔치는 흉계를 품어서, 경인년으로부터 변경에서 방자하게 도량하기 시작하여 우리 군민을 살해하고 우리 백성의 부형을 포로로 하며 가옥을 불태워서 고아와 과부들이 바다 섬 속에서 울고 헤매는 것이 없는 해가 없으니, 뜻있는 선비와 어진 사람이 팔뚝을 걷어 치며 분통이 터져서, 놈들의 살을 씹어 먹고 놈들의 살가죽을 깔고 자려고 생각한 적이 몇 해가 되었다.

우리 태조 강헌대왕께서 용비의 운運에 응하여 위엄과 덕을 사방에 입히어 신의信義로 무마하고 편안하게 하였으나, 그 흉하고 탐내는 버릇을 여전히 버리지 못하여 병자丙子년에 동래東萊에서 우리 병선 20여 척을 약탈하고 군민을 살해하였으며, 내가 대통大統을 이어 즉위한 이후에도 병술년에는 전라도에서 무자년에는 충청도에서, 혹은 배에 실은 양곡을 빼앗아 가고 혹은 병선을 불사르며 만호까지 죽였으니 그 포학이 극도에 달하였고, 두 번 제주에 들어와서 살상한 것이 또한 많았다. 이것은 사람을 탐내는 성낸 짐승이 간교한 생각만 품고 있는 것이니 신명과 사람이 함께 분하게 여기는 바이다.

내가 오히려 그 죄악을 용서하여 함께 교계하지 않고 굶주린 것을 진휼했으며 통상을 허락하는 등, 무릇 그들이 요구하는 것은 모두 다 들어주어 함께 살아갈 것을 기했는데, 뜻밖에 또 이제 우리의 허실을 엿보고 몰래 비인포庇仁浦에 들어와서 인민 3백여 명을 죽이고 노략질하며 병선을 불태우고 장사를 살해하고 황해에 떠서 평안도까지 이르러 우리 백성들을 소란스럽게 하고 장차 명明나라의 지경을 범하려 하였으니, 그 은혜를 잊고 의義를 배반하고 상하의 질서를 어기었으니 어찌 심하지 아니한가.

나의 호생好生하는 마음으로 한 사람이라도 살 곳을 잃으면 오히려 천지에 죄를 얻을까 두려워하는데, 하물며 지금 왜구가 제 멋대로 탐욕과 해득을 부리어 백성을 살육하여 스스로 하늘의 앙화를 부르니, 그래도 참고서 정벌하지 않는다면 나라에 사람이 있다 하겠는가.

지금 농사 때를 당하여 장수를 명하고 군사를 내어 그 죄악을 치는 것이 또한 부득이한 일이다.

아! 간흉을 쓸어버리고, 생령을 수화水火에서 건지고자 이렇게 이해利害를 열거하여 내 뜻을 천하 백성들에게 알리노라.05

교지가 중외에 반포되자 각 읍 각 고을에서 왜구에게 원한이 깊은 이들이 자원하여 모여들었다.

병조에서 지원한 사람들 중에 배를 탈 줄 아는 사람을 가려 뽑으니 지원자의 원성이 높아서 나이가 연로하거나 어린 자 이외에 집안에 돌볼 사람이 있는 자 이외에 건장한 사내들을 뽑아 들이니 경상·전라·충청의 3도의 군졸과 합하여 1만 7천이 넘었다.

---

05 征對馬島敎書(대마도를 정벌할 뜻을 밝히는 교서), 어변갑(魚變甲)

전쟁에 참가하는 인원이 생각 이상으로 많아져서 조정 내부에서도 정벌 준비로 쉴 틈이 없었다.

군자감에서는 군사들의 인원수에 맞추어 군량을 책정하고, 군기감에서는 병기와 기치, 융장과 집물을 만들었으며, 사수감에서는 인부를 모아 병선의 수리와 보수에서 군량의 운반까지 만전을 기하였다.

다음날, 조회를 끝낸 세종이 군기시軍器寺를 찾았다. 창을 든 병사들이 엄중하게 경계를 서고 있는 군기시 문 안으로 들어가니 군기시 군기소감軍器少監 이도李韜가 공장이들과 함께 세종을 맞았다.

"일은 잘 되어 가는가?"

"예."

"해산이는 무엇하는가?"

"해산이 하는 일이야 매일 똑같습지요. 오늘도 창고에서 연구 중입니다요."

"가보세."

"예."

이도가 앞장서서 세종의 앞을 안내하였다. 아문을 나서니 커다란 대장간이 나타났다.

땅―땅―

초가지붕 위로 시커먼 연기를 내뿜는 대장간은 이제 곧 출정할 군인들의 창이며 칼 같은 무기와 기치旗幟, 융장戎仗 등을 만드느라 여념이 없었다.

삼 면이 뚫려 안이 훤히 내다보이는 대장간에서는 일곱 사람의 대장장이가 땀으로 범벅이 된 웃통을 드러내놓고 열심히 망치질을 하고 있었다.

대장간 한편에서는 두 사람이 빨갛게 녹여낸 쇠를 틀형에 붓고 있었다. 다른 한편에서는 빨간 숯불 위에 달구어진 붉은 쇠를 선반 위에 올려놓고 커다란 정을 휘둘러 모양을 만들고 있었다.

정을 두드리는 대장장이 두 사람은 손발이 척척 맞아서 이쪽이 내려치면 저쪽이 내려치고 저쪽이 내려치면 이쪽이 내리치어 땅—땅—땅—땅—따당—따당—따당—따당— 쇠망치 두드리는 소리가 장단에 맞추어 노래를 부르는 것 같았다.

쇠망치에 두드려져 풀이 죽은 쇠는 어느새 뭉툭함을 잃고 바늘처럼 날카로운 창의 형태가 되어있었고, 대장장이가 쇠 집게를 들어 차가운 물에 담구니 푸스스— 하고 허연 수증기가 일었다. 풀무질을 하던 장인은 빨갛게 달아오른 쇠를 대장장이에게 인계하였고 대장장이들은 쉼 없이 망치질을 하였다.

대장간 앞개울에 있는 인부들이 그렇게 만들어진 칼과 창을 날카롭게 갈고 있었다. 마당가에 창과 칼이 수백 개도 넘게 쌓여있었고, 그것을 새끼줄로 묶는 사람들은 개미처럼 몸을 바쁘게 움직였다.

"더운데 수고가 많구나."

"송구합니다."

대장장이들이 하던 일을 멈추고 세종에게 인사를 하였다. 사흘이 멀다 하고 군기시를 찾는 세종이기에 대장장이들도 상감의 행차가 그리 낯설지 않았다.

공장이와 인부들이 다시금 망치를 들어 작업을 하였다. 대장간을 뒤로 하여 담장 뒷문을 나서니 작은 중문 옆에 창을 든 군졸 두 사람과 칼을 찬 장교 하나가 서 있다가 꾸벅 인사를 하였다.

"수고가 많다."

세종이 이도와 함께 군졸이 지키고 있는 중문으로 들어갔다. 중문 안마당에 쇠로 만든 화포와 병기들이 있었다.

군기소감 이도가 마당 가운데 있는 두 칸 집으로 뛰어 들어가려는 것을 세종이 말렸다.

"놔두게."

세종이 집 안으로 들어가니 어두컴컴한 방 안에 사람이 보이지 않았다. 이곳이 화약방이니 최해산이 기거하는 방이었다. 방 안에는 대장간처럼 화덕과 풀무가 있었고 뒷벽 서가에는 봉지들이 가득하였다.

부엌 바닥에는 올망졸망한 작은 독이 즐비하고 쇠 절구와 오지단지가 여러 개 있었다. 오지 단지 안에는 시커먼 흙이 가루가 되어 있었다. 손가락을 찍어 흙내를 맡아보니 코끝이 시큼하였다. 이것이 화약의 연료인 모양이었다. 무수한 흙의 조합으로 만들어진 화약. 상왕께서는 때때로 세종과 함께 백사정으로 나가 화차와 화포를 시험하곤 하였다.

화포가 큰 불을 내뿜으면 커다란 철환이 날아가 목표물에 떨어지는데 그 모습이 참으로 장관이었다.

언젠가 명나라에서 온 사신 유천과 황엄이 화포를 보여 달라기에 상왕이 태평관에서 멀리 떨어진 곳에 화붕火棚을 설치하고 저물녘에 사신과 더불어 관문館門에 나가 구경한 적이 있었다. 두 사신 모두 화포의 화력을 보고 놀라워했다. 명나라에서도 만들기 어려운 화약을 조선에서 보았으니 그럴 만도 하였다. 상왕은 때때로 그때 사신들의 놀라던 모습을 세종에게 말하곤 하였는데 그때 상왕의 모습은 5살 아이처럼 천진난만하였다.

세종이 화약방을 둘러보는데 어디선가 짚 타는 냄새가 났다. 뒤편 아궁이로 가보니 웃통을 벗은 관원 하나가 아궁이에 짚을 태우고 있었다. 찌는 더위에 그것도 대낮에 짚을 태우고 앉아 있는 사내를 보고 세종이 빙그레 웃었다.

군기소감 이도가 소리쳤다.

"이봐. 해산이."

아궁이 불을 보고 있던 사내는 무심히 고개를 돌렸다가 세종을 보고 깜짝 놀라 자리에서 일어나 벗어놓은 웃옷을 허겁지겁 입으며 다가와 허리를 굽혔다.

"염천 더위에 수고가 많다."

"황공하옵니다."

"염초를 태우고 있었나?"

"예."

"화약을 대량으로 생산할 수 있는 방법을 연구한다더니 잘 되는가?"

"그것이……."

관원이 말끝을 흐렸다. 관원의 찡그린 얼굴로 봐선 여의치 않은 모양이었다.

세종이 관원의 어깨를 토닥거리며 말했다.

"명나라에서도 구하기 어렵다는 것을 만드는 일인데 하루아침에 되겠는가? 차분히 연구해보게."

"송구합니다."

해산이라는 관원이 머리를 조아렸다. 이 관원의 성이 최崔요 이름이 해산崔海山이니, 고려 말 화약을 만든 최무선崔茂宣의 아들이었다. 그는 최무선이 죽은 후 화약 만드는 법을 전수 받아 지금은 군기시 감승監丞으로 화약 병기 만드는 법을 연구하고 있었다.

해산의 이마에 송송 맺힌 땀방울을 바라보며 세종이 흡족하게 미소를 지으며 말했다.

"경이 얼마 전에 보여주었던 화차를 구경하러 왔네."

"화차를 말입니까?"

"대마도를 정벌하러 가는 데 사용해 보려 하는데 어떤가? 실전에 사용할 수 있겠는가?"

"예. 그렇잖아도 그동안 보완에 보완을 거듭하여 화력과 명중률을 높였사옵니다. 한번 시험해 보시지요."

최해산이 바깥을 향해 소리쳤다.

"이봐라. 화차를 가져오너라."

세종과 최해산이 화약방 바깥으로 나가니 젊은 사내 두 사람이 수레 하나를 끌고 달려왔다. 수레가 세종의 앞에서 멈추어 서고 관원

두 사람이 고개를 숙인 채 그 뒤에 섰다.

수레를 끄는 관원의 얼굴이 세종의 눈에 익었다.

"못 보던 자로구나."

최해산이 말했다.

"어제 새로 들어온 아이입니다. 이름이 순돌이라 하는데 예문관 대제학 대감의 추천으로 들어왔습지요."

며칠 전에 신문고를 두드렸던 아이가 분명하였다. 세종이 미소를 지으며 순돌에게 말했다.

"네가 나를 알고 있느냐?"

"예."

순돌이 넙죽 엎드려 대답하였다.

"엎드려있지 말고 일어나거라."

순돌이가 자리에서 일어나 두 손을 모으고 섰다.

최해산이 물었다.

"아시는 자입니까?"

"내가 잘 아는 자다."

세종이 고개를 돌려 순돌에게 물었다.

"네가 여길 어떻게 왔느냐?"

"나라에서 대마도를 정벌한다 하기에 자원하려 하였사온데 유대 감께서 이곳에 가면 부모형제들의 복수를 할 수 있다 하시기에 따라 왔습니다."

"그래. 네 말이 맞다. 네가 잘 왔다."

세종이 고개를 돌려 화차를 바라보았다. 수레 위에 큰 나무로 만든 통이 하나 있을 따름인데 그 통 안에 동그란 구멍이 무수하게 뚫려져서 마치 벌집 같았다.

최해산이 말했다.

"저번엔 철령전이 나가는 숫자가 30개에 불과하였지만 지금은 숫자가 60개로 늘었습니다. 총신의 길이에 따라 철령전이 나가는 길이도 달라지기 때문에 길이도 두 배가 되었습니다."

"음."

최해산이 수레 위에 있는 구리 통에 뚫린 구멍으로 쇠로 만든 화살 끝을 꽂았다. 세종이 쇠로 된 화살을 만지며 말했다.

"이런 쇠화살이 발사된다면 위력이 엄청나겠군."

"예, 철령전에 눈이 달리지는 않았지만 위력이 좋아서 갑옷쯤은 쉽게 뚫습니다. 또 숫자가 많아서 반경 석 자 안은 초토화가 됩니다."

"떼로 달려드는 왜구들 앞에서 위력이 대단하겠군."

"하지만 단점도 있습니다. 쇠로 만든 활이라 사정거리가 길지 않습니다."

"장점이 있다면 단점도 있는 거지. 그 문제는 경이 풀어야 할 숙제가 아닌가."

"그렇지 않아도 그 부분에 대해 연구를 하고 있습니다. 구멍을 크게 하고 긴 나무화살을 끼워보면 어떨까 생각중입니다. 나무화살에 대나무통을 달고 그 안에 화약을 넣어서 폭발하는 추진력으로 먼 거리를 갈 수 있는 무기 말입니다."

"그거 좋은 생각이군."

세종이 고개를 끄덕끄덕 하였다.

"마당 뒤편으로 가시죠. 제가 보여드리겠습니다."

순돌이와 병사 하나가 화차를 끌고 마당 뒤편으로 갔다. 세종이 그 뒤를 따라가니 짚으로 만든 허수아비들이 무수하게 서 있는 공터가 나타났다. 그 뒤로 작은 언덕 하나가 서 있는데 잦은 병기 시험 때문인지 풀잎 하나 자라고 있지 않았다.

"철령전을 끼워라."

병사가 촘촘한 구멍 안에 화약을 채워놓고 도화선을 끼우는 사이에 순돌이가 60개나 되는 구멍에 철령전을 끼워 넣었다. 그들은 일이 모두 완료되자 화차 뒤로 물러났다.

최해산이 세종에게 말했다.

"위험하니 멀리 떨어져 계십시오."

최해산이 화차의 구리통에 연결된 도화선에 불을 붙이고는 재빨리 뒤로 물러섰다. 도화선의 불꽃이 올라가다가 구리통 앞에서 여러 곳으로 갈라졌다.

콰콰콰쾅―다다타탁―콰콰콰콰쾅―

요란한 천둥소리와 함께 화차에서 불꽃이 연달아 일어나며 시커먼 화약 연기가 자욱하게 퍼졌다. 한동안 쉴 세 없이 퍼부어대던 소리가 마침내 잠잠해졌다. 자욱한 화약 연기가 걷히며 수레 앞에 서 있는 허수아비들이 형체를 드러내었다.

화차 앞에 온전하게 서 있던 허수아비들이 만신창이가 되어 있었다. 팔다리가 떨어지거나 기둥이 꺾인 허수아비들이 바닥에 어지럽게 널려 있었으며 흙먼지가 피어오르는 뒤편 둔덕에는 무수한 쇠화살이 박혀있었다.

최해산이 허리를 굽히며 말했다.

"화차 앞에서는 신선이라도 살아남을 수 없을 것입니다."

"대단하군."

세종이 고개를 끄덕일 때에 순돌이도 놀라 입을 다물지 못하였다. 생전 이런 광경은 본 적이 없는 데다가 이런 무기라면 수많은 왜구들을 죽일 수 있으리라 생각되었기 때문이었다.

세종이 최해산에게 물었다.

"지금 당장 사용할 수 있는 화차는 몇 대인가?"

"당장 사용할 수 있는 화차는 다섯 대입니다."

"다섯 대? 경은 우리 군사들이 대마도를 치러 간다는 이야기를 들었는가?"

"예. 들었사옵니다."

"이번 달 말까지 몇 대나 만들 수 있겠나?"

"수레는 언제라도 준비가 가능하지만 화차 윗부분에 철령전을 집어넣을 쇠통을 만드는 것이 어려워서 밤낮으로 일을 한다 하더라도 다섯 대 정도밖엔 준비할 수 없을 것 같습니다."

"그럼 10대가 되겠군."

"예."

"화포는 얼마나 사용 가능한가?"

"아뢰옵기 황공하오나 옛적에 아버님이 쓰시던 화포는 낡아서 사용이 불가능하옵고, 새로 개발한 화포는 아직도 시험 중에 있어서 당장 전투에서 사용하기에는 문제가 있습니다."

"그거 안 되었군."

"송구하옵니다. 소신이 부친의 진전을 이어받았지만 재주가 모자라 십의 일도 만들지 못하니 부끄러울 따름입니다."

최해산이 머리를 조아렸다.

고려 말엽에 최무선은 대장군포大將軍砲·이장군포二將軍砲·삼장군포三將軍砲·육화석포六花石砲·화포火砲·신포信砲·화통火㷁·화전火箭·철령전鐵翎箭·피령전皮翎箭·질려포蒺藜砲·철탄자鐵彈子·천산오룡전穿山五龍箭·유화流火·주화走火·촉천화燭天火 등 수많은 병기를 만들었으나 그 이후로 화포 병기에 대한 연구가 없어서 지금은 남아 있는 것이 얼마 없었다.

최무선이 죽기 전에 최해산에게 화약을 제조하는 법을 남겼으나 병기의 제조법까지는 적혀 있지 않아서 최해산은 밤낮을 가리지 않고 포신에 대한 연구에 매달려 있었다. 이를 모름이 아닌 세종이 최해산과 이도에게 말했다.

"경들이 만드는 화약과 병기야말로 이 나라에 가장 필요한 것임을 명심해야 할 것이오. 염초의 대량 생산도 중요하지만 효율적인 병기를 다양하게 만드는 것도 무엇보다 중요하니 경들은 포기하지 말고 최선을 다하여 연구해야 할 것이오."

"신들이 열과 성을 다하겠습니다."

최해산과 이도가 머리를 조아렸다.

2

대제학 유관은 흥인문 밖 다 쓰러져 가는 삼간초가에서 노부부와
늙은 종 하나를 데리고 살았는데 정2품 조정대신의 집이라 하기엔 너
무도 초라하였다.

한 번은 소나기가 내렸는데 지붕이 새어 삼 줄기 같은 빗물이 방
안으로 떨어졌다. 두 노부부가 방 안에서 우산을 쓰고 바깥을 바라보
던 중에 유관이 부인에게 말하길, "그래도 우리는 나은 편이구려. 우
산도 없는 집에서는 어찌 견딜꼬?" 하고 혀를 차니, "걱정도 많으시
오. 우산 없는 집은 다른 방법이 있겠지요." 하고 두 노부부가 도란도
란 이야기를 나누더라는 것이었다. 사람들이 유관의 청렴을 숭상하
여 매양 우리 선생님 하며 존경하였는데, 임금 역시 유관의 청렴함을
잘 알아서 수라상의 남은 음식을 하루도 거르지 않고 보내줄 정도였
다.

경수소를 나온 순돌이는 유관의 집에서 기거하였는데, 초가지붕에
이엉도 얹어주고 나무도 해 주며 집안의 잡다한 심부름을 도맡아하
였다.

이날 저녁, 군기감에서 돌아온 순돌은 퇴청한 유관에게 군기시에
서 화차를 발포한 이야기를 자랑스럽게 늘어놓았다.

"대감님의 말씀이 옳구먼유. 그런 귀신 벼락같은 무기가 있다면

왜놈들을 떼로 죽일 수 있겠구먼유.”

유관이 수염을 쓸면서 말했다.

“그러게 내 말을 들으라 하지 않더냐. 임금님께서 군기감을 찾아 가신 것을 보면 이번 동정에 화차를 쓸 것이 분명하다. 네가 화차병으로 종군해서 공을 세우면 부모님과 동생들의 복수를 톡톡히 할 수 있지 않겠느냐.”

“그렇구먼유. 참말 이 은혜를 어떻게 갚아야 할지 모르겠구먼유.”

유관이 손사래를 치며 말했다.

“은혜랄 게 무어 있느냐? 나는 본래 그런 것을 바라는 사람이 아니다.”

“그런데 말여유. 제가 듣기로 벼슬아치들은 고래등 같은 기와집에, 수십 명이나 되는 하인들에, 예쁜 첩을 거느리고 떵떵거리며 산다던데 어째서 대감님의 집은 이렇게 가난한 거예유?”

“청렴하지 못하게 부를 쌓은 것이 부끄러울지언정 가난은 부끄러운 것이 아니다. 자고로 윗물이 맑아야 아랫물이 맑은 법이라 하였다. 내가 부도덕하게 부를 쌓고 법을 어겨 바르게 살지 않으면 나를 바라보는 백성들이 그를 따라할 것이니, 나 같은 벼슬아치가 깨끗하지 않고서 어찌 나라가 바로 서고 아랫사람을 바르게 다스릴 수 있겠느냐?”

“어쨌거나 지는 대감님 같은 분이 많았으면 좋겠어유. 그럼 백성들이 행복하게 살 수 있을 거 아녀유.”

순돌이가 마당에 피워놓은 모깃불을 뒤적이자 뿌연 연기가 다시금 피어올랐다.

"네 덕에 올 여름은 모기 걱정을 덜 하는구나."

"그런 말씀 마셔유. 대감님이 이런 것을 해 보셨을 리 만무하구유, 마땅히 은혜를 입은 제가 해야 하지유."

그때, 사립문 안으로 비단옷을 입은 선비 하나가 당당하게 들어와서 꾸벅 인사를 하였다. 부채질을 하던 유관이 평상에서 구부정히 일어나서 천천히 읍을 하며 말했다.

"대군께서 여긴 어쩐 일이십니까?"

"대감댁의 술맛이 좋다 하기에 달려왔지요."

선비가 평상에 털썩 주주물러 앉았다. 옥관자를 차고 구슬이 총총한 갓끈을 매었는데 번쩍이는 청라 도포에 갓신을 신은 모습이 부유한 대갓집 자제 같았다. 허나 대부분의 대갓집 자제들도 대감 앞에서는 공손하게 인사를 하는데 류대감이 앉기도 전에 평상에 앉는 것을 보니 버릇없는 양반 같았다.

순돌이가 곁눈질로 힐끔힐끔 바라보니 눈이 크고 눈썹이 짙은데 코가 날렵하고 눈매가 날카로워 강인한 인상을 주었다.

"대감도 앉으시오."

선비의 말에 류대감이 마루에 앉았다.

"이보게. 술 한 상 내오시게."

부엌에서 늙은 여종이 탁주 한 항아리와 소금에 절인 콩 한 소반을 가져왔다. 선비가 안주를 내려다보더니 입맛을 쩝쩝 다시며 말했다.

"대감. 웬만하면 안주를 바꿔 보시는 것이 어떻소?"

"보기에는 이래도 술안주로는 지장이 없습니다."

유관이 순돌이에게 말했다.

"오늘은 네가 술을 치거라."

"예."

순돌이 사발을 들어 선비와 유관의 잔에 술을 떠 주었다. 선비가 떨떠름한 얼굴로 순돌을 올려보다가 술잔을 들어 한 모금에 마시곤 입가에 묻은 술 찌꺼기를 닦았다.

"아! 맛은 좋구려."

"맛이 좋다니 다행입니다."

유관이 술을 한 모금 입에 대곤 내려놓았다.

"들자니 상왕께서 임금에게 병권을 주었다고 하던데 그게 다 대감 때문이지요?"

"달이 차면 기우는 것이 세상 이치 아니겠습니까? 제가 아니더라도 누군가는 말씀을 드렸겠지요."

"하하하. 잘하셨소. 상왕께서 다 큰 자식을 못 미더워 수강궁 안에서 병권을 쥐고 앉아 끙끙거리는 것이 보기에 좋지는 않았소. 대감이 보기에 이번 일을 임금이 잘할 것 같소?"

"신중하신 분이니 어련히 잘하시지 않겠습니까?"

"이건 기우인데 대감은 만약에 내가 그 일을 했으면 어땠을 것 같소?"

"허허허. 대군께서도 잘하셨을 테지요."

"그런 말이 어디 있소."

"임금 자리를 팽개치고 도망하실 때에는 미련이 없으실 줄 알았습니다만 마음이 동하십니까?"

"무슨 소리. 나는 본래부터 구중궁궐에서 법도를 지키며 살아갈 위인이 못 되오. 갑갑증이 나서 살 수도 없을 뿐더러 내가 내 동생을 더 잘 알고 있소. 뱁새가 황새 따라가면 가랑이가 찢어진다 했던가. 하하하. 나는 살아서 임금의 형으로, 죽어서 부처의 형으로 한평생 부귀나 누리며 사는 것에 만족하오. 다만 부왕께서 급작스럽게 주상에게 병권을 맡겼다 하니 일이 잘못되기라도 한다면 어쩌나 걱정이 되어 물어본 거요."

"그것은 두고 봐야 알 일이지요."

선비가 흥이 다했는지 자리에서 일어났다.

"대감. 술 잘 마셨소."

"한 잔밖에 아니 드셨는데 일어나시려구요."

"막걸리가 맛은 좋지만 오늘은 영 아니구려. 그저 오늘 같은 날에는 오매불망 님을 기다리는 계집의 집에서 술 같은 술을 마셔야 쓰겠소."

선비가 도포자락을 펄렁이며 사립문을 나가다가 멈추어 섰다.

"이젠 황희를 용서할 때도 된 것 같은데 어찌 생각하시오."

"때가 되면 돌아오겠지요."

"아까운 사람이니 언제고 시간이 나면 주상에게 말씀 좀 해 주시오."

선비가 사립문을 나가 골목길로 사라졌다.

순돌이가 두 눈을 껌벅이며 유관에게 물었다.

"뉘십니까요?"

"임금님의 형님 되시는 양녕대군이시다. 일세의 호걸이시지."

겉으론 당당한 척하지만 둘째의 재능을 알아보고 임금의 자리를 포기해버린 큰 왕자의 상심을 유관이 어찌 모르겠는가. 영명하던 큰 왕자가 열다섯부터 기방과 여염집을 돌아다니며 잡인들과 어울려 다녔으니 애초부터 상왕의 마음에 들 리 없었다. 세자의 자리에서 쫓겨난 지금도 웅심을 숨기고 파락호처럼 돌아다니는 양녕의 뒷모습을 바라보니 유관은 마음이 씁쓸하여 술잔을 들고 막걸리를 벌컥벌컥 마시었다.

"어! 좋다."

손등으로 입가에 묻은 술을 닦고 나니 눈앞에 순돌이가 보였다.

"내일 모레 출정을 한다 하니 너도 마음 준비 단단히 하거라."

"예."

"가서 꼭 이기고 돌아와야 한다."

"예. 이 원수는 반드시 갚고 오겠구먼유."

"허허허. 그래야지."

유관이 순돌의 머리를 쓰다듬어 주었다.

3

5월 18일, 두모포豆毛浦에 대마도로 출정하는 전선들이 모여 있다는 말을 듣고 세종이 상왕과 함께 두모포 백사정白沙汀에 거둥하였다. 두모포에는 50여 척의 전선이 형형색색의 깃발을 휘날리며 위용을 뽐내고 있었으며 포구 앞에서는 벌써 소를 잡고 돼지를 잡아 성대한 잔칫상이 벌어져 있었다.

이종무·우박·이숙묘·황상·유온·박초·박실·이지실·김을화·이순몽과 편장들이 갑옷을 입고 포구에서 기다리고 있다가 상왕과 세종을 맞이하였다.

"경들의 늠름한 모습을 보니 마음이 든든하구려."

상왕께서 친히 술을 따라 장수들과 군관들을 격려하였다. 상왕의 옆에 있던 세종이 내시에게 장수들과 군관들에게 술을 치게 하고 활과 화살을 내리니 군관들이 황송하게 생각하였다.

상왕이 장수들의 면면을 바라보다가 입을 열었다.

"내가 즉위한 이래로 무릇 용병用兵의 도리를 한결같이 옛일을 따라서 경솔한 거조가 없었던 것은 백성들이 동요될까 염려하였던 것인데, 이제 하찮은 섬 오랑캐가 감히 날뛰어 우리 변방을 침노한 지가 3, 4차에 이르러 그 성세가 날로 심해지니, 크게 군사를 일으켜서 수륙水陸으로 함께 공격하여 일거一擧에 섬멸하지 않고는 변경이 편안할 때가 없을 것이오. 경들이 명하는 대로 다하면 조상에게까지 상을 줄 것이고, 명하는 대로 못하면 반드시 죽이거나 벌을 줄 것이니 명심하라. 여러 장수들은 군사들에게 알려서, 각기 마음과 힘을 다하게 하라."

이종무가 불끈 쥔 주먹을 가슴에 대고 한 무릎을 꿇고 앉아 말했다.

"신 이종무, 신명을 다하여 적군을 토벌할 것이니 염려치 마십시오."

"신명을 다하여 적을 토벌하겠습니다."

여러 장수들이 일제히 한 무릎을 꿇고 소리쳤다. 상왕이 고개를 돌려 세종에게 말했다.

"주상은 할 말이 없는가? 출정하기 전에 장수들에게 한마디 하라."

세종이 빙그레 웃으며 고개를 돌렸다.

"병가에 싸우지 않고 이기는 것이 최선이라고 합디다. 먼 원정길이니 되도록 귀중한 인명의 피해가 없도록 장수들은 싸우기 전에 한 번 더 생각하시기 바라오. 공을 세우는 것은 좋으나 공에 연연해서 귀중한 인명을 헛되이 해서는 아니 될 것입니다."

"명심하겠습니다."

이종무가 고개를 숙여 읍하였다. 이때 이종무는 전날 세종의 편전으로 불려갔던 일을 떠올렸다.

'내가 당부드릴 것이 있어서 경을 불렀어요. 대마도가 경상도 땅에서 그리 멀지 않은 곳에 있다지만 바다를 건너 원정하는 것이니 노파심이 드는군요.'

'걱정 마십시오.'

'내일 출정하기 전에 따로 전해 드릴 것이 있어 불렀어요.'

판내시부사 김용기가 두루마리 하나를 이종무의 앞에 놓고 물러났다. 이종무가 두루마리를 펼쳐보니 종이에 그림 하나가 그려져 있었다.

'이, 이것이?'

이종무의 두 눈이 휘둥그레졌다. 대마도 각 포구의 위치, 마을과 산, 성의 위치까지 상세하게 그려진 지도였다.

'지피지기면 백전백승이라 하지 않소. 통사들과 귀화한 왜인들로부터 얻은 정보로 부랴부랴 만들어 보았소. 왜구들을 토벌하는 데 도움이 될 거요.'

'황공하옵니다.'

이종무는 얼굴을 붉히며 편전 계하에 머리를 숙였다. 세종이 빙그레 웃으며 말했다.

'지도를 만드는 것이 생각보다 재미있었소. 정말로 대마도가 우리 땅이라는 사실을 알게 되었으니 말이오. 우리 땅이 아니라면 고려산高麗山과 신라성新羅城이란 지명은 무엇이고, 서라벌徐羅伐과 계지鷄知라는 지명은 어떻게 존재할 수 있겠소. 그렇지 않소?'

'그, 그렇습니다.'

세종이 차분한 어조로 말했다.

'경은 왜구들과 싸운 경험이 많아서 그들에 대해 잘 아실 겁니다. 그런데도 제가 경을 부른 이유는 몇 가지 당부를 드리기 위해섭니다.'

'말씀하십시오.'

'첫째는 왜구들과의 접전을 되도록 피하여 인명의 희생을 줄여달라는 겁니다. 왜구들을 토벌하는 데 싸움은 불가한 것이지만 단병전에 강한 왜구들을 상대로 하기엔 우리 군사들의 고초가 너무나 큰 것 같아요.'

'무슨 연유로 그렇게 생각하시옵니까?'

'해안가에서 성장한 병사들에게 들으니 바다는 파도가 높아 물질에 익숙한 사람도 멀미를 하게 된다고 들었습니다. 배를 탈 줄 아는 사람들을 뽑아 정벌군을 만들었지만 거제에서 대마도까지 배로 이틀 거리를 가는 데 적지 않은 병사들이 멀미로 고생을 할 것이니 대마도에 도착하더라도 당장 왜인들과 접전을 해서는 아니 될 것입니다.'

'알겠습니다.'

'그리고 이번에 출정할 때에 군기감에서 화차火車 열 대를 가져가도록 하세요.'

'화차를 말입니까?'

'그렇소. 사정거리는 짧지만 왜구와 단병전이 벌어질 때 도움이 될 겁니다.'

'황공하옵니다.'

'경신년(1380년) 가을에 왜선 3백여 척이 전라도 진포鎭浦에 침입했을 때 최무선이 화포로 왜구들을 낭패시켰다고 들었어요. 해상에서 적을 만나게 되면 화포를 쓰는 것이 유리할 것인데 최무선이 죽은 후로는 화포를 쓸 일이 없어서 사용법을 아는 자가 얼마 없고 또 낡고 오래되어 사용하기 어려울 뿐 아니라 만드는 기술까지 쇠퇴해서 이번 정벌에 사용할 수 없는 것이 아쉬울 따름이오. 좀 더 시간이 주어졌다면 화포를 대량으로 만들어 대마도를 정벌하는 데 도움이 되었으면 좋으련만……'

이종무가 진땀을 뻘뻘 흘리며 머리를 조아렸다. 수강궁에서 임금이 친정을 한다는 말을 듣고 웃어넘겼던 이종무는 이 순간 자신이 어리석었다는 것을 뼈저리게 깨달았다.

며칠 되지 않은 짧은 순간에 대마도의 지도를 만들고 우리 병사들의 고충까지 생각한 것은 병서에 이른바 지피지기知彼知己였다. 더구나 왜구들과의 단병전을 생각하여 화차까지 준비한 세종의 준비성에 이종무는 얼굴을 들 수 없었다.

'또 한 가지 당부할 것이 있어요.'

'무엇입니까?'

'대마도는 농사지을 땅은 적고 왜구의 숫자는 많기 때문에 도적질로 생계를 유지한다고 들었어요. 근본적인 문제를 해결하려면 왜구들에게 농사지을 수 있는 땅을 주거나 상업을 허락해야 하는데 그들을 믿을 수가 없고, 또 지금은 왜구를 정벌하러 가는 것이니 대마도에 왜구들이 살 수 없도록 근거를 파괴하는 데 중점을 두라는 것입니다. 생활의 근거를 파괴하면 왜구들도 살 수 없을 것이니 일본국으로 돌아가는 자들이 많아질 겁니다. 왜구들의 숫자가 줄어들면 그만큼 도적들의 숫자도 줄어들 것이니 지금처럼 이 땅을 침입하는 것이 쉽지는 않을 거예요.'

'지당하신 말씀입니다.'

'다시 말하거니와 적의 머리를 많이 베는 것보다 우리 군사들의 희생을 줄이는 데에 진력하시기 바라오.'

'명심하겠습니다.'

태상왕을 따라 왜구를 물리친 경험이 많은 이종무는 젊은 세종이

태상왕을 많이 닮았다 생각하였다. 상왕이 불같은 성정을 가졌다면
세종은 태상왕처럼 모든 일을 깊이 생각하고 실행에 옮기는 차분한
성격을 가지고 있었다.

　태상왕처럼 신무神武의 자질을 가진 것은 아니지만 부드럽게 신하
들을 포용하고 백성들을 아끼는 따사로운 성정은 태상왕을 보는 것
같았다. 어쩌면 그 때문에 상왕께서 양녕대군을 내치고 셋째인 충녕
대군을 왕위에 올린 것인지도 모른다고 이종무는 생각하였다.

　잔치가 파하자 이종무가 군사들을 이끌고 포구를 나섰다. 이날 중
군와 우군은 미리 떠나고 좌군은 화차를 싣고 따로 떠나 6월 초팔일
에 각도의 병선이 견내량에 모여 대기하기로 약속을 하였다.

　두모포에서 멀어져가는 병선들을 바라보던 상왕이 세종에게 말했
다.

　"주상은 어떻소? 일이 잘 될 것 같소?"

　"모두 하늘의 뜻이 아니겠습니까? 강바람이 차가워지기 전에 돌아
가시지요."

　세종은 상왕을 모시고 환궁한 후에 영의정 유정현을 삼도 도통사三
道都統使로, 참찬 최윤덕崔潤德을 삼군 절제사三軍節制使로, 오선경과 곽재
안을 종사관從事官으로 삼아 본진을 따라 가게 하고 따로 호조참의 조
치를 황해 체복사로 삼아 여러 장수들 중에 일에 늑장을 부리거나 출
정의 시기를 놓친 자를 사찰하게 하였다.

검객劍客

1

5월 23일, 아직 해가 뜨지 않은 바다는 검은빛을 머금고 있었다. 짭짤한 바닷물을 머금은 새벽바람이 선선하게 불어왔다.

"우두두둑."

갑판 위에 석상처럼 서 있던 윤득홍尹得洪이 치아가 부서질 정도로 이를 갈았다. 며칠 전 황해도에 침입한 왜적들을 잡지 못한 일로 체복사體覆使 조치趙菑에게 목이 날아갈 뻔한 일을 생각하니 울화가 치밀어 올랐던 것이다.

황해도 조전병마사 김효성金孝誠, 황해도 경차관 장우량張友良, 처치사 조치와 더불어 비인현과 황해도에 침입한 왜구들을 찾아 헤매던 중에 백령도에 왜적들이 있다는 첩보를 듣고 윤득홍이 먼저 배 두 척을 가지고 백령도로 떠나온 터였다.

개 한 마리 남지 않은 죽음의 마을이 되어 버린 비인현의 비참한 상황을 생각하니 피가 끓어올랐다. 밤새 잠을 자지 못한 윤득홍이 허리에 찬 환도를 쓰다듬었다. 바로 그때였다. 아직 어둠이 가시지 않은 바다 위로 못 보던 배 두 척이 다가오는 것이 보였다.

"아군의 배인가?"

윤득홍은 다가오는 배를 자세히 바라보았다. 물결을 가르며 다가오는 배의 앞부분이 뾰족한 것이 조선의 판옥선과는 달랐다.

"왜구다."

윤득홍이 갑판에 걸려 있는 북을 두드렸다.

"일어나라. 왜적이 나타났다."

우렁우렁한 목소리에 수졸들이 갑판 위로 쏟아져 나왔다.

"닻을 올리고 배를 저어라. 저놈들을 쫓아간다."

수졸들이 급하게 닻을 올리고 갑판 아래로 내려가 일제히 판옥선의 노를 저었다. 배가 물결을 일으키며 나아가기 시작하였다. 두 척의 배 가운데 한 척의 배는 누대가 높은 층각선이었다. 우두머리가 있는 배가 틀림없었다.

"저 배를 향해 몰아라."

판옥선이 층각선을 향하여 방향을 바꾸었다. 배가 점점 더 가까이 다가갈수록 왜적의 배 안이 소란스러워졌다. 갑판 위에 벌거벗고 칼을 든 왜구들의 모습이 눈에 들어왔다.

"사수는 활을 쏴라."

갑판에 도열한 사수들이 일제히 활을 당겼다. 어스름한 어둠을 가르며 화살이 비 오듯 왜적의 배를 향해 날아갔다. 왜적들이 갑판에 몸을 숨겼다. 커다란 붉은 깃발에 도변渡邊이라는 글이 확연하게 들어왔다. 윤득홍이 키를 조종하는 수사공에게 소리쳤다.

"저 배에 붙여라. 저 배에 붙여라."

윤득홍은 판옥선이 적선에 가까이 다가가자 뱃전에 우뚝 서 배와 배 사이의 거리를 가늠하더니 몸을 날려 적의 갑판 위로 훌쩍 뛰어들어갔다. 머리가 벗겨진 왜구들이 시퍼런 왜도를 들고 윤득홍의 주위를 둘러쌌다. 윤득홍은 허리춤에 매인 두 개의 칼 손잡이를 잡고 씨익 웃었다.

"너희들이 비인현을 쑥대밭으로 만든 놈들이지?"

왜구들 중 하나가 윤득홍의 아래위를 훑어보다가 매섭게 소리쳤다.

"허리에 두 개의 검이 있구나. 혹시 네가 윤득홍이냐?"

유창한 조선말을 쓰는 왜인이었다.

"잘 알고 있구나. 내가 윤득홍이다."

윤득홍이 입가에 엷은 미소를 지었다.

"내 이름은 와타나베渡邊다."

"곧 죽을 놈 이름을 알고 싶은 마음 없다."

와타나베가 윤득홍을 노려보았다.

"네 이야기를 듣고 언젠가 한번 겨루어보고 싶었는데 이렇게 만나게 되니 다행이구나."

"죽을 놈이 말이 많다. 잔소리 말고 덤벼라. 아니면 내가 나선다."

와타나베가 날카로운 창끝을 천천히 들었다. 둘러선 왜구들이 천천히 뒤로 물러섰다. 윤득홍이 날카로운 눈빛으로 와타나베를 노려보았다. 배가 파도와 전선에 부딪히어 흔들렸다. 중심을 잡기가 문제라면 문제였지만 그것은 상대 역시 마찬가지일 것이었다. 길고 끝이 날카로운 장창 끝에 와타나베의 날카로운 눈빛이 이글거렸다. 윤득홍의 허점을 찾고 있는 매와 같은 눈빛이었다. 그러나 은비늘 갑옷을 입은 칠 척 장신 윤득홍의 몸에서는 한 치의 빈틈도 찾아볼 수 없었다.

칼을 뽑지도 않고 와타나베를 노려보는 윤득홍의 몸은 흔들리는 선상에서도 마치 갑판에 뿌리를 박은 듯 한 치의 흔들림이 없었다. 노려보는 윤득홍의 눈에서 퍼런 불꽃이 일어나는 듯하였다. 와타나베의 등줄기에 식은땀이 흘러내렸다.

'과연 조선 제일의 검객답다.'

윤득홍은 무안 출신으로 소싯적에 무안에 침입한 왜구들을 물리친 공으로 관원이 된 바 있었다. 배를 잘 탈뿐더러 검술도 뛰어나 쌍검을 자유자재로 휘둘러 한 번도 패한 적이 없었다. 그런 까닭에 윤득홍은 왜구들에게 공포의 대상이었다. 칼을 뽑지도 않은 데다 미동 하나 없는 윤득홍의 모습에 와타나베는 자신도 모르게 두 손에 힘이 들어가는 것을 느꼈다.

와타나베를 바라보고 있던 윤득홍 역시 적장의 유연하고 기개 있는 모습에 탄복하기는 마찬가지였다. 그 역시 창을 잡고 있는 적장의 모습이 한 치의 빈틈도 없어 보여 베는 것이 쉽지 않다는 것을 깨달았다. 장창은 검보다 길이가 월등하기 때문에 먼저 공격했다가는 낭패를 보기 십상이었다. 때문에 먼저 움직일 수 없었다. 두 장수가 노려보며 대치하는 사이 둘러선 왜구들이 술렁거리기 시작했다.

"뒤편에 조선배가 다가온다."

윤득홍이 갑판 뒤를 보았다. 판옥선 두 척이 다가오고 있었다. 아마도 평도전이 탄 배가 틀림없을 것이었다. 거만한 평도전의 얼굴을 떠올리니 기분이 좋지 않았다. 자연히 미간이 찌푸려졌다. 순간 빈틈을 노리던 와타나베의 장창이 윤득홍의 목을 향해 살같이 찔러 들어왔다.

윤득홍이 몸을 돌려 창을 피하며 왼손으로 적의 창을 턱썩 잡았다.

"애송이. 네놈은 속았다."

와타나베가 깜짝 놀라 창을 당기려할 때에 윤득홍의 검이 아래에서 위로 흔들렸다. 들고 있던 장창이 뚝—하고 양단되었다. 와타나베가 재빨리 뒤로 물러나며 허리춤에서 왜도를 꺼내들었다.

"어딜."

천둥 같은 목소리와 함께 윤득홍의 검이 허공에서 방향을 바꾸어 빗살처럼 내려왔다. 와타나베가 깜짝 놀라 오른손을 들자 갑판으로 왜도를 든 팔 하나가 뚝 떨어졌다.

와타나베가 통증을 느낄 새도 없이 윤득홍의 왼편 허리춤에서 무언가가 번뜩였다. 와타나베의 목이 힘없이 갑판으로 굴렀다. 목 없는 몸통이 썩은 고목처럼 갑판에 쓰러졌다. 잘린 목에서 뿜어져 나온 붉은 선혈이 갑판을 흥건하게 적셨다.

"무고한 백성들을 살육한 죗값 치고는 고통 없이 죽은 것을 감사하라."

와타나베의 목 없는 몸통을 바라보며 한마디 중얼거리던 윤득홍이 쌍검을 들고 버티어 서서 호랑이 같은 눈으로 적병들을 노려보았다.

윤득홍의 부릅뜬 눈에 해변가에서 적병의 노략질에 죽음을 당한 어촌 부락인들의 처참한 시신이 겹쳤다. 사지가 절단되어 죽은 아이와 노인들, 발가벗겨진 여인네들의 시신. 그 중에서도 뭉개진 핏덩어리를 바라보는 만삭된 부녀자의 한 맺힌 눈이 자꾸만 눈에 밟혔다. 온전한 배를 날카로운 칼날로 가르고 복중에 있는 태아를 꺼내어 내동댕이치던 왜적의 모습이 눈앞에 겹쳐졌다.

"이놈들! 죗값을 치를 준비는 되었겠지?"

겁을 집어먹은 왜구들이 비명을 지르며 흩어졌다. 허연 이를 드러내고 야차처럼 웃고 있던 윤득홍이 이를 갈았다.

"무고한 백성들을 하나도 남김없이 죽일 땐 굶주린 맹수 같았겠지? 이 도둑놈의 새끼들. 죗값을 받아라."

윤득홍이 일갈하며 성난 호랑이처럼 왜구들을 향해 달려들었다. 갑판에서 비명을 지르며 달아나던 왜병들은 윤득홍의 쌍검에 추풍낙엽처럼 흩어졌다. 윤득홍의 칼이 좌우로 번쩍이면 왜구들이 피를 뿌리며 쓰러졌다.

왜구들의 피를 얼굴에 뒤집어 쓴 윤득홍은 지옥의 마귀 같았다. 삶을 구하려 뛰어다니던 왜구들이 윤득홍을 피하여 배 뒤편으로 도망쳤다. 뒤편에서 요란한 함성소리와 병기 부딪히는 소리가 들렸다. 아군의 배가 왜선 선미에 닿은 것으로 보아 아군과 교전하는 모양이었다.

"이놈들."

윤득홍이 미처 도망치지 못한 왜구의 목을 베곤 성큼성큼 뒤편으로 걸어가니 함성소리와 함께 배 뒤편으로 도망쳤던 왜구들이 우르르 몰려나오다가 윤득홍을 보고 놀라 뒷걸음질을 쳤다.

"이놈들. 모두 죽여 버릴 테다."

윤득홍이 쌍검을 휘두르며 다가서는데 왜구들 사이에서 누군가가 번개처럼 나타나 칼을 들고 가로막았다.

"뭐야?"

윤득홍이 휘두르던 쌍검을 멈추었다. 득홍의 앞을 막아선 이는 다름 아닌 평도전이었다.

"그만하시오. 그만하시오."

왜통사倭通事 박귀朴貴가 손을 저으며 뛰어와 윤득홍과 평도전 사이에 끼어들었다. 윤득홍이 박귀에게 소리쳤다.

"이자가 왜 내 앞을 막아서는 거냐?"

박귀가 오만상을 찡그리며 말했다.

"그만하면 되었습니다."

"무슨 소리야? 그만하면 됐다니?"

윤득홍이 평도전을 가리키며 박귀에게 말했다.

"이자에게 전하거라. 왜적을 치러 왔으면 내 앞길을 막지 말고 왜적이나 치라고 말이다."

박귀가 평도전에게 왜말로 득홍의 말을 전하니 평도전이 코웃음을 치며 무어라고 중얼거렸다. 박귀가 얼굴을 돌려 당혹스런 얼굴로 말했다.

"이미 싸움이 끝이 났는데 투항한 자들을 더 죽여서 무엇 하겠냐합니다."

윤득홍이 도끼눈을 뜨고 소리쳤다.

"뭐라구? 왜놈들을 살려두잔 말이냐? 저놈들이 무고한 백성을 300명이나 죽였어. 그런데 그런 잔혹한 짐승들을 살려주잔 말이야? 지금 정신이 있는 거야?"

윤득홍이 한 걸음 내딛자 평도전의 칼날이 유득홍의 목 앞에 멈추었다.

"지금 뭣 하자는 거요?"

윤득홍이 평도전을 노려보았다. 평도전이 검을 겨눈 채로 박귀에게 무어라고 말했다. 박귀가 말을 받았다.

"싸움은 끝났답니다. 검을 거두시랍니다."

윤득홍의 얼굴이 실룩거렸다.

"지금 나하고 해 보자는 건가?"

"나쁠 것 없지."

평도전이 유창한 조선말로 대답했다.

"오! 이제 보니 조선말을 참 잘하시오. 하긴 조선에서 10여 년간 살았으니 잘할 만도 하지. 그렇게 조선어를 잘하면서 통사까지 달고 다니며 왜어를 하는 것을 보니 구린 곳이 있는 모양이지?"

윤득홍의 말에 평도전의 눈썹이 올라갔다.

"이러지 마십시오. 한편끼리 왜 이러십니까?"

박귀가 두 사람 사이에서 안절부절못하였다. 윤득홍이 코웃음을 치며 평도전을 노려보았다.

"왜 내 말이 틀렸나?"

평도전이 칼을 겨눈 채 무겁게 말했다.

"죽고 싶은가?"

"죽고 싶냐구? 허허허. 칼을 잘 쓴다고 소문났던데 잘 되었군. 그렇지 않아도 상대가 되는 사람이 없어서 근질근질하던 참인데 잘 되었어. 왜놈 하나 더 죽인다고 무슨 일이야 있을라구?"

윤득홍이 너털웃음을 짓다가 한 걸음 물러나 양손에 든 칼을 한 번 후려 칼날에 묻은 피를 털어내곤 평도전을 노려보았다.

"소원이라면 한번 붙어 보자구."

갑자기 윤득홍의 뒤편으로 관복을 입은 왜인들이 둘러섰다. 평도전을 따라온 왜인들이었다.

"하여간 왜놈들이란…… 내가 떼로 덤빈다고 겁낼 줄 아느냐?"

윤득홍이 코웃음을 치자 젊은 왜인 하나가 칼을 빼 들고 다가섰다. 그 순간 화살 하나가 왜인이 머리에 쓴 벙거지에 꽂혔다. 놀란 왜인이 뒷걸음질을 치다가 엉덩방아를 찧었다. 고개를 돌려보니 판옥선 갑판 앞에서 젊은 사내 하나가 화살을 시위에 걸고 미소 짓고 있었다.

"녀석. 그냥 목을 꿰어 죽여 버릴 것이지."

젊은 사내를 보고 중얼거리던 윤득홍이 허연 이를 드러내며 말했다.

"화살에 꿰여 죽고 싶으면 나서 보시지."

윤득홍이 왜인들에게 이죽거리다가 고개를 돌려 평도전에게 말했다.

"이봐. 한번 겨뤄보자구."

평도전이 피식 웃더니 들고 있던 칼을 칼집에 집어넣었다. 윤득홍이 머리를 갸웃거리며 물었다.

"이봐. 뭣 하는 거야? 한번 해 보자며?"

평도전이 박귀의 귀에 대고 무어라고 소곤거렸다. 박귀가 난처한 얼굴로 말했다.

"해볼 테면 해보라 하십니다. 상왕의 명을 받고 온 사람과 싸워 혹여 윤공께서 이긴대도 윤공의 목이 온전할 수 없을 거라 하십니다."

"간교한 놈."

박귀의 뒤편에 서 있는 평도전이 윤득홍을 바라보며 야릇한 미소를 지었다. 문득 남은 왜구의 배 한 척이 생각나 고개를 돌려보니 이미 수평선 너머로 멀어지고 있었다.

"빌어먹을……."

윤득홍이 평도전을 노려보며 이를 우두둑 갈았다.

2

5월 29일, 백령도의 승전보가 궁궐로 전해졌다.

"오! 평도전이 큰 공을 세웠다 하니 기쁜 일이로구나."

상왕께서 기뻐하며 진무 김여려를 보내어 위로하게 하고 각각 옷한 벌을 하사하며 힘써 싸운 성명을 기록하여 올리게 하였다.

이날 수강궁을 나온 세종이 판내시부사 김용기에게 말했다.

"평도전이 아무리 상왕의 은덕을 후하게 입었다지만 대마도주의 부하로 같은 대마도인을 무참하게 베지는 못할 것이다. 너는 병조로 찾아가 자세한 사정을 알아오너라."

어명을 받고 병조로 달려갔던 김용기가 헐레벌떡 편전으로 돌아와 자세한 사항을 보고하였다.

"평도전이 처치사處置使와 더불어 백령도白翎島에 다다랐을 때 편장 윤득홍이 병선 2척으로 먼저 백령도에 이르렀다가 적선 2척을 만나서 싸우니, 도전도 병선 2척을 거느리고 달려와서 협공하였다 합니다. 윤득홍이 먼저 왜선으로 뛰어들어 왜놈이 탄 배 1척을 잡으니, 이는 곧 적의 괴수가 탄 배였습니다. 배 안에 왜적 60여 인이 있었는데, 득홍이 13급을 베고 8인을 사로잡았으며, 도전은 3급을 베고 18인을 사로잡았고, 나머지는 바다에 빠져 죽었다 합니다."

"윤득홍? 윤득홍이 누구냐?"

"윤득홍이란 자는 무안務安 출신으로 을유년 무과에 급제하여 해안가 진보를 전전하다가 이번에 경기 수군첨절제사가 되었습니다. 이번에 비인현의 일로 득홍이 왜구들을 쫓다가 놓쳐서 체복사가 군법으로 논죄하려 할 때에 득홍이 다시 한 번 적을 쫓아 잡지 못할 때에는 죽음을 받겠다고 하여 체복사가 공을 세울 것을 허락하였는데 이번에 백령도에서 왜구들과 접전하여 큰 공을 세운 것입니다."

"그럼 이번의 공은 평도전의 것이 아니라 윤득홍의 것이로군."

"말하자면 그렇습지요."

"윤득홍이라……. 왜구들과의 단병전에서 혼자 13명을 벨 정도라면 무관 중에서도 보기 드문 검객이로군."

"그렇습지요."

잠시 생각하던 세종이 김용기에게 말했다.

"은밀하게 사람을 보내어 백령도에서 있었던 일을 자세히 알아보고 평도전이 어떻게 하고 있는지도 알아보게 하라."

"예."

"그리고 평도전이 돌아올 때 윤득홍도 함께 불러들이라. 내가 그에게 물어볼 것이 있느니라."

"예."

김용기가 목례를 하곤 사정전을 나갔다.

이틀 후, 구름 한 점 없는 청명한 하늘 아래 북소리가 울려 퍼지었다. 인왕산이 뒤편에 펼쳐진 궁궐 후원의 사단 좌우에서 붉은 깃발 푸른 깃발이 차례로 흔들리더니 사정射亭 앞에 자리 잡은 내시가 소리쳤다.

"전하. 쏘십시오."

세종이 말없이 활을 들어 화살을 시위에 끼웠다. 시위를 끼운 활을 늘어트리고 멀리 있는 과녁을 말없이 바라보다가 천천히 활을 들었다.

사단의 맞은편으로부터 일백 오십 보 떨어져 있는 과녁은 붉은 점이 마치 앵두알처럼 보였다. 내시 하나가 붉은 깃발을 들고 과녁 좌측에 서 있다가 도망치듯 과녁 뒤편으로 숨었다.

세종이 천천히 시위를 당겼다. 호흡을 멈추고 과녁을 향하여 정신을 집중하던 세종이 이내 깍지 낀 손가락을 가볍게 놓았다.

푸르르르르—

화살이 포물선을 그리며 허공으로 날아가더니 과녁 앞에 떨어졌다. 과녁 뒤편에 숨었던 내시가 부리나케 달려 나와 바닥에 떨어진 화살을 보곤 흰 깃발을 좌우로 흔들며 소리쳤다.

"실이오."

세종이 무심한 얼굴로 다시금 전통에서 화살을 꺼내 시위에 끼웠다. 그리고는 고개를 들어 과녁을 바라보았다. 숯을 매단 것처럼 짙고 검은 눈썹 아래의 단정한 두 눈에서 열기가 비치었다.

과녁을 노려보던 세종이 다시금 활을 들어 시위를 팽팽하게 당겼다.

퉁—

시위를 벗어난 화살이 허공을 가르며 붉은 과녁 뒤편으로 떨어졌다.

"실이오."

세종이 고개를 설레설레 저으며 미소를 머금고 있을 때 판내시부사 김용기가 다가왔다.

"전하. 윤득홍을 데려왔습니다."

"오!"

고개를 돌려보니 윤득홍이 젊은 사내 하나와 사단 뒤편에 시립하여 서 있었다.

세종이 들고 있던 활을 곁에 있던 내시에게 건네고 김용기의 뒤편에 손을 모으고 시립한 건장한 체구의 윤득홍을 바라보았다.

"그대가 윤득홍인가?"

"예."

윤득홍이 우렁우렁한 목소리로 대답했다.

"옆에 있는 이는 누군가?"

판내시부사 김용기가 얼른 대답하였다.

"윤득홍의 반인인 박영충이라 합니다. 이번에 함께 궁궐로 들어왔습니다."

세종이 윤득홍과 박영충을 번갈아 바라보다가 천천히 걸음을 옮겼다.

"좀 걸을까?"

김용기가 세종의 뒤를 따르고 그 뒤를 윤득홍과 박영충이 따랐다.

"이번에 백령도에서 큰 공을 세웠다고 들었다."

윤득홍이 황공한 어조로 말했다.

"조정의 녹을 먹는 무인의 본분 아니겠습니까?"

"판내시부사에게 듣기로 왜구를 물리친 공이 평도전보다 더 크다고 하던데 그게 사실인가?"

"……."

윤득홍이 말없이 읍하였다.

세종이 깊이 생각하는 것처럼 한동안 고개만 끄덕끄덕하다가 윤득홍에게 물었다.

"홀로 왜구의 배로 뛰어들어 공을 세웠다면 검술이 대단하겠군."

"아우인 박영충에 비하면 변변찮은 실력입니다."

세종이 윤득홍의 옆에 서 있는 박영충에게로 고개를 돌렸다.

"성이 다른데 아우라면 함께 검술을 배웠는가?"

박영충이 말했다.

"같은 선생님으로부터 무예를 배웠습니다만 검술 실력은 제가 미치지 못합니다."

"검술이 아니라면 무엇을 잘하는가?"

윤득홍이 말했다.

"영충이는 활을 잘 쏩니다."

"활?"

세종이 김용기에게 말했다.

"활과 화살을 가져오너라."

"예."

김용기가 얼른 사단으로 돌아가 활과 화살 하나를 가지고 돌아왔다. 세종이 몸을 돌려 과녁을 가리키며 말했다.

"저기 붉은 과녁이 보이는가?"

"예."

"과녁과는 일백 팔십 보쯤 되는데 맞출 수 있겠느냐?"

박영충이 고개를 숙여 김용기로부터 활과 화살을 건네받았다. 그리고는 활시위를 몇 번 당겨보더니 그 자리에서 화살을 시위에 먹여 과녁을 향해 겨누다가 시위를 놓았다.

퉁—

백우전이 포물선을 그리며 날아가 붉은 과녁 한가운데에 보기 좋게 박혔다.

"명중이오."

과녁 옆에 서 있던 내시가 붉은 깃발을 휘둘렀다.

"대단하군."

세종이 혀를 내두르며 박영충을 칭찬하였다.

"오백 보 밖에 있는 탱자도 맞추는 박영충에게 그 정도는 식은 죽을 먹는 것보다 쉬운 일입니다."

"그래?"

세종이 시립해 있는 김용기에게 말했다.

"너는 지금 사단으로 가서 과녁 가운데 검은 점 하나를 찍고 오너라."

윤득홍이 말했다.

"아뢰옵기 황공하오나 이왕이면 과녁의 끝부분에 네 개의 점을 찍은 후 박영충의 실력을 시험해 보시는 것이 어떠십니까?"

"좋다. 그렇게 하지."

김용기가 사단으로 뛰어가서 붓으로 과녁 네 귀퉁이에 동그랗게 점을 찍고 돌아왔다.

200보 밖이라 과녁의 점이 깨알만 하게 보였다.

박영충이 화살을 건네받아 시위를 당긴 후에 망설임 없이 쏘았다. 화살 하나가 날아가 과녁 오른편 귀퉁이에 박히더니, 곧바로 다음 화살이 왼편 귀퉁이에 박혔다. 잇달아 두 개의 화살이 더 날아가 과녁 아래쪽 귀퉁이에 박혀 꼬리를 떨었다.

과녁 뒤편에 숨어있던 내시가 뛰어나와 과녁을 바라보더니 붉은 깃발을 흔들었다.

"명중이오."

세종이 놀란 얼굴로 박영충을 바라보니 박영충은 다만 고개를 숙일 따름이고 윤득홍은 제 말이 맞아서 기쁘다는 듯 우쭐해 하였다.

"오! 내가 뜻밖에 쓸 만한 인재들을 만났구나."

세종이 윤득홍과 박영충을 번갈아 바라보며 흡족한 미소를 지었다.

3

다음날 조회가 끝난 후에 병조판서 조말생이 편전으로 들어와 고하였다.

"전하. 대마도 종준宗峻의 사신으로 보낸 왜인들이 본도에 돌아갈 것을 청하고 있는데 어찌하면 좋겠습니까? 그들이 이미 우리 군사들이 대마도를 정벌하러 간 것을 알고 있으니 이대로 보낸다면 반드시 일본국에 원군을 청하여 왜국과 마찰이 일어날 것입니다."

"일단 그들을 불러들이세요. 어떤 속내를 가지고 있는지 떠 봅시다."

세종이 이들을 태평관으로 불러 대접하게 하였다.

한양성 안에 있는 왜관에 머물고 있던 대마도 왜인 구리안仇里安이 무리들과 함께 태평관으로 들어왔다.

흥거운 주연의 와중에도 구리안은 말이 없었다. 조정에서 대마도를 토벌하러 간 것을 아는 터라 기분이 좋을 리 없었다. 풍악이 가라앉기를 기다려 구리안이 말했다.

"듣자하니 조선의 군사들이 대마도를 정벌하러 갔다고 들었습니다. 그게 사실입니까?"

세종이 지신사 원숙으로 하여금 말하였다.

"아는 사실을 다시 확인하니 말해주겠다. 우리나라가 종정무宗貞茂와 화친한 지 오래이고, 무엇이나 원하는 대로 좇지 아니한 것이 없었는데 이제 와서는 도적을 시켜 우리의 변방을 침노하고 병선까지 불사르며 살인한 것이 심히 많았다. 우리가 너희들에게 의로써 행동하였건만 도리어 불의로서 돌려주니 그것이 무슨 까닭이냐?"

구리안이 대답하였다.

"대마도의 인심이 똑같지 않으므로 이와 같은 자도 있으나, 정무貞茂의 생시에는 전하께 성의가 극히 후하였더니, 이제 그 아들이 자리를 이어서부터 성의가 정무보다도 지나쳐서 말하기를 '조선은 형제와 같아서 이 뜻을 오래도록 지키려고 한다.' 하더니 이제 적인賊人이 많이 침노한다 하니, 부끄러운 일입니다."

이야기를 전해들은 세종이 구리안을 바라보았다. 이마가 벗겨진 구리안의 얼굴은 너구리처럼 능청스러워 보였다.

"도적이 침입한 것이 너희들의 탓이 아니란 말이냐?"

구리안이 얼굴색 하나 변하지 않고 말했다.

"대마도는 두 개의 큰 섬으로 이루어져 있고 또 섬 주변으로 작은 섬들이 셀 수 없이 많아 도적이 늘어나도 수호께서 손을 쓸 수가 없습니다. 저희 수호께서 조정의 벼슬을 얻어서 충성을 다하기로 맹세하였는데 이제 조선에서 도적들을 잡으러 출진하신다면 저희를 믿지 못한다는 말씀이 아니겠습니까? 이는 진실로 신하와 임금 간의 의리義理를 저버리시는 것과 무엇이 다르겠습니까?"

세종이 웃으며 말했다.

"내가 너희 수호를 믿지 못해서가 아니다. 너희 수호가 손을 쓸 수 없다 하니 우리 군사들이 대신해서 도적들을 토벌하려는 것이 아니냐? 신하가 어려움에 처했는데 임금이 도와주는 것이야말로 주군 간의 의리를 지키는 것이 아니고 무엇이겠느냐? 너희가 못하는 것을 해주는 것이 내 생각으로는 너희들에게 이익이 되리라 생각하는데 네 생각은 다른 모양이구나."

얼굴이 흙빛이 된 구리안이 바닥에 납작 엎드려 고하였다.

"작은 도적을 잡고자 큰 병력을 보내심은 소 잡는 칼로 닭을 잡는 것과 무엇이 다르겠습니까? 제가 본도에 가서 수호守護에게 고하여 처음에 도적질하기를 꾀한 자를 찾아서 법으로 다스리게 할 것이며, 그 처자를 보내고 또 사로잡힌 조선 사람들을 모두 돌려보내게 하겠습니다."

세종이 정색을 하며 말했다.

"내가 너희들을 위해 도적들을 토벌하고자 하는데 어째서 내 도움을 거절하려는 것이냐? 이는 너희들이 딴마음을 가진 것이 분명하다."

말이 떨어지기 무섭게 방 안으로 군사들이 쏟아져 들어왔다. 군사들의 손에 들린 시퍼런 창검을 보고 왜인들이 황망하여 어쩔 줄을 모르는데 세종이 미소를 띠며 말했다.

"내가 너희를 믿지 못해 이러는 것이 아니다. 그러나 일은 이미 벌어졌고 너희들이 뒤늦게 나서서 될 것도 아니니 잠시 먼 곳에서 떨어져 있으라."

세종은 대마도의 사신들을 함길도로 보내어 나누어 두게 하고 바다 건너로 대마도를 정벌하러 간다는 소문이 나지 않도록 요해지要害地를 지켜 행인들을 점검하고 문빙(文憑, 통행증)이 없는 자는 그 자리에서 체포하게 하였다.

4

임금의 명을 받은 조선 군사들이 왜구를 엄중하게 단속하였다. 삼군 체찰사로 임명된 최윤덕崔潤德은 내이포乃而浦에 이르러 군사를 엄하게 정비하고, 왜인으로 포에 온 자는 다 잡아다가 멀리 떨어진 곳에 분치하게 하였다.

그러한 때 내이포 왜인들의 수장인 평망고가 관군을 피해 도망하여 포구 근처의 폐가에 몸을 숨기고 있었다.

'이럴 리가 없는데…….'

올 봄에 아버지 평도전이 사람을 보내 말하기를, 조선이 근래에 너희들을 박대하니 만약에 다시 변군邊郡을 침략하여 놀라게 하면 앞으로는 반드시 대접함이 후할 것이라고 하였다.

중국으로 가던 배가 조선을 침범한 것이 바로 그 때문이었다. 도도웅와는 조선의 사신이 통상을 애걸하리라 예상하였지만 되돌아온 것은 조선 군사들의 무서운 보복이었다.

몇 십 년 동안 반복되던 침탈에 대하여 조선은 약자처럼 대마도주의 눈치를 살펴왔다. 조선의 국왕은 수 만 석의 곡식으로 침탈에 대한 회유를 해 왔고 대마도주는 그것으로 배를 불려왔다. 그러나 이제까지 반복해왔던 조선의 회유가 이번으로 막을 내린 것이었다. 이것은 전혀 생각지도 못한 일이었다.

평망고는 아버지 평도전이 걱정되었다. 동생인 평팔랑과 어린 여동생의 안부도 걱정되었다.

조선과 대마도를 오가며 첩자 일을 하던 것이 탄로 나서 참변을 당한 것인지도 몰랐다. 우선은 어찌된 것인지 알아보는 것이 먼저라고 생각했다. 이왕이면 조선 군사들의 허실까지도 탐지할 수 있다면 대

마도주인 도도웅와에게 자신의 충심을 보여줄 수 있을 것이라 생각
했다.

평팔랑은 그날 지는 해를 뒤로 하며 산길을 따라 내려갔다. 조선군
의 습격으로 내이포의 왜관 마을은 어수선하였다.

왜관 앞에 목책이 들어서 있었다. 일찌감치 화톳불을 피워 환한 목
책의 뒤편으로 검은 물체가 어른거리고 있었다. 조선 군사들 같았다.

포구에 수십여 척의 배가 보였다. 마을을 쑥대밭으로 만든 조선 군
사들이 타고 있는 배 같았다.

평망고는 품속에서 흰 천 하나를 꺼내어 꺾은 나무에 걸고 목책 앞
으로 다가갔다.

"누구냐?"

목책 앞에서 사수 10여 명이 평망고를 둘러서며 활을 겨누었다. 그
앞에 창을 든 병사들이 노려보고 있었다.

평망고가 손을 들고 소리쳤다.

"할 말이 있어 왔다."

유창한 조선말에 창을 든 병사들이 우루루 몰려나와 평망고를 둘
러쌌다. 환도를 찬 장교가 평망고에게 다가와 말했다.

"웬 놈이냐?"

"난 상호군을 하고 있는 평도전의 아들 평망고다. 조선군의 수장
을 만나고 싶다."

장교가 평망고의 아래위를 훑어보다가 병사들을 시켜 평망고를 수
색하게 하였다.

병사 두 사람이 평망고의 몸을 수색하여 무기가 없는 것을 확인하였다.

"저자를 묶어라."

장교가 평망고를 묶어 최윤덕의 막사 안으로 끌고 왔다.

"이자가 상호군 평도전의 아들인 평망고平望古라 합니다."

최윤덕이 막사에 있다가 끌려온 평망고를 바라보았다. 나이가 서른 살 중반쯤 되었을까. 입가에 수염이 듬성듬성 나 있고 머리는 벗겨졌으며 얼굴은 뾰족하게 생긴 게 평도전을 그대로 빼어 박은 것 같았다.

최윤덕이 부드러운 목소리로 말했다.

"평도전의 아들이라 하더니 네 아비를 빼다 박았구나. 네가 혼자 도망을 쳤다 하더니 무엇 때문에 그런 게냐?"

"누가 저를 갑자기 잡으러 오는데 도망을 치는 것이 인지상정 아니겠습니까? 제가 도망을 치다가 생각해보니 크게 죄 지은 것이 없어서 이렇게 돌아왔습니다."

최윤덕이 고개를 끄덕이다가 부드럽게 물었다.

"그렇지 않아도 이번에 대마도를 정벌하기로 나라에서 결정을 보았다. 우리가 왜인들을 가두는 것은 이런 소문이 대마도로 갈까 염려하여 입단속을 하는 것이다. 너도 네 아비처럼 우릴 도와주러 온 것이겠지?"

"그렇습니다."

"그럴 줄 알았다."

평망고를 바라보던 최윤덕이 고개를 끄덕이다가 말했다.

"숙소로 데려다줄 테니 쉬고 있으라."

최윤덕이 군졸을 불러 평망고를 목책 옆의 숙소로 데려가게 하였다.

군졸들을 따라가 숙소에 들어간 평망고는 마음이 심란하였다. 대군이 대마도를 공격한다면 큰일이 아닐 수 없었다.

어떻게든 이 사실을 도도웅와에게 알려야만 했다. 그러나 혼자만의 힘으로 대마도로 갈 수는 없는 일이었다. 적의 포위를 뚫고 포구에서 배를 빼앗아 바다에 나가려면 적어도 스무 명 이상은 되어야 가능했다. 그런데 왜인들이 모두 잡혀가서 왜관에 갇혀 있으니 일을 벌이기가 난감하였다.

그때 방문이 열리고 열대여섯 살 된 소년이 주먹밥 몇 개와 술 한 병을 가지고 들어왔다. 차림을 보아하니 관원은 아니고 심부름하는 아이 같았다.

다다미 앞에 식사를 내려놓은 소년이 잠시 머뭇거렸다.

"왜 그러느냐? 내게 볼일이라도 있는 거냐?"

평망고가 물었다.

소년이 잠시 머뭇거리다가 용기를 내어 물었다.

"혹시 점순이라는 여자를 모르시나요? 제 누이인데 키는 저만 하고 피부는 하얗고 얼굴이 동그라니 귀엽게 생긴 여자입니다. 작년에 왜구들에게 잡혀갔는데 혹시 아시나 해서요."

손짓 발짓으로 이야기하는 소년의 불빛에 비친 얼굴을 보니 도도웅와의 심부름을 하는 계집종의 얼굴과 많이 닮아있었다.

"네 이름이 무어냐?"

"기동이라고 합니다."

"네 누이가 언제 잡혀갔느냐?"

"작년 가을에 잡혀갔습니다."

"작년 가을?"

가만히 생각해보니 작년 가을에 부하들이 잡아온 조선 여자들 가운데 얼굴이 반반하고 고분고분하여 도도웅와의 심부름을 하는 계집종으로 바친 기억이 났다. 소년의 동그란 얼굴과 큰 눈매와 코가 계집종과 천생이라 한눈에 남매임을 알 것 같았다. 공교로운 일이었다. 탈출을 생각하던 평망고에게 한 가지 꾀가 떠올랐다.

"혹시 네 누이의 오른쪽 어깨에 큰 점 하나가 있지 않으냐?"

기동의 두 눈이 커졌다.

"예. 그걸 어떻게? 그래서 제 누이 이름이 점순이에요."

"내가 잘 알고 있다. 지금 네 누이는 도도웅와의 심부름을 하고 있는데 그곳 사람들은 네 누이를 도리꼬鳥子라 부른단다. 네가 나를 도와주면 네 누이를 데려다주마."

"저, 정말이오?"

"약속하지. 내 부탁을 들어준다면 말이다."

기동이 침을 꿀꺽 삼킨 후에 말했다.

"무슨 부탁인데요?"

"내가 이곳을 벗어나야 네 부탁을 들어줄 수 있지 않겠느냐? 네가 나에게 칼 한 자루를 구해주고 숙소를 지키는 병사들의 시선을 다른 곳으로 돌려주면 내가 내일 네 누이를 데려오마."

"저, 정말이죠?"

기동이 멍하니 평망고를 바라보았다.

"내가 약속하지."

평망고가 기동에게 재차 다짐을 주었다.

"자, 잠시 기다리세요."

기동이 황급히 숙소 바깥으로 나갔다. 평망고가 기동이 가져온 주먹밥 두 개를 우적우적 씹어 먹고 있는데 아무리 기다려도 소년이 돌아올 기척이 없었다.

평망고가 방 안에 누워 있다가 벌떡 일어나 방 안을 서성거리고 있을 때 방문이 살그머니 열렸다.

문 앞에서 기동이 조심스럽게 손짓을 하였다.

"나오세요."

평망고가 얼른 문밖으로 나가보니 바깥이 지키는 병사 하나 없이 조용하였다.

"아까부터 와 있었는데 수졸이 칙간에 간다 하기에 제가 대신 지켜준다고 다녀오라고 했어요."

"칼은?"

"죄송해요. 못 구했어요."

"하는 수 없지."

주변을 두리번거리며 살피던 평망고가 갑자기 기동의 목을 졸랐다. 놀란 기동이 두 손과 두 발을 버둥거렸지만 장정의 힘에는 미치지 못했다.

"으흐흐. 미안하지만 너를 믿지 못하겠으니 네 목숨을 가져가겠다. 후일에 네 누이에게는 네가 죽은 것을 비밀로 하마."

캑캑거리며 발버둥을 치던 기동의 눈이 뒤집어졌다.

마음이 급한 평망고는 기동을 숙소 안으로 내동댕이친 후에 야음을 틈타 왜관으로 숨어들어갔다.

창고 앞의 밝은 화톳불을 통해 군졸 두 사람이 창을 들고 서 있는 것이 보였다.

성큼성큼 마당으로 걸어가던 평망고가 갑자기 껑충 뛰어 군졸의 가슴팍을 걷어찼다.

"어이쿠."

군졸 하나가 창을 떨어트리며 가슴을 움켜쥐었다.

"웬 놈이냐?"

창고를 지키던 군졸이 창을 들어 평망고를 찔렀다. 평망고는 얼른 몸을 돌려 창목을 잡고 발을 들어 군졸의 가슴팍을 걷어차 쓰러트리고 잇달아 일어나는 군졸의 가슴을 향해 창을 찔렀다.

악!

단발의 비명소리와 함께 군졸이 가슴을 움켜쥐었다. 평망고는 도망치는 군졸의 등짝을 향해 창을 던졌다.

날아가던 창이 등에 적중하며 군졸이 맥없이 바닥으로 굴렀다.

평망고는 죽은 군졸의 허리춤을 뒤져 열쇠를 빼앗아들고 황급히

자물쇠를 열었다.

창고 안에 갇혀있던 왜인들이 평망고를 바라보았다.

"큰일 났다. 조선 군대가 대마도를 정벌하려 한다. 나와 함께 대마도로 도망가자."

창고 안에 갇혀있던 왜인들이 고양이처럼 조용하게 창고를 빠져나왔다. 왜인들이 마당 가운데로 무리지어 나오고 있을 때 안중문에서 군사들이 함성을 지르며 쏟아져 들어왔다.

"멈추어라."

지붕 위로는 사수들이 올라가 활을 겨누고 있었다.

안중문 가운데로 갑옷을 입은 최윤덕이 기동이라는 소년과 함께 들어왔다. 저고리와 고쟁이를 입은 소년이 평망고를 가리켰다.

"저, 저놈은?"

마음이 급해서 소년이 기절한 것을 죽은 것으로 착각했던 것이다. 평망고는 소년을 확실하게 죽이지 못한 것을 후회하였지만 이제 와서는 소용없는 일이었다.

최윤덕이 소리쳤다.

"무기를 버리고 투항하라. 만약 투항하지 않으면 죽음을 면치 못하리라."

"흥. 어디 죽여보시지."

평망고가 창을 꼬나들고 달려들었다. 뒤편에 있던 왜인들도 힘을 얻어 함성을 지르며 달려들었다.

지붕 위에서 화살이 소나기처럼 쏟아졌다. 몇몇 왜인들이 화살에 맞아 쓰러졌지만 밀물 같은 기세에 왜관에서 일대 접전이 일어났다. 관군과 왜인들이 한데 어울려 치고받고 싸웠다.

지붕 위에 있던 사수들은 무고한 관원이 화살에 맞을까 염려하여 쏘는 것을 중지하였다.

대부분의 왜인들이 관군의 칼과 창에 찔려 쓰러지는 와중에 용력 있는 왜인은 관군의 창과 칼을 빼앗아 싸웠다. 그러나 수적 열세에 밀려 기세를 올리던 왜인들이 하나 둘 관군들의 칼에 쓰러졌다.

"투항하지 않으면 살려주지 않을 테다."

장수의 말에 왜인들은 슬금슬금 눈치를 보다가 그 자리에 주저앉았다. 죽음이 두려운 것은 말할 것도 없거니와 무기가 없는 왜인들이 무기를 든 상대와 싸우는 것은 무모한 것임을 알고 있기 때문이었다. 그때 평망고는 넓적다리에 화살을 맞아 절룩거리고 있었다.

"저자를 잡아라."

평망고가 넓적다리에 꽂힌 화살을 뽑은 후 고개를 돌려보니 창과 칼을 든 병사들 수십여 명이 평망고를 둘러싸고 있었다.

최윤덕이 다가와 말했다.

"왜인들을 이끌고 무엇을 하려 하였나?"

"그걸 알아서 무엇 하게?"

"네가 의리 없이 도도웅와에게 조선 군사들이 대마도를 정벌하러 간다는 이야기를 하려고 한 것이 아니냐?"

"그렇다."

최윤덕이 엄한 목소리로 소리쳤다.

"저 흉악한 자를 잡아라."

병사들이 우르르 달려들어 평망고를 사로잡아 단단히 포박하였다. 포박 당한 평망고가 군문 앞에서 무릎을 꿇고 앉았다.

최윤덕이 제장들과 함께 교의에 앉아 평망고에게 호령하였다.

"네 아버지가 우리나라의 녹을 받아먹으며 우리 임금에게 충성을 다하고 있는데, 네가 우리에게 충성하지 않고 반역자의 편에 서 있음은 무엇 때문인가?"

"흥. 대마도가 대대로 조선의 변경으로 너희들에게 충성을 다하였는데 오늘날 이렇게 박대하니 내가 어찌 너희 편에 설 수 있겠는가?"

최윤덕이 놀란 얼굴로 물었다.

"네가 지금 무슨 말을 하는 것이냐? 우리나라가 태상왕 때부터 대마도주의 편의를 봐 주고 해마다 몇 만 석의 곡식까지 하사하거늘 너희에게 박대하게 대하다니? 너희가 해마다 우리나라를 침입하여 백성들의 목숨을 빼앗고 재산을 앗아가고도 그런 소리를 하는 것이냐? 인면수심이라더니 네가 이제 보니 참으로 흉악한 놈이로구나."

"……."

한동안 말없이 고개를 숙이고 있던 평망고가 다시 고개를 빳빳하게 쳐들었다.

"너희들이 이렇게 나온다면 일본국에서 가만두지 않을 것이다."

"네놈이 죽고 싶어 환장을 했구나. 대마도는 예부터 우리 땅으로 종씨들에게 관직을 주어 이곳을 지키게 하였거늘 그 은혜를 다하지 못하고 왜국의 하수가 되어 도리어 우리를 핍박하겠다는 말이냐?"

"흥. 너희들이 하나는 알고 둘은 모르는구나. 대마도의 종씨들은 본래 축전주의 소이少貳씨의 가신家臣들이다. 그들이 겉으로는 너희들에게 충성을 맹세하지만 마음은 다른 곳에 있음을 아느냐?"

최윤덕이 놀란 얼굴로 평망고에게 물었다.

"너는 어찌 그런 흉한 말을 입에 담는 것이냐?"

"너희들이 대마도를 침입한 것이 잘못되었다는 것을 말하는 것이다. 나는 종씨들의 가신으로 마땅히 해야 할 말을 하는 것일 뿐이다."

최윤덕이 교의에서 벌떡 일어나 소리쳤다.

"이자를 옥에 가두어라. 이같이 흉악하고 의리를 모르는 자는 사람들 앞에서 본보기로 사형에 처할 것이다. 이자 때문에 우리 군사 두 사람이 목숨을 잃었으니 열 배로 셈을 하여 도망치던 왜구 중 흉악하게 대항한 자도 함께 사형시키겠다."

군졸들이 머리채를 잡고 나서니 평망고가 지지 않고 소리쳤다.

"두고 보거라. 수호께서 가만있지 않을 것이다. 너희가 무리를 믿고 날뛰지만 어림없는 일이다."

평망고가 군졸들에게 끌려 막사를 나갔다. 악을 쓰듯 부르짖는 소리가 멀어져 갔다.

5

다음날 평망고가 왜인 스물한 명과 함께 군중 앞으로 끌려나왔다. 삼군 절제사 최윤덕과 종사관 조의구가 교의 앞에 앉았고 제장들과 더불어 수많은 군사들이 모여들었다.

아전 하나가 나와 소리를 질렀다.

"평망고는 조정에서 상호군의 하고 있는 평도전의 아들로, 흉측하게도 배반할 마음을 품다가 사로잡힌 바, 죽이지 않은 것은 감화를 바란 것이다. 그러나 잔악한 마음을 버리지 못하고 옥을 깨고 우리 군사 일곱 사람의 목숨을 빼앗고 다섯 명을 다치게 하였으며 더욱이 허언을 퍼뜨려 군심을 혼란하게 하였으므로 군율에 따라 효수한다."

고수가 북을 울렸다.

군졸 두 사람이 평망고를 잡아 윗도리를 벗기고 얼굴에 회칠을 하곤 화살로 두 귀를 꿰더니 군중에 회술레를 시키었다.

"이놈들. 내가 죽음을 두려워할 것 같으냐? 일곱 밖에 죽이지 못한 것이 안타깝다. 너희들이 나를 죽이면 내 아버지가 가만있을 것 같으냐? 너희 임금의 목을 베어 내 원수를 갚을 것이다."

두 귀가 화살에 꿰어진 평망고가 피를 철철 흘리며 회술레를 당하는 와중에도 눈을 매섭게 뜨고 고래고래 소리를 질렀다.

"저놈이 참으로 흉악한 놈이로구나. 저자를 되우 쳐라."

최윤덕의 명령에 군졸들이 몰려 들어가 육모방망이로 평망고를 초다듬이질 하였다.

"이놈들. 두고 보자."

방망이 세례에 반쯤 죽은 평망고가 바닥에 쓰러져서도 두 눈을 부라렸다.

"형을 집행하라."

형리의 말에 고수가 북을 두드렸다.

둥―둥―

군졸 하나가 평망고의 머리를 풀어 줄로 표미기豹尾旗에 매어 달았다. 그러자 기다리고 있던 도수刀手가 커다란 귀두도龜頭刀를 들고 평망고의 둘레를 돌며 한바탕 춤을 추었다. 한동안 칼춤을 추던 망나니가 멈추어 서서 커다란 귀두도를 평망고의 목에 가져가더니 몇 걸음 물러서서 한 손을 들어 침을 퉷― 하고 뱉고 최윤덕을 쳐다보았다.

평망고가 미친 듯이 몸부림을 치며 소리를 질렀다.

"이놈들. 내가 곱게 죽을 줄 아느냐? 나를 죽여보아라. 죽어서도 귀신이 되어 네놈들을 따라다닐 것이다."

평망고가 몸을 비틀어 바닥을 굴렀다.

"저런 흉악한 것이 있나? 형을 집행할 수 있도록 저자를 바로 세워라."

최윤덕의 명에 다시금 군졸들이 달려들었다.

"이놈아! 죽으려면 곱게 죽어라."

"곧 죽을 놈이 지랄이야. 육실할 놈. 대가리가 떨어지기 전에 매운 몽둥이맛을 보여주마."

"불알을 뽑아도 시원치 않을 놈 같으니."

군졸들이 커다란 육모방망이를 마구 휘둘렀다. 난동을 부리던 평망고가 방망이찜질에 실신을 하여 힘없이 그 자리에 무릎을 꿇고 앉게 되었다.

"형을 집행하라."

둥—둥—

"에이 빌어먹을 놈. 곱게 죽을 것이지."

기다리던 도수가 투덜거리며 귀두도를 높이 들어 힘차게 휘둘렀다.

평망고의 머리가 바닥에 뚝 떨어지며 목 없는 몸통에서 붉은 피가 펑펑 쏟아져 나왔다. 도수가 얼른 한 발로 평망고의 등을 차니 몸통이 나동그라지며 바닥에 붉은 핏물이 쏟아졌다.

잇달아 왜인들이 하나씩 나와서 목이 잘렸다. 둘러서서 이 광경을 보던 군사들이 속 시원하다고 한마디씩 하는데 기동이는 가슴이 울렁거려 헛구역질을 하였다.

"이 녀석아. 여긴 전쟁터다. 네가 자원해서 대마도를 치러 가겠다고 해 놓고, 앞으로 수많은 왜구들의 목을 잘라야 하는 판에 이렇게 비위가 약해서 무엇 하겠느냐?"

군졸들이 기동이의 등을 두드려 주었다.

6

6월 2일, 세종이 백령도에서 공을 세운 윤득홍과 박영충, 그리고 평도전과 그를 따르는 왜인들을 수강궁으로 불러들였다.

수강궁 후원 뜰에 잔치를 마련하고 상왕을 비롯하여 세종과 육조의 대신들이 자리하여 앉았고, 그 뒤로 금의위의 병사들이 도열한 가운데 윤득홍과 평도전이 상왕에게 나아가 포로와 병기·의갑을 전하였다.

상왕이 만면에 웃음을 띠며 말했다.

"먼 곳까지 나아가 공을 세우느라 수고가 많았노라."

왜 통사 박귀가 평도전에게 상왕의 말을 전해주었다. 평도전이 왜인의 말로 받으며 엎드려 절하였다.

박귀가 말했다.

"후덕한 성은을 입은 자가 마땅히 해야 할 바라 합니다."

상왕이 만면에 웃음을 띠며 말했다.

"기특한지고. 듣자하니 너는 무인이면서도 말이 없다 들었다. 네가 이번에 큰 공을 세웠으니 네게 안장 갖춘 좋은 말을 주마. 어떠냐?"

"성은이 망극하옵니다."

박귀에게 말을 들은 평도전이 엎드려 충성을 맹세하였다.

상왕의 옆에 앉아있던 세종이 웃음 띤 얼굴로 상왕에게 말했다.

"전하. 아직 여흥이 남았으니 이참에 무관들의 무예 실력을 구경하면 어떨지요?"

"무예 실력을 구경하자고?"

"윤득홍이 홀로 왜선에 뛰어들어 13명을 베고 8급을 사로잡는 공을 세웠으니 그의 검술을 구경하면 어떨까요?"

"홀로 13명을 베었단 말이냐? 그럼 평도전은 몇 급을 베었느냐?"

"평도전은 3급을 베고 18명을 사로잡았습니다."

"내 듣기로 평도전의 공이 크다 들었는데 주상의 말과는 다르구나.”

상왕이 얼굴을 찌푸렸다.

눈치를 살피던 박귀가 황급하게 말했다.

“전하. 아뢰옵기 황공하오나 평도전이 배에 뛰어들었을 때는 윤득홍이 이미 적의 기세를 꺾어서 적들이 저항을 하지 않고 항복하기로, 무사 된 도리에서 그들을 죽이지 않고 사로잡아온 것입니다.”

세종이 빙그레 웃으며 박귀에게 말했다.

“공을 따지는 것이 아니고 무술 실력을 보자는 것이니 염려 말라.”

박귀가 이마에 맺힌 땀을 닦으며 안도의 숨을 내쉬었다.

상왕이 말했다.

“윤득홍의 검술이 특출하다 하니 칼춤을 구경하는 것은 어떨까?”

세종이 상왕에게 말했다.

“칼춤을 추어 흥을 돋우는 것도 좋지만 검술이 뛰어난 자를 상대로 대련을 구경하심은 어떻습니까?”

“검술이 뛰어난 자라면 누굴 말하는 것인가?”

“들자니 평도전의 검술이 대마도에서 당할 자가 없다 하니 그를 상대로 하면 어떨까요?”

“평도전을?”

왜인들 사이에서 젊은 사내 하나가 무릎걸음으로 기어와서 박귀에게 무어라 말하였다.

왜 통사 박귀가 말을 전하였다.

“평도전의 아들 평팔랑平八郞이 말하길 아버지가 나이가 들어 기력이 예전보다 떨어졌으니 대신에 자신이 윤득홍을 상대하겠다 합니다."

"효성스러운 아들이구나."

상왕이 만면에 웃음을 띠며 말했다.

"그렇다면 평팔랑이 윤득홍을 상대해 보도록 하거라. 그렇지만 이 자리는 승전을 축하하는 자리이니 피를 보아서는 아니 된다. 진검 대신에 목검으로 승부를 겨루어 잔치의 흥을 돋우도록 하라."

윤득홍과 평팔랑이 후원 앞 넓은 공터에 마주섰다. 윤득홍은 40대 중반의 나이지만 덩치가 장대하고 얼굴이 대춧빛이라 30대 중반 정도로 보이는데, 평팔랑은 20대 초반의 나이지만 키가 작고 얼굴이 갸름하여 도리어 30대 중반 정도로 보였다.

평팔랑이 목검 하나를 두 손으로 들고 윤득홍을 겨누는데 윤득홍은 목검을 늘어트리고 평팔랑을 노려볼 따름이었다. 평팔랑이 발끝을 가볍게 하여 윤득홍의 왼편으로 움직였다. 상대를 가늠하는 것임을 잘 아는 윤득홍이 입을 벌려 하품을 하였다.

평팔랑이 기다렸다는 듯 한 발을 구르며 목검을 힘차게 휘둘렀다.

"요놈."

윤득홍이 기다렸다는 듯 목검을 피하며 평팔랑의 등을 베려 하자 평팔랑이 훌쩍 몸을 굴려 윤득홍의 목검을 피하였다.

"이놈. 다람쥐처럼 재빠르구나."

작은 평팔랑의 몸이 다람쥐처럼 윤득홍의 좌우로 움직였다.

"네가 한번 해 보자는 거로구나."

윤득홍이 우레 같은 소리를 지르며 평팔랑에게 달려들었다. 목검이 부딪히며 요란한 소리를 내었다. 몸은 작지만 검을 휘두르는 법이 좋은 평팔랑이 뒷걸음질치면서 목검을 막다가 바닥으로 몸을 구르며 윤득홍의 정강이를 향해 휘둘렀다.

"어이쿠."

윤득홍이 훌쩍 몸을 솟구쳐 바닥에 내려서서 너털웃음을 지었다.

"제법이구나. 하지만 내 상대가 아니다. 피하는 것이라면 나도 너 못지않은데 어떠냐? 네가 나를 벨 수 있겠느냐? 내가 몇 합을 겨루어 보니 너 정도는 목검 없이도 상대할 수 있을 것 같은데 네 생각은 어떠냐?"

윤득홍이 목검을 바닥에 던져 버렸다. 구경하던 사람들이 놀란 얼굴로 바라보았다.

"허허. 담대하구나."

상왕이 웃고 있을 때 세종이 옆에 서 있는 박영충에게 물었다.

"윤득홍이 너무 방심하는 것 아닌가?"

박영충이 고개를 숙이며 조용히 말했다.

"아닙니다. 아마도 상대방을 화나게 해서 평정심을 잃게 하려는 것 같습니다."

"평정심을 잃게 한다고?"

세종이 고개를 돌려 윤득홍과 평팔랑을 바라보았다.

평팔랑의 이마에 핏발이 섰다. 상대를 우습게 보는 윤득홍의 모습에 화가 난 모양이었다. 이내 평팔랑이 기합을 지르며 윤득홍에게 달려들었다.

평팔랑이 목검을 크게 휘둘렀다. 윤득홍은 살짝 살짝 한 걸음씩 좌우로 이동하며 한 치의 차이로 평팔랑의 목검을 피했다. 평팔랑이 그대로 몸을 회전하며 목검의 기세를 늦추지 않고 윤득홍을 압박하였다. 목검이 한 번도 멈추지 않고 연이어 윤득홍을 향해 날아드는데 윤득홍은 한 걸음씩 좌우로 움직이며 상대방의 목검을 가볍게 피할 따름이었다. 폭풍처럼 공격을 하는 것은 평팔랑인데 마치 윤득홍이 고양이가 쥐 놀리듯 하는 것 같았다.

세종이 평도전을 바라보니 평도전이 머리를 설레설레 내젓고 있었다. 한동안 목검을 휘두르던 평팔랑이 멈추어 서서 가쁜 숨을 내쉬었다.

순간 윤득홍이 평팔랑에게 다가갔다. 놀란 평팔랑이 목검을 휘두를 때 윤득홍의 왼손이 평팔랑의 손목을 잡았다.

"흐흐흐. 이러면 목검을 휘두를 수 없겠지?"

말이 끝나기도 전에 윤득홍이 평팔랑의 다리를 걸어 넘어트리곤 목검을 빼앗아 평팔랑의 목을 향해 겨누었다.

"이놈."

평도전이 바닥에 떨어진 목검을 들고 달려들었다. 윤득홍이 껑충 뛰어 물러서며 평도전과 어울렸다.

목검과 목검이 요란하게 교차하며 어지러운 소리가 수강궁을 가득 메웠다.

"난 네놈과 상대하고 싶었다."

윤득홍이 이를 갈면서 평도전과 어울렸다. 방어가 공격이 되고 공격이 방어가 되어 전후좌우로 목검이 오고 갔다. 두 사람이 한데 어울려 한일자로 뒷걸음질쳤다가 갈지자로 밀려나왔다.

수강궁에 모인 사람들 모두 두 사람의 싸움에 정신이 팔려서 숨을 죽인 채 바라보았다. 어지럽게 부딪히던 목검이 일순간 부딪혀 바닥으로 떨어졌다.

"그만하라."

상왕의 한마디에 윤득홍과 평도전이 싸움을 멈추었다. 상대를 노려보는 눈빛이 살벌하였다. 윤득홍의 목검이 반쯤 부러져 있었고 평도전의 목검이 윤득홍의 목 앞에 멈추어 있었다. 진검이었다면 승부가 끝이 났을 것이다.

상왕이 술을 따라 윤득홍과 평도전에게 주며 말했다.

"검술이 대단하구나. 오랜만에 대련다운 대련을 보았다."

윤득홍과 평도전이 상왕의 은덕에 사례하고 물러났다.

"평팔랑도 윤득홍에게 패했다고는 하지만 그 정도면 어린 나이에 검술이 대단한 것이니 그 아비에 그 아들이로다."

상왕이 평도전에겐 쌀과 콩 40석을, 평팔랑平八郎에겐 옷 한 벌과 쌀과 콩 10석을 주게 하였다.

"윤득홍은 아쉽게 도전에게 패하긴 하였지만 병가에 지는 일은 부끄러울 것이 없으니 억울해 할 것 없다. 네 검술과 용맹이 뛰어나니 벼슬을 올려 우군첨총제右軍僉摠制로 삼겠노라."

기분이 상해있던 윤득홍은 뜻밖에 성은을 입어 입이 함박만큼 벌어졌다. 다시금 잔치의 분위기가 오르자 세종이 말했다.

"상왕전하. 윤득홍이 데려온 자가 있는데 활 실력이 대단하다 합니다. 이참에 그자의 실력도 보시는 것이 어떻습니까?"

"그게 누군가?"

"박영충이라 하온데 가히 양유기와 비교될 정도의 신궁입니다."

박영충이 나아가 큰절을 하였다.

"네가 활을 잘 쏜다면서?"

"송구하옵니다."

"태상왕께서 활을 잘 쏘셨지. 내가 네 재주를 시험해 볼까?"

상왕이 내시를 시켜 활 하나를 가져오게 하였다. 잠시 후 내시 두 사람이 자개로 만든 커다란 상자를 가지고 왔다.

내시가 상 위의 술잔을 치우고 상자를 올려놓으니 상왕이 상자를 조심스레 열었다.

상자 안에 검푸른 빛이 나는 커다란 활이 나타났다. 한눈에도 상서로운 느낌이 나는 활이었다.

"주상은 이것이 무엇인지 아는가?"

세종이 바라보니 겉으로 보기에도 묵직한 느낌이 나는 활이었다.

"혹시 태상왕께서 쓰시던 철태궁鐵胎弓이 아닌지요?"

"허허허. 잘 아시는구료. 이 활은 태상왕께서 사용하시던 철태궁이오. 무게만도 이십 근이나 되니 여간한 신력이 없고선 시위를 당기기조차 쉽지 않지요."

상왕이 박영충에게로 고개를 돌렸다.

"네가 이 활을 당길 수 있겠느냐?"

박영충이 머리를 조아리며 말했다.

"신은 감당할 수 없사옵니다."

"사양하지 말고 당겨보라."

내시가 철태궁을 받아 박영충에게 가져왔다. 박영충이 커다란 활을 받아드니 실로 그 무게가 엄청났다.

박영충이 숨을 길게 들이쉰 후에 죽머리를 평행하게 들더니 천천히 시위를 당기기 시작했다. 커다란 철태궁이 서서히 휘기 시작하자 사람들의 환호성이 하나 둘 들려오기 시작했다. 그러나 시위가 반쯤 당겨졌을 때 죽머리가 부들부들 떨리며 박영충의 이마에 핏줄이 울긋불긋하게 솟아올랐다. 결국 박영충은 시위를 완전히 당기지 못하고 숨을 내쉬며 시위를 원상태로 돌렸다.

박영충이 활을 내시에게 건네곤 상왕에게 엎드려 말했다.

"태조대왕님의 신력은 들은 바 있었지만 이 정도일 줄은 몰랐사옵니다. 신은 감당할 수 없사옵니다."

상왕이 흡족한 미소를 지었다.

"부끄러워할 것 없다. 태조대왕 이후로 철태궁을 완전히 당긴 사람은 없었다. 네가 철태궁을 반도 넘게 당긴 것을 보면 너도 보통 사람은 아니다."

"황공하옵니다."

"네 활 실력이 대단하다니 한번 시험해 보자."

상왕의 뒤에 있는 내시가 큰 활 하나를 박영충에게 가져왔다.

"육량전이다. 이 활은 내가 애용하는 활이다."

박영충이 그것을 건네받아 한 손으로 활을 잡고 다른 손으로 활시위를 잡은 뒤 읍—하고 힘을 주니 활이 금세 팽팽하게 당겨지며 타원형이 되었다. 박영충이 그제야 활을 다시 하여 줄을 퉁퉁 두어 번 당기고는 머리를 숙여 말했다.

"좋은 활입니다."

"너에게 맞을 줄 알았다."

상왕이 미소를 지었다. 육량전은 무게가 육량이라, 보통 힘 있는 장수들도 당기기 어려운 활이었다.

"활의 묘미는 당기는 데 있는 것이 아니라 쏘아 맞추는 것에 있지."

상왕이 마침 두 마리 매가 허공에 원을 그리며 날아다니는 것을 보고 손끝으로 가리켰다.

"저 매란 놈이 사냥을 하러 나온 모양이구나. 네가 저놈들을 쏴 떨어트릴 수 있겠느냐?"

"예."

박영충이 명을 받곤 고개를 들어 매를 바라보다가 화살을 시위에 꽂아 허공을 향해 겨누었다.

퉁—

화살이 꼬리를 털면서 허공으로 날아가더니 매 한 마리가 화살에 꿰여 하늘에서 떨어졌다.

와!

보는 사람들이 탄성을 질렀다.

박영충이 다시 화살을 시위에 끼워 떨어지는 매를 향해 쏘았다. 떨어지던 매가 화살에 맞아 방향이 바뀌었다. 박영충이 다시금 활을 겨누어 쏘니 거의 떨어지던 매가 다시 화살에 맞아 후원으로 떨어졌다.

"명궁일세."

"잘 쏘네."

둘러앉은 대신들 사이에서 탄성이 흘러나왔다.

상왕이 머리를 갸웃거리며 박영충에게 물었다.

"날아다니는 것을 맞추라 했는데 너는 왜 떨어지는 것을 쏘아 맞추었느냐?"

"이 무렵이면 매들도 새끼를 낳는데 저놈들이 모두 죽으면 새끼들은 어찌합니까? 그래서 어명을 어기고 한 마리만 세 번 죽게 만들었습니다."

상왕이 고개를 끄덕이며 말했다.

"네 마음이 가상하구나. 하지만 못된 왜구들에게는 그런 사정을 봐 주면 아니 된다."

"황공하옵니다."

상왕이 크게 기뻐하여 박영충에게도 활과 화살을 내려주라 명하였다.

수강궁의 잔치가 끝이 나고 세종이 편전으로 돌아오니 판내시부사 김용기가 기다리고 있다가 말했다.

"전하, 최윤덕으로부터 급한 장계가 올라왔습니다."

김용기가 장계를 올렸다.

세종이 장계를 읽다가 김용기에게 말했다.

"평망고가 군사들에게 저항하였다가 효수되었다는구나. 최윤덕은 평도전이 세작의 혐의가 있다고 의심된다 하는구나."

"전하. 평도전이 백령도에서 왜구들을 잡을 때에 마지못하여 조력하였고, 사로잡은 자들도 득홍에게 청하여 죽이지는 말기를 청한 것이 사실로 드러났사옵니다. 이는 평도전이 다른 마음을 품고 있다는 말인데 이제 최윤덕의 장계로 그것이 사실임이 드러났으니 평도전을 잡아들여야 하지 않겠습니까?"

"그자가 종정성의 천거로 우리나라에 들어온 지가 10년이 넘었다. 그동안 그자가 상호군의 벼슬을 얻었고 상왕께 충성을 다한 것처럼 행동한 것은 분명 다른 생각이 있기 때문이었는데 우리가 너무 어리석었다. 병서에 간자間者를 잘 활용하라 하였는데 10년 동안 대마도주의 꾀에 놀아난 꼴이구나. 내가 지금 상왕께 이를 말씀드려도 상왕께서 쉽게 믿으시지 않을 것이니 너는 이 길로 왜인 통사 박귀를 잡아들이고, 금부관원들을 배치하여 평도전 일행의 일거수일투족을 은밀히 감시하도록 하라."

"예."

김용기가 뒷걸음질쳐서 물어났다.

세종이 다음날 수강궁으로 들어가 상왕에게 평망고가 조정의 명을 어기고 저항하다가 죽임을 당한 상황을 이야기하였다.

상왕이 눈을 지그시 감으며 말했다.

"그 아비 평도전平道全은 사람됨이 슬기로우나 망고는 악하기가 이와 같으니 마땅히 사로잡아 죄를 물을 것이거늘, 제장들이 어찌하여 그처럼 급하게 죽였는가. 도리어 사람만 상해함이 되었다."

세종이 조용히 말했다.

"이제 평도전이 그 아들이 죽은 사실을 알게 되면 후한이 있을까 염려되옵니다."

"후한이 있을까 염려된다고?"

"예. 부자의 정리로 보아도 그 아들이 죽었는데 그 아비가 가만히 있겠습니까? 더구나 제가 듣자오니 최윤덕이 평망고를 급하게 죽인 것이 세작을 하던 일이 들통이 났기 때문이라 합니다. 평망고가 내이포에서 세작을 하겠습니까? 반드시 그 위에 평도전이 있기 때문에 가능하리라 사료되옵니다."

"평도전이 세작이라고? 그럴 리 없다."

상왕이 딱 잘라 말했다.

세종이 윤득홍에게 들은 이야기를 상왕에게 전한 후 말했다.

"제가 왜 통사倭通事 박귀朴貴를 금부에 붙잡아 놓았으니 상왕께서 한번 물어보소서."

상왕이 세종과 함께 금부로 나아가니 박귀가 금부 마당에 무릎을 꿇고 앉아 벌벌 떨고 있었다.

상왕이 옥좌에 앉아 박귀에게 물었다.

"네게 묻겠다. 만일 내 말에 한 치의 거짓이라도 고한다면 가만두지 않을 것이다."

"무엇이든 물어보십시오."

박귀가 머리를 바닥에 조아리며 벌벌 떨었다.

"윤득홍이 왜인을 백령도에서 쫓아낼 때 도전은 자신이 일본인이라 진력하기를 좋아하지 아니하였다 하는데 그것이 정말이냐?"

"어명을 받고 간 장수가 어찌 그럴 수 있겠습니까? 평도전이 뒤늦게 싸움에 뛰어들었지만 왜인 3급을 베고 18명을 사로잡은 공이 있사옵니다."

"그래? 내 듣기로 윤득홍이 먼저 적과 싸워 왜적이 이미 패하게 되자, 도전이 마지못하여 조력하였다 들었다. 또 도전이 왜적 중에 자기가 아는 왜승倭僧을 보고 득홍에게 청하여 죽이지는 말고 처치해 주기를 원하였다 하는데 그 말이 사실이냐?"

"사실이긴 하오나 왜승은 불법을 닦는 사람으로 도적과는 관계가 없어서 도전이 살려주길 청한 것입니다."

상왕의 눈꼬리가 올라갔다.

"뭐라? 도적의 배에 타고 있으면 도적인 게지 불법을 닦은 스님은 또 뭐야? 네 말에 왜적 중에 도전이 아는 자가 있다 하니 필시 대마도의 도적임에 틀림없다. 그렇지 않느냐?"

"예."

"그래서 제 마음대로 도적에게 양식을 준 것이로구나."

"예? 그것은 아니옵니다."

"불쌍한 우리 백성들을 300이나 죽인 왜구를 살려주고 또 양식을 주다니 그게 죄가 아니고 무어냐? 네 말을 듣고 보니 도전이 토벌에 힘을 쓰지 않은 것이 그 때문이라는 것이로구나."

박귀가 멍한 얼굴로 상왕을 올려다보았다. 상왕이 노기충천한 얼굴로 소리쳤다.

"네놈의 말이 왔다 갔다 하는 것을 보니 네 말을 믿지 못하겠다. 네가 평도전을 애써 변명하는 것을 보니, 반드시 다른 마음이 있는 것이 분명하다."

상왕이 의금부에 명하여 박귀를 장형 80대에 처하고 그 부모와 형제들을 모두 몰수하여 관노로 삼게 하였다.

"평도전平道全은 사검과 덕생들에게는 다 같은 편장偏將이요 원수元帥는 아니거늘, 사검들이 도전을 빙자하고 발선하기를 즐겨하지 않았고 또 제 마음대로 도적에게 양식을 주었으며, 조치曹致는 체복사로서 사검 등이 의당 도전과 함께 빙문憑問한 것이라고 하고 이내 죄를 정하여 장계하지 않았고, 달생은 3도 수군 도처치사都處置使로서 배타기를 꺼리어서 마음대로 육지에 내려 교동喬桐에서 관량아랑포館梁阿郞浦에 이르러 역마를 타고 행하니 위임 맡은 본의에 어그러졌는지라, 모두 국문해서 아뢰라."

성달생·이사검李思儉·이덕생李德生들을 사무에 태만한 이유로 국문鞠問하고 의금부 옥에 내려 유치하게 하는 한편, 평도전을 잡아들이게 하였다.

상왕이 길게 탄식을 하며 말했다.

"주상. 내가 늙은 모양이오. 첩자를 10년 동안이나 내 품안에 놓아 두고도 눈치 채지 못하였으니 이렇게 부끄러운 노릇이 어디 있소? 주상이 아니었다면 영원히 간자의 손아귀에서 놀아날 뻔하였소."

"누구나 그랬을 것입니다. 상왕께서는 너무 심려치 마십시오."

"평도전을 잡아오는 것은 누굴 보냈소?"

"평도전과 평팔랑, 그 부하들이 모두 쓸만한 검객이라 윤득홍과 박영충에게 금부의 실력 있는 관원들을 데리고 가서 잡아오라 일렀습니다."

"그놈들이 저항한다면 죽여도 좋소."

"실력 있는 신하들이니 믿고 기다리소서."

세종이 상왕의 마음을 위로하였다.

8

세종의 명을 받은 윤득홍과 박영충이 금부관원들을 이끌고 평도전의 집으로 들이닥쳤다. 이때 평도전은 조선 군사들이 대마도로 정벌을 한다는 소식을 듣고 대마도에 소식을 전하려고 궁리를 하던 중이었다. 난데없는 관군들의 진입에 놀란 평도전이 일이 심상찮게 된 것을 짐작하고 부하들과 함께 칼을 들고 마당으로 나왔다.

마당에 금부관원들과 왜인들이 대치하였다.

윤득홍이 평도전을 노려보며 웃었다.

"또 보게 되는구나."

평도전이 소리쳤다.

"무슨 일이냐?"

"어명이 내리셨다. 널 잡아오라는 어명 말이다."

평도전이 흠칫하며 한 걸음 물러나 말했다.

"내가 무슨 죄를 지었다고 나를 잡으려 하는 게냐?"

윤득홍이 허연 이를 드러내며 물었다.

"네가 네 죄를 모른단 말이냐? 그냥 갈 테냐? 다치고 갈 테냐?"

"네가 참으로 죽고 싶은 모양이구나."

"그건 붙어봐야 아는 게지. 얘들아. 저 떨거지들을 모두 사로잡아라. 반항하는 자는 죽여도 좋다."

윤득홍의 호령에 금부관원들이 왜인들을 향해 달려들었다.

"이놈. 죽어라."

평도전의 옆에 있던 평팔랑이 칼을 뽑아들고 달려들었다. 윤득홍의 옆에 있던 박영충이 허리에서 단검 두 개를 뽑아들고 평팔랑의 앞을 막아섰다.

"네 상대는 나다."

박영충이 날의 길이가 한 뼘쯤 되고 두께가 새끼손가락 길이 정도되는 반월도를 들고 평팔랑의 왜도를 막았다. 박영충과 평팔랑이 불빛을 번뜩이며 어울려 싸우는 동안, 윤득홍과 평도전은 마당 한가운데 서서 서로의 얼굴을 노려보았다.

"수강궁에서 경험했겠지만 네 실력으로는 나를 당해낼 수 없어."

평도전이 말하니 윤득홍이 목을 젖혀 웃다가 말했다.

"그건 칼이 하나 있을 때구."

윤득홍이 등에서 두 개의 칼을 뽑아들었다.

"난 원래 쌍칼을 사용하거든."

말이 끝나기 무섭게 윤득홍이 칼춤을 추며 달려들었다. 두 개의 장검과 하나의 왜도가 어울렸다. 검과 칼이 어울리니 백광이 춤을 추는 듯 두 사람의 주변에서 어지럽게 번쩍거렸다.

윤득홍을 쉽게 보던 평도전은 칼 두 개가 쉴 새 없이 몰아치자 막아내기에 급급하였다.

평도전으로서는 처음 접해보는 검법이었다. 일본의 무사들은 대게 장도와 소도, 자도 세 가지를 차고 다니긴 하지만 검법을 겨눌 때는 장도 하나만 사용할 뿐이었다. 두 개의 칼이 방어와 공격을 오가며 숨 쉴 틈 없이 공격해 들어오자 평도전은 뒷걸음질치다가 마침내 소도小刀를 빼 들어 검을 막았다.

"네 실력이 이것밖에 안 되나?"

윤득홍이 이를 드러내고 웃다가 부딪힌 칼을 밀어내곤 몸을 돌려 좌우로 검을 휘둘렀다.

하나의 검을 사용하는 데 익숙한 평도전이었기에 길이가 다른 검을 쓰니 검법이 흐트러졌다. 껑충 뛰어 뒷걸음질치던 도전이 담장에 등을 기대며 중심이 흐트러졌다. 틈을 놓치지 않고 윤득홍의 장검이 도전의 머리 가운데로 찔러들었다.

도전이 얼른 왜도를 들어 막는 순간 윤득홍의 다른 검이 도전의 손목을 지나갔다.

손목이 화끈거리는 와중에 윤득홍의 가슴에 틈이 보였다. 도전의 왼손에 든 자도가 득홍의 가슴팍을 파고들었다.

순식간에 윤득홍과 도전의 몸이 합쳐졌다.

땡그랑—

잘려진 손목과 함께 평도전의 장검이 바닥에 떨어졌다.

"내가 이겼다."

평도전이 무겁게 입을 열었다. 손목을 내 주고 윤득홍의 생명을 노린 것이었다.

무섭게 노려보던 윤득홍이 큰 입술을 벌렸다.

"흐흐흐. 과연 그럴까?"

평도전이 놀라 바라보니 가슴팍을 찌른 자도를 득홍이 왼팔에 끼우고 있었다. 회심의 일격이 겨드랑이를 빠져나간 것이었다.

윤득홍이 평도전의 이마를 박았다.

"어이쿠."

평도전이 뒷걸음질치기도 전에 커다란 득홍의 발바닥이 도전의 가슴팍을 내질렀다.

담장에 몸을 부딪친 평도전이 맥없이 허물어졌다. 일격에 기절한 평도전의 잘린 손목에서 피가 샘솟듯 하였다.

힐끔 주위를 둘러보니 박영충이 바닥에 쓰러진 평팔랑을 포박하고 있었다. 평도전과 평팔랑이 쓰러진 것을 본 왜인들은 저항을 단념하고 하나 둘 칼을 떨어트리고 투항하였다.

"이제 누가 상수인지 알겠지?"

잘린 손목을 잡고 바닥에 쓰러져 있는 평도전을 바라보며 윤득홍이 코웃음을 쳤다.

윤득홍이 평도전 일행을 압송하여 금부에 가두었다. 상왕이 세종과 함께 금부에서 평도전을 국문하였다.

"네가 나를 호위한 지 11년인데 네가 정말 대마도주의 첩자 노릇을 한 게냐?"

"그렇습니다."

도전이 체념한 듯 머리를 조아렸다.

"내가 네게 못해준 것이 없는데 어찌 나를 배신하고 기만할 수 있단 말이냐?"

"무인武人은 일생에 한 명의 주인을 모실 따름입니다. 난 주인인 종정성의 명에 따라 상왕을 거짓으로 모셨던 것뿐입니다."

상왕이 길게 탄식하였다. 믿었던 평도전에게 배신을 당한 것이 적지 않은 충격으로 다가왔던 것이다.

"이제 날 죽여도 떳떳하게 죽을 것이니 상왕의 처분대로 하십시오."

국문에 임했어도 평도전은 도리어 당당하였다.

상왕이 길게 한숨을 쉬다가 말했다.

"도전이 나에게는 불충한 자이나 그 주인에게는 만고에 없는 충신
이니 너를 죽인다면 내가 불의한 사람이 될 것이다. 네 죄는 용서하
되 너를 대마도에 보내줄 수는 없으니 도전과 그 처자들 14명을 평양
에 두고, 따라온 자들은 함길도 각 관가에 나누어 두게 하라."

상왕이 그동안의 정리를 생각하여 도전의 처자들에게 생업을 갖추
어 살게 하고, 간혹 쌀과 소금을 주고 또한 비어 있는 집을 주어 살게
하였다.

난관 難官

1

사정전에 홀로 앉은 세종이 살랑거리는 불빛을 바라보며 생각에 잠기었다. 상왕께서 전위하실 때 18년 동안 호랑이 등에 탔노라고 했던 말이 떠올랐다. 일국의 왕이 된다는 것은 호랑이의 등에 타는 것과 다름없음을 세종은 정사를 알음하면서 실감하였다.

역사를 상고하면 국왕이 어리석으면 나라가 멸망에 이르렀다. 강대한 힘과 광활한 영토를 가진 중국의 왕조들도 국왕의 어리석음으로 내정이 분열되어 마침내 변방의 작은 이족들에게 무너져 왕조가 바뀌지 않았던가. 거대한 중원도 그럴 진데, 북으로 야인이 남으로 왜가 버티고 있는 조선의 앞날을 이끌어가야 할 생각을 하니 어깨가 무거워졌다.

10년 동안 간자로서 조정 내부에서 국정을 염탐한 대마도의 무리들에게 휘둘려 당한 치욕을 생각하니 새삼 국방의 중요성이 실감되었다. 그때 편전 바깥에서 목소리가 들려왔다.

"전하. 군기감에서 사람이 왔습니다."

"군기감에서? 어서 들이라."

편전의 문이 열리고 군기소감 이도가 다소곳하게 방 안으로 들어와 큰절을 하고 머리를 조아렸다.

"네가 무슨 일이냐?"

"신과 해산이 화포 두 정을 급하게 구하였기에 이렇게 찾아왔습니다."

"화포를 구하였느냐?"

"예. 저번에 전하께서 화포를 구할 수 있느냐 하시기에 신과 해산이 알아본 즉 쓸 만한 화포 다섯 문을 구할 수 있었습니다."

"다섯 문이나?"

"녹이 쓴 것을 시급히 청소하고 시험해 보니 아직은 쓸만하였습니다."

"잘 되었군. 정말 잘 되었어."

세종의 용안에 웃음이 감돌았다.

"그런데 듣기에 대마도로 가는 배가 모두 떠났다 하는데 뒤늦게 화포를 구하였사오니 저희가 늦은 것이 아닙니까? 결정을 내리기가 어려워 이렇게 전하를 찾아왔습니다.”

“잘하였다. 너희가 늦지 않게 왔다. 아직 거제도에 모인 배가 떠나지 않았으니 내일 아침 일찍 화포를 보내면 큰 도움이 될 것이다.”

세종이 크게 기뻐하며 잠시 생각하다가 윤득홍을 불러 들였다. 잠시 후 편전으로 윤득홍이 들어왔다.

“불러 계시옵니까?”

“내일 화포 다섯 문을 싣고 급히 거제도로 가야겠소.”

“거제도로 말입니까?”

“6월 초팔일까지 거제도로 배가 모이기로 하였고, 금월 11일이 길일吉日이라 발선하는 날로 삼았으니 시일이 촉박하다. 내가 들으니 경이 물길을 잘 안다 하던데 어떤가?”

“한양에서 닷새 만에 거제도에 도착하는 것은 무리입니다.”

“무리인 것은 잘 아네. 그렇지만 화포가 있다면 왜구들과의 접전에서 우세를 점할 수 있네. 우리 군사들의 희생도 줄일 수 있고 말이야. 늦어도 10일까지는 도착할 수 있겠는가?”

“8일이라면…….”

윤득홍이 결심을 굳힌 듯 말했다.

“할 수 있습니다.”

“늦어도 좋으니 최선을 다해보게.”

“시일에 맞출 수 있도록 신명을 다 바치겠습니다.”

“좋소. 그럼 경을 믿겠다.”

“신을 믿어 주시옵소서.”

바닥에 이마를 조아리던 윤득홍이 머리를 들어 말했다.

"전하. 한 가지 청이 있사옵니다."

"무엇인가?"

"신도 대마도를 정벌하는 군사들과 함께 가면 안 되겠습니까?"

"경과 같은 검객이 대마도에 간다면 좋은 일이지만 경은 이곳에 남아 중국에서 돌아오는 왜구들을 방비해야 할 것이 아닌가."

"소신의 생각이 짧았습니다. 하오면 박영충은 어떻습니까? 영충이는 신분이 천하여 제 하인으로 있지만 한 사문에서 배웠고 또한 재주가 정말 뛰어난 아이입니다. 그 아이의 활 실력을 보셔서 아실 테지만 큰 도움이 될 것입니다. 영충이는 저와 함께 자라서 물길도 잘 알 뿐 아니라 검술 실력도 뛰어나 재주를 썩히기에는 아까운 아이입니다. 그 아이가 무관이 되는 길은 공을 세우는 것뿐이니 주상께서 하해와 같은 은덕을 내려주시면 큰 공을 세워 결초보은할 것입니다."

잠시 생각하던 세종이 입을 열었다.

"좋다. 박영충을 대마도 정벌군으로 넣겠다."

"성은이 망극하옵니다."

"단, 11일 전까지 거제도에 도착하는 조건에 한해서다. 경이 만일 시일 내에 닿지 못한다면 박영충은 정벌군에 편입되지 못할 것이다."

"반드시 시일 내에 닿게 하겠습니다."

윤득홍이 이마를 땅에 대며 넙쭉넙쭉 절을 하였다.

2

6월 3일, 동이 트기 전에 화포 오 문을 실은 윤득홍의 배가 노량진에서 출항하였다.

동녘에 이글거리며 뜨는 해를 바라보며 출항한 배가 정오 무렵에야 한강의 끝자락에 있는 강녕포에 다다랐다.

강녕포에서 물길을 남으로 돌려 서쪽으로 강화를 동으로 문수산을 바라보며 덕포 손량항에 닿았는데 여름이라 아직도 해가 많이 남았다.

손량항에서 곧장 서해 바다로 나아가 바다에서 밤을 보내었다. 이날 배를 처음 타는 화통군의 군사들은 죽을 애를 먹었다.

아침에 먹은 음식을 모두 게워내고 점심과 저녁을 먹지 못하고 토하여 군사들의 얼굴이 하루 만에 노랗게 떴다. 거제도에 도착할 날이 나흘 밖에 남지 않았는데 병사들이 맥을 추지 못하고 있으니 그것이 문제였다.

다음날, 밤새 화통군사들을 돌보던 박영충이 울상이 되어 윤득홍에게 말했다.

"형님, 어쩌지요? 싸우기도 전에 다 죽게 생겼습니다. 멀미가 너무 심합니다. 뭍에서 잠시 쉬는 것이 어떻습니까?"

윤득홍은 박영충의 벼슬자리가 떨어지게 될까 겁이 나서 딱 잘라 말했다.

"뭍에서 잠시 쉬다보면 때에 맞춰 갈 수 없게 된다. 그건 어명을 어기는 것이야."

"그럼 어떡합니까?"

"내가 해결을 보지."

윤득홍이 성큼성큼 방 안으로 들어가니 병사들이 누워 있다가 퀭한 눈으로 바라보았다.

윤득홍이 허리에 찬 칼을 뽑아들었다.

"이놈들아. 너희들이 죽고 싶은 게냐? 10일까지 거제도에 도착하지 않으면 우린 어명을 어기는 거다. 너희들이 어명을 어기고 살기를 바라느냐? 효수되어 죽고 싶은 놈은 이 자리에서 죽여주마. 어서 목을 내 놓아라."

윤득홍이 부리부리한 눈으로 노려보며 병사의 멱살을 잡고 흔들었다.

"참겠습니다. 참아내겠습니다."

병사들이 눈물을 찔끔찔끔 흘리며 손이 발이 되도록 빌었다. 윤득홍이 병사를 내동댕이치면서 소리쳤다.

"이놈들아. 여기서 자빠져 있지 말고 밖으로 나가거라. 이왕 이렇게 된 것 사나이답게 바다와 싸워 이겨보란 말이다. 앞으로 먼 바다를 건너 대마도로 가게 될 것인데 그땐 어찌하려는 게냐? 어서 밖으로 나가거라."

윤득홍이 병사들을 발길질하여 선실 안에서 내쫓았다. 선실 밖으로 쫓겨나간 병사들이 갑판을 잡고 멀미를 하였으나 더 나올 것도 없어서 헛구역질을 해댈 뿐이었다.

박영충이 걱정스런 얼굴로 물었다.

"형님. 먹은 것도 없는데 저렇게 거제도까지 간다면 굶어죽겠어요."

"모르는 소리 마라. 사람은 다 적응하게 되어 있어. 두고 보거라. 오늘 저녁이면 개처럼 밥을 처먹을 테니 말이다."

다행스럽게 날씨도 좋았다. 배가 바람을 타고 살처럼 나아가서 그날 저녁 무렵에는 작은 섬에 닿아 밥을 지어 먹었는데, 화통군의 병사들은 게 눈 감추듯 밥을 먹었다.

사흘 째 되는 날부터 화통군사들도 바다에 적응이 되어서 멀미를 하는 일이 없었다. 그날은 하루 종일 바람을 타고 남쪽으로 내려가서 저녁나절에 안면도에 닿아 저녁을 먹고 육지에서 숨을 돌렸다.

윤득홍은 해안가에 나와 파도가 부서지는 바다를 바라보았다. 하늘에 별빛이 소나기처럼 쏟아지는 것 같았다.

순풍을 맞아 제법 빠르게 내려올 수 있었지만 남은 나흘 안에 거제까지 도착할 수 있을지 걱정이 되었다. 더구나 이번 일은 박영충의 미래가 달린 일이라 더욱 마음이 급해졌다.

"안 되겠다. 출항을 서둘러야겠어."

윤득홍이 배로 돌아와 쉬고 있는 부하들에게 소리쳤다.

"쉴 만큼 쉬었으니 출항이다."

갑판에 누워있던 선군들이 벌떡 일어났다.

"형님. 나흘 동안 쉬지도 못하고 여기까지 내려왔습니다. 오늘 저녁은 여기서 쉬도록 하죠."

윤득홍은 사정도 모르고 이런 이야기를 하는 박영충이 딱하다는 마음이 들었다. 하긴 상감과 내기한 것을 이야기하지 않았으니 박영충이 모르는 것은 당연했다.

윤득홍이 엄한 얼굴로 말했다.

"어명이다. 어명은 어떤 일이 있더라도 어겨선 안 된다."

윤득홍은 잠시 쉬지도 아니하고 그날 밤에 안면도에서 곧바로 배를 몰아 남쪽을 향하여 출발하였다.

노를 젓는 선군船軍들은 죽을 맛이었다. 나흘 동안 노를 저은 탓에 굳은살이 벗겨진 선군들도 많아서 불만이 팽배하였다. 그러나 무서운 윤득홍의 성정을 아는 탓에 불만을 이야기하지도 못하였다. 밤바람이 불어오자 돛이 올라갔다. 배가 살처럼 나아가자 선군들은 살판이 났다. 이때는 키를 잡는 도사공이 북두성을 바라보며 남쪽으로 이동하도록 방향을 잡았다.

파도가 높지 않은 것이 천만다행이라 할 수 있었다. 곳곳에 암초가 많은 지역이라 풍랑이 치기라도 하면 난파의 위험이 있었으므로 더욱 세심히 살피지 않으면 안 되었다.

어두운 밤이 가고 아침이 찾아왔다. 서편으로 뭍이 주먹만 하게 보였다. 어젯밤에 안면도에서 출발하였으니 비인이나 서천 부근 같았다.

순풍을 맞아서 이날은 저녁 무렵에 군산도羣山島에 도착하였다. 군산도 앞바다에 병선 두 척이 외롭게 떠 있었다. 대마도 정벌에 참여하지 못한 배들이었다.

수영에서 저녁을 먹고 잠시 쉬다 보니 사흘 밖에 남지 않았다. 오늘밤 배를 출발하면 내일 저녁 무렵이면 무안務安에 도착할 수 있을 것이고, 그날 하루 종일 배를 몰아가면 진도, 어쩌면 가리포에 도착할 수도 있을 것이었다. 가리포까지만 가면 어떻게든 시일에 맞춰서 거제도에 도착할 수 있을 것 같았다. 거제에 도착하면 박영충의 꿈을 이룰 수 있는 것이었다. 관복을 입은 박영충을 그리니 알 수 없는 희열이 솟았다.

'그래, 해 보는 거야. 반드시 거제도에 도착해서 영충이 놈에게 관복을 입히고 말 테다.'

윤득홍이 배로 돌아가 소리쳤다.

"자! 쉴 만큼 쉬었으면 출항하자."

도사공이 얼굴을 찡그리며 말했다.

"나리. 이건 아니올시다."

"피곤한 것은 나도 안다. 그렇지만 어명이 지엄한 것을 어쩌란 말이냐?"

"피로한 것은 둘째치더라도 선군들의 손이 엉망진창이 되었습니다. 아무리 어명이 지엄하다 하지만 닷새 동안 제대로 쉬지도 못하고 노를 저은 군사들도 생각해 주십시오."

"내가 언제 그대들을 생각해 주지 않던가?"

"그건 아니란 것을 잘 알고 있습니다. 그렇지만 오늘 밤은 출항하지 못하겠습니다."

"자네, 항명하는 것인가?"

윤득홍이 눈을 부라렸다.

도사공이 한숨을 내쉬며 말했다.

"제가 장군과 한 배를 탄 지도 오 년이 넘었습니다. 그동안 제가 일언반구도 장군께 불만을 말한 적이 있습니까? 이제 항명이라 하시고 제 목을 베신다 해도 전 못 나갑니다. 오늘밤은 편히 쉬게 해 주십시오."

"이, 이놈이?"

윤득홍이 허리에 찬 칼을 뽑아들었다.

"저를 죽이십시오."

도사공이 팔짱을 끼고 털썩 주저앉아 목을 자라처럼 빼었다.

"오냐. 내가 오늘 널 죽여주마."

윤득홍이 칼을 높이 쳐들었다.

"형님, 왜 이러십니까?"

박영충이 뛰어나와 도사공의 앞을 막아섰다.

"비켜라. 저 망할 놈의 목을 잘라버리고 말 테다."

"형님. 형님답지 않습니다. 그동안 강행군이었습니다. 며칠 동안 쉬지도 못하고 잠도 못 자서 사람들이 형편없습니다. 오늘은 도사공 말마따나 여기서 쉬시죠."

"뭐라고? 너까지?"

윤득홍의 눈에 불이 일었다.

"이 자식아. 내가 누구 때문에 이러는지 아느냐?"

박영충의 뒤에 앉아있던 도사공이 따지듯 소리쳤다.

"나리 때문이시겠지요."

"뭐라고?"

"나리, 벼슬이 오르시더니 사람이 변하셨습니다. 머리보다 큰 감투를 쓰면 눈에 뵈는 것이 없다더니 나리가 그 격입니다."

"뭐, 뭐라구?"

"예전에는 우리를 친형제처럼 아껴주시더니 감투를 쓰시곤 개처럼 부리니 부귀에 눈이 멀지 않고서는 어찌 가한 일입니까? 제 말이 틀렸습니까?"

"뚫린 입이라고 마구 지껄이는구나. 오냐. 이놈아. 내가 감투에 눈이 멀었다."

"장하십니다."

"이놈의 자식. 입을 찢어버릴 테다."

선실에서 잠을 청하던 선군들과 화통군사들이 갑판으로 나와 웅긋쭝긋 서서 구경을 하였다.

윤득홍이 도사공을 잡으려 하는 것을 박영충이 기를 써서 말리다가 소리쳤다.

"형님. 제발 그만두십시오."

윤득홍이 멍하니 박영충을 바라보았다.

"형님. 정말 변하셨습니다. 갑자기 너무 변하셨습니다. 전, 형님이 낯섭니다. 그래서 무섭습니다."

박영충이 고개를 숙였다.

"충아."

"형님. 선군들이 너무 지쳤습니다. 오늘밤만이라도 쉴 수 있게 해주십시오. 형님. 부탁드립니다."

박영충의 간절한 눈빛에 윤득홍이 멍해졌다.

'이 자식아. 모두 너 때문에 그런 거다. 너 때문에 그런 거라구.'

윤득홍은 목구멍까지 나오는 말을 애써 삼키면서 길게 한숨을 쉬었다. 천천히 고개를 들어 하늘을 바라보았다. 밤하늘에 별빛이 반짝거렸다. 구름 하나 없는 맑은 날이었다. 풍랑도 없어서 항해하기 좋은 날씨였다.

윤득홍은 마음을 굳게 먹었다. 이대로 포기한다면 박영충의 출세의 길은 멀어지고 말기에 더욱 단단히 마음을 먹었다.

"도사공. 박영충. 내가 너희들에게 실망했다. 너희들은 날 감투에 미친놈으로 보고 있지만 내가 보기에는 오히려 너희들이 일신의 영달밖에 모르는 흉악한 놈들이다."

도사공이 지지 않고 소리쳤다.

"그게 무슨 말씀이십니까?"

"우리가 만일 대마도에 출정하는 배에 화포를 싣지 못한다면, 그리해서 배들이 왜구들의 배를 만나 낭패를 만난다면 그건 너희들의 책임이다. 상감께서 화포를 운반하는 일을 무엇 때문에 맡겼겠느냐? 이 화포야말로 군사들의 희생을 줄이는 길이기 때문에 시일에 맞추어 운반하라 하신 것이 아니겠느냐? 내가 너희들이 피로한 줄 모르는 것이 아니나 우리의 책임이 그 정도로 막중하니 어쩌겠느냐? 나는 이 길로 출발할 것이로되 함께 갈 수 없는 자들은 내 배를 떠나도 좋다.

나 혼자 노를 젓는 일이 있더라도 난 지금 거제도로 출발할 테다."

도사공과 박영충이 멍하게 서로를 바라보았다. 듣고 보니 윤득홍의 말도 옳았다.

박영충이 도사공에게 말했다.

"도사공, 형님의 말이 그른 것이 아니니 다시 생각해봅시다."

"할 수 없는 일이지."

도사공이 입맛을 다시며 윤득홍에게 말했다.

"나리, 제 생각이 짧았습니다. 지금 당장 출항하도록 하겠습니다."

"도사공. 고맙다."

선군들을 깨우러가던 도사공이 피식 웃었다.

늦은 밤, 윤득홍의 배가 바다로 나아갔다. 칠흑 같은 어둠 속에서 은은한 달빛이 좋았다. 부서지는 달빛을 받으며 배는 파도를 헤치며 남으로 남으로 나아갔다.

이때, 윤득홍이 직접 선창 밑으로 내려와 손이 상한 선군의 노를 빼앗아 힘차게 저었다.

박영충도 선창 밑으로 내려와 선군을 대신하여 노를 저으니, 손이 멀쩡한 화통군의 군사들도 내려와서 함께 노를 저었다. 뒤편에서 노를 젓는 나이 많은 선군이 구성진 목소리로 앞소리를 하였다.

어기야 디야~

젊은 선군들이 노를 끌어당기며 뒷소리를 하였다.

에이야 에야디야……

윤득홍이 늙은 선군에게 소리쳤다.

"놋소리 한번 해 보드라고."

늙은 선군이 목청을 가다듬고 소리를 하였다.

만경창파, 에이야디야…… 우리 배가, 에이야디야……

큰일 하러, 에에야디야…… 간다 간다, 에이야디야……

달은 밝고, 에이야디야…… 바람도 없네, 에이야디야……

바람신님, 에이야디야…… 용왕신님, 에이야디야……

날 좀 보소, 에이야디야…… 날 좀 보소, 에이야디야……

부는 바람, 에이야디야…… 보내주소, 에이야디야……

큰일 한번, 에이야디야…… 하잔게요, 에이야디야……

노랫가락에 맞추어 노래를 부르며 노를 젓고 있으니 때마침 뱃전
에 있던 도사공이 소리를 쳤다.

"바람이 분다. 돛을 올려라."

선군들이 부리나케 황포 돛을 올리자 부는 바람에 돛이 팽팽하게
되었다. 배가 파도를 가르며 바람처럼 나아갔다.

노 젓는 일을 멈추고 둘러보니 선군들의 얼굴이 온통 땀투성이였
다. 얼굴로 떨어지는 굵은 땀방울을 닦던 윤득홍이 허연 이를 드러내
고 소리쳤다.

"내가 약속한다. 기일 내에 도착하면 소 한 마리 잡아 퍼지게 먹여
줄 테니 며칠만 고생하라구."

웃통을 벗은 선군들이 환호를 지르며 좋아하였다.

3

6월 9일, 밤낮없이 항해를 거듭한 배가 진도 어란포於蘭浦에 닿았다. 어란포에서 거제까지는 뱃길로 꼬박 하룻길이니 지척이라 할 수 있었다. 윤득홍은 7일 밤낮을 새우잠을 자며 버틴 선군들을 생각해서 이날 밤에는 포구에 배를 정박케 하고 공궤하여 피로에 지친 선군들을 휴식하게 하였다.

불가능할 것 같았던 일이 가능케 된 것이 윤득홍은 좋았다. 늦어도 11일 아침까지는 거제에 도착할 수 있을 것 같았다.

관복을 입은 영충의 모습을 생각하면 마냥 기분이 좋아지는 윤득홍이었다.

"자식아. 좋겠다."

영충이 뜬금없는 윤득홍의 말에 고개를 갸웃거렸다.

"형님. 왜 그러세요? 무슨 좋은 일이라도 있어요?"

"하하하. 시일에 도착하게 되니 좋아서 그렇지."

"그건 아닌 것 같은데요?"

박영충이 득홍의 얼굴을 살피듯 물었다.

"그런 게 있어."

윤득홍이 손을 저으며 호탕하게 웃었다. 다음날, 득의양양하던 윤득홍의 얼굴이 사색이 되었다. 이날 새벽녘부터 큰 바람이 불고 비가 내리더니 파도가 심하게 쳐서 배가 나갈 수가 없었다.

조금씩 흩뿌리던 비가 거세어져서 삼 줄기 같았다. 큰 파도가 허연 물기둥을 일으키며 울부짖을 때 윤득홍은 절망에 빠졌다.

배를 가지고 나갈 수 없었다. 이렇게 높은 파도에서는 제 아무리 배를 잘 다루는 사공이라도 소용이 없다. 더구나 화포가 실린 배가 난파라도 당한다면 어찌할 것인가.

전날 밤에 가리포에 들르지 않고 곧장 거제를 향해 가지 못한 것을 후회하였다. 그러나 지금 와서 후회해봐야 무슨 소용인가? 포구에서 날씨가 좋아지길 기대하였지만 허사였다. 저물녘이 될 때까지 날씨는 바뀌지 않았다.

파도는 노도처럼 밀려들었고, 비는 쉴 새 없이 퍼부어 멈춰질 것 같지 않았다.

날이 어둑어둑해지자 선군들은 수영으로 들어가 몸을 쉬었다. 귀중한 하루가 덧없이 지나가 버렸다.

윤득홍은 포구 근처의 주막으로 들어가 하루 종일 술을 마셨다. 술맛이 없었다. 주적주적 처마 밑으로 떨어지는 빗물을 보곤 속상한 마음에 또 한 잔을 들이켰다.

주막 안으로 누군가가 들어와 윤득홍의 앞에 앉았다. 득홍이 고개를 들어보니 박영충이었다. 영기 발랄한 영충의 얼굴을 보니 미안한 마음에 절로 고개가 숙여졌다.

"내가 네 얼굴을 볼 낯이 없다."

속상한 마음에 술 한 잔을 들이켰다. 술잔을 놓고 술병을 들어 벌컥벌컥 마셨다.

"형님. 갑자기 왜 그러세요?"

박영충이 술병을 빼앗았다.

윤득홍이 고개를 들지 못하고 허탈하게 말했다.

"내가 네 앞길을 막았다."

"예? 그게 무슨 말씀이에요?"

"내가 주상전하와 내기를 하였다. 늦어도 내일 아침까지 화포를 거제도까지 실어주면 네 벼슬길을 열어주겠노라고 말이다."

"예?"

멍하니 윤득홍을 바라보던 박영충이 미소를 지으며 말했다.

"그래서 형님께서 그렇게 서두르신 건가요? 절 위해서……."

윤득홍이 말없이 고개를 끄덕였다.

박영충은 그동안 윤득홍이 서둘렀던 이유를 그제야 알 것 같았다. 선군들을 독촉한 이유도, 선군들의 노를 빼앗아 밤낮을 가리지 않고 저은 이유도 알 것 같았다.

박영충이 물끄러미 윤득홍의 손을 바라보았다. 손을 감싸고 있는 광목에 붉은 핏물이 비쳤다. 노를 젓다가 물집이 터진 것을 감쌌기 때문이었다.

가슴이 울렁거리며 코끝이 찡하였다. 천한 자기를 위해 이런 노고를 마지않은 윤득홍의 고마움을 어찌 말로 다할 것인가. 이런 사정도 모르고 윤득홍에게 서운한 마음을 가졌던 자신이 부끄럽게 생각되었다.

박영충이 빼앗은 술병을 기울여 술을 한 모금 마신 후 소매로 입가를 닦으며 말했다.

"아! 술맛 좋다."

"이 자식아. 넌 지금 이 상황에서 기분이 나느냐?"

윤득홍이 버럭 소리를 질렀다.

박영충이 미소를 지으며 말했다.

"형님, 너무 속상해 마세요. 전 형님의 그 마음만으로도 행복합니다. 벼슬길에 나가지 못하면 어떻습니까? 형님을 따라다니며 왜구들을 잡을 수 있으면 그만이죠."

"이 자식아. 그러기엔 네 실력이 아깝지 않느냐."

박영충이 아무 일 없다는 듯이 윤득홍의 술잔에 술을 따랐다.

"이럴 줄 알았다면 군선도에서 푹 쉬면서 올 걸 그랬습니다."

허연 막걸리를 바라보던 윤득홍이 길게 한숨을 내쉬었다.

"그러게 말이다. 기분도 더러운데 술이나 잔뜩 마시자꾸나."

윤득홍이 박영충과 함께 술잔의 술을 비웠다.

홧김에 마신 술이 한 병이 되고 두 병이 되고 세 병째를 비울 즈음에 도사공이 도롱이를 쓰고 주막 안으로 뛰어 들어왔다.

"그 좋은 술을 저만 빼 놓고 마시다니 이런 법이 어디 있습니까?"

"이런 법이 어디 있긴? 여기 있지."

거나하게 마신 윤득홍이 술잔을 비우곤 도사공에게 내밀었다.

"자, 마시게. 일도 글렀으니 홧술이나 마셔야지."

도사공이 싱글싱글 웃으며 말했다.

"어명을 어겼으니 이제는 나리 목숨이 경각에 달렸습니다."

"내 목이 떨어지면 자네 목은 남아 있을라구. 허허허. 걱정 말게. 우리 임금께서 죄 없는 우리 목을 떨구지는 않을 테니 말이야."

"화포를 가져가지 못한 죄는 어쩌구요."

"할 수 있나? 날씨가 이런 걸. 우리 임금께서는 이해해 주실 게야. 우리 영충이 벼슬길이 떨어져서 속상하지 뭐."

"그게 무슨 말씀입니까?"

"화포를 시일 내에 가져가면 우리 영충이 벼슬길을 열어주시겠노라 주상께서 약속을 하셨지. 노량진에서 거제까지 보름은 족히 걸리는 것을 주상께서 모르시겠나? 늦어도 좋으니 최선을 다하라고, 죄를 묻지는 않겠다고 하셨으니 자네 목이 떨어질 염려는 하지 않아도 되네. 다만 영충이가 불쌍할 따름이지."

"그 때문에 나리께서 그리 서두르신 것이었군요."

도사공이 술잔을 한입에 털어 마셨다.

"늦었지만 미안하이. 내 술 한 잔 받고 잊어버리게."

윤득홍이 도사공의 빈 잔에 술을 부어주었다.

"허허허. 우리가 고생한 보람이 있습니다."

도사공이 막걸리를 내려다보며 뜬금없는 소리를 하였다.

"그게 무슨 말인가?"

"내가 좀 전에 장교에게 들었는데 좌군 절제사가 탄 배가 완도 가리포에 머물고 있다고 합디다."

"뭐?"

윤득홍의 눈이 황소처럼 변하였다.

5월 19일 이종무보다 하루 늦게 출발한 좌군의 배가 가리포에 정박 중이라면 애당초 11일 출병은 글렀다고 봐야 했다. 더구나 그 배에는 화차가 실려 있지 아니한가. 게다가 이렇게 풍랑이 심하면 배가 출발하지 못할 것이니 출병이 미뤄질 것은 당연한 일이었다.

"하늘이 무너져도 솟아날 구멍이 있다고, 바다가 잠잠해지길 기다려 좌군 절제사의 군선을 따라잡는다면 박영충의 벼슬길이 떨어지기야 하겠습니까?"

도사공이 싱글벙글 웃으며 술잔을 들었다.

윤득홍과 박영충이 서로의 얼굴을 바라보았다. 한 줄기 희망이 솟아났다.

"아직 끝난 것이 아니구먼."

"그럼요. 이젠 홧술이 아니라 영충이의 벼슬길 축하주를 하셔야지요."

이날 밤, 세 사람은 박영충의 벼슬길 축하주를 달디 달게 마셨다.

4

6월 12일, 이틀 동안 계속되었던 풍랑이 가시길 기다려 어란포에서 출발한 윤득홍의 배가 가리포 연안에서 좌군의 군선들을 만났다.

사정을 알게 된 선군들이 있는 힘을 다해서 노를 저은 까닭에 군선들이 출항하기도 전에 가리포에 와 닿은 것이었다.

윤득홍이 좌군 도절제사 유습에게 세종의 밀지를 건네었다.

"수고가 많았구면."

유습은 밀지를 받아 읽은 후에 화포를 옮겨 싣게 하고 박영충에게 임시관직을 내려주었다.

이때 박영충은 임금으로부터 화통군의 사수장射守仗이라는 보직을 얻었다. 사수장이라는 것은 화통군의 군사들이 화약과 탄환을 장전하는 동안 그들을 보호하는 직책이었다.

화포 일 문에 화포장火砲匠 한 사람과 화포병 다섯 사람, 화차 한 대에 화차장火車匠 한 사람과 화차병 다섯 사람이 배치되고 각 병기마다 사수 열 사람이 배치되므로 박영충은 일거에 사수 150여 명을 거느린 백장이 되었다.

"영충아. 벼슬을 얻으니 어떠냐?"

갑판 위에서 쾌자를 입고 허리에 번뜩이는 환도를 찬 박영충을 바라보며 윤득홍이 물었다.

"이게 꿈은 아니죠? 전 실감이 안 나요."

박영충이 어리벙벙한 얼굴로 말했다.

윤득홍이 박영충의 가슴을 찌르며 말했다.

"상감마마께 활과 화살을 받을 땐 실감이 나더냐?"

박영충이 수줍은 듯 머리를 긁적거렸다.

"형님. 고맙습니다. 형님이 아니었다면 언감생심 제가 이런 벼슬을 할 수 있었겠습니까?"

박영충의 눈가에 이슬 같은 눈물이 어렸다.

윤득홍이 박영충의 어깨를 두드리며 말했다.

"네가 이번에 공을 세운다면 상감께서 큰 벼슬을 내릴 것이다. 우리 상감께서는 신분보다 사람의 능력을 볼 줄 아시니 반드시 큰 공을 세워 성은에 보답해야 한다. 알겠느냐?"

"예."

윤득홍을 바라보며 박영충이 입술을 굳게 깨물었다. 천한 신분의 자신이 벼슬을 얻게 된 것만 해도 박영충은 꿈이라 생각하였다.

관직과 관복을 받고 박영충은 자신의 볼을 몇 번이나 꼬집었다. 이제 나라를 위해 싸우러 간다 생각하니 박영충은 온몸에 힘이 불끈불끈 솟는 기분을 느꼈다.

"큰 공을 세워 돌아오너라."

윤득홍이 자신의 배에 건너 타더니 갑판 위에서 주먹을 불끈 쥐었다. 닻을 감아올리던 선군들이 밧줄을 든 채로 주먹을 따라 쥐었다.

"영충이, 아니 영충 나리. 부디 현달하시오."

도사공이 히쭉히쭉 웃으면서 손을 흔들었다.

"꼭 그렇게 하겠습니다."

박영충이 멀어져가는 윤득홍의 배를 바라보며 주먹을 불끈 쥐어 보였다.

동정 東征

1

6월 16일, 좌군 도절제사 유습의 배가 거제 마산포馬山浦에 닿았다. 바다에 익숙하지 않은 군사들이 멀미가 심한 까닭에 배의 진행이 느려졌던 것이다.

삼도도통사 유정현과 삼도 도체찰사 이종무가 유습을 맞이하였다.

"먼 길에 고생 많으셨습니다."

유습은 고개를 설레설레 저으며 유정현에게 말했다.

"오다가 심한 풍랑을 맞아서 늦었습니다. 더구나 화차를 싣고 오다보니 죄송하게 되었습니다."

이종무가 말했다.

"할 수 없는 일이지요. 바닷길이라는 것이 육상과는 달라서 날씨가 좋지 않거나 풍랑이 심하면 진군을 할 수 없습니다. 상감께서도 그 점에 대해서 미리 말씀이 계셨습니다."

유정현이 고개를 돌려 이종무에게 물었다.

"도체찰사는 언제쯤 출정하실 생각이오?"

"전라·경상·충청의 병선들도 모두 모였으니 내일이라도 진군을 할 생각입니다."

"병선들의 숫자는 모두 몇 척이오?"

"병선의 숫자는 2백 27척입니다."

"식량은 어떻게 되오?"

"군사들이 65일 동안 먹을 식량이 준비되어 있습니다. 양곡선은 경상의 미곡선이 선단의 후미에서 싣고 오기로 하였습니다."

"수고하셨습니다. 그나저나 벌써 엿새나 늦어졌어요. 서두르는 것이 좋겠습니다."

"예. 그렇잖아도 파발을 보내어 내일 아침에 대마도로 출항하도록 하겠습니다."

이종무가 인근의 군영에 파발을 보내어 내일 아침 묘시(卯時, 오전 5~7시)에 출발하기로 명령을 내렸다.

다음날, 아침부터 바람이 불고 날씨가 어두침침하였다. 이날 파도가 높아 노련한 도사공들은 배를 몰고 나가는 것을 반대하였지만 군령이 지엄하여 모든 배들이 마산포에 집결하였다.

병선 200여 척이 포구에 모이자 그 장관을 이루 말할 수 없었다. 병선에 내건 형형색색의 기치가 바람에 흔들리고, 갑판 위에 선 병졸들의 예리한 창끝이 은빛을 내뿜었다.

판옥선의 맨 위에 서 있던 은린갑을 입은 이종무가 지휘봉을 휘두르며 소리쳤다.

"출정한다."

갑판에 서 있던 군졸이 큰 북을 힘껏 쳤다.

둥—둥—둥—

전고소리와 함께 판옥선의 좌우에서 커다란 노가 지네 다리처럼 움직였다.

수십 개의 노가 바닷물을 밀치자 판옥선이 힘차게 나아갔다. 중군의 배가 앞장서 나가고 그 뒤를 따라 이종무와 유정현이 탄 충각선이 작은 배의 호위를 받으며 나아갔다.

그 좌우로 좌군과 우군의 배들이 대열을 맞추어 나아가니 바다가 온통 병선으로 까맣게 물이 든 것 같았다.

배가 물결을 가르며 마산포 앞바다로 나갔을 때였다. 하늘에 검은 구름이 일어나며 갑자기 바람이 심하게 불었다.

마파람이 몰고 온 높은 파도를 맞은 판옥선이 아래위로 크게 흔들렸다.

때마침 박실의 배에 걸려있던 깃대가 바람을 이기지 못하고 부러졌다.

"출정하는 날 깃대가 부러지다니 이는 좋은 징조가 아니다."

바람이 세고 파도가 높은 데다 깃대까지 부러지는 것을 보고 이종무가 즉시 배를 돌려 회항할 것을 명하였다.

두둥—두둥—두둥—

북소리가 두 번씩 울리자 앞서 가던 중군의 배가 곧바로 선회하여 되돌아왔다. 대마도로 진격하던 배들이 모두 방향을 바꾸어 거제 마산포로 돌아와 정박하였다.

배를 포구에 대기 무섭게 굵은 빗줄기가 떨어졌다. 습기가 가득한 해안가에서 주적주적 떨어지는 빗줄기에 풀이 죽은 듯 처져있는 군기가 더욱 처량해 보였다. 비를 피해 날아가던 갈매기가 난간에 내려 앉았다가 선실 안에 앉은 사람들을 보곤 놀라 허공으로 날아갔다. 군졸들이 힘없는 얼굴로 선실 안에서 떨어지는 비를 바라보다가 늘어지게 한숨을 쉬었다.

"제길, 날씨가 어째 이 모양이야?"

늙은 군졸이 선실 구석에 쪼그려 앉은 어린 군졸을 바라보았다.

"네 이름은 뭐냐?"

"기동이요."

얼굴이 동글동글하고 낯빛이 희고 눈빛이 반짝거리는 소년이 고개를 들었다.

"몇 살이냐?"

"열여섯이오."

"열여섯? 그럼 순돌이하고 같은 나이네."

선군들의 시선이 기동이라는 소년과 맞은편에 앉아있는 순돌이에게 집중되었다. 순돌은 화차병으로 따라왔던 터였다. 늙은 군졸은 화포장이라 순돌의 사정을 잘 아는 까닭에 기동에게 물었다.

"너도 자원하였느냐?"

"예."

"무슨 사연으로?"

"누이가 작년에 왜구들에게 잡혀갔어요. 아버지는 왜구의 칼에 맞아 돌아가시고, 어머님은 화병으로 앓다가 돌아가시고……."

소년이 말끝을 흐리다가 손등으로 눈가를 닦았다.

화포장이 혀를 차며 말했다.

"우리 순돌이도 왜구들에게 부모형제를 모두 잃었는데, 너희 두 사람이 사연이 비슷하구나. 쯧쯧쯧."

순돌과 기동이 서로를 바라보았다.

화포장이 기동에게 물었다.

"너도 순돌이처럼 복수하러 가는 게냐?"

기동이 말했다.

"제가 얼마 전에 내이포에서 대마도로 가는 군사로 자원을 하고 기다릴 때에 왜인 하나에게 들었는데 누이가 대마도주 도도웅와의 집에서 심부름을 하고 있다고 했어요. 대마도가 정벌되면 도도웅와의 집에 있는 누이도 구할 수 있잖아요."

"너는 일가붙이를 구하러 가는 것이로구나. 이번에 잘만 하면 네 누이를 데려올 수 있겠구나."

"예."

"내 듣기로 왜놈들은 조선 여자들을 잡아다가 대마도에 데려가 살기도 하고, 중국이나 왜국에 갖다 팔기도 한다더라. 왜놈이 널 놀리려고 한 것인지도 모르니 너무 기대는 말아라."

기동이 고개를 숙였다. 평망고라는 왜인이 자신을 이용하려고 아무렇게나 지어낸 말일지도 모른다고 생각하니 기운이 나지 않았다.

"화포장님. 너무하세유."

순돌이가 핀잔을 주었다.

"실망할까봐 그런 거다. 세상일이 마냥 쉽게만 되는 줄 아느냐?"

화포장이 고개를 돌려 이번에는 선실 앞에 쭈그려 앉은 중늙은이에게 물었다.

"거긴 나이도 있으신데 뭣 하러 가시는 거요?"

중늙은이가 길게 한숨을 내쉬며 말했다.

"알아 뭐하려구?"

"궁금하니까 물어보는 거 아뇨?"

중늙은이가 말했다.

"왜놈들이 내 자식들과 손자며느리까지 몽땅 죽였다. 아직 돌도 안 된 어린 손자가 무슨 죄가 있다구……. 이놈들이 내 손자를 창끝에 꿰어 죽였어."

중늙은이가 소매로 눈물을 닦고 몇 개 남지 않은 이를 갈았다. 늙은이의 눈이 무섭게 번득였다.

"난 이제 낙이 없어. 어차피 한 번 죽을 몸, 왜구들에게 복수나 할까 하고 자원했지."

"올해 연세가 몇이오?"

"그건 알아 뭐하게?"

"그 연세로 바다나 건너겠소?"

"이 자식아. 내가 이래 뵈도 한평생을 바다에서 살았다. 내가 나이 있어도 너 같은 건 한 주먹이면 돼."

중늙은이가 소매를 걷으며 당장이라도 달려들 것 같았다.

화포장이 손을 저으며 말했다.

"어이구, 내가 잘못했소. 그 힘 놔뒀다가 철천지원수인 왜구들에게나 쓰시구려."

익살스런 화포장의 모습에 사람들이 와 하고 웃었다. 웃음이 잦아들기를 기다려 순돌이 물었다.

"화포장님. 11일에 출정한다더니 벌써 엿새가 지났네유. 이러다가 언제 대마도에 갈 수 있을까유?"

"갈 때 되면 가겠지. 내가 배를 모는 사람도 아닌데 어찌 알겠느냐?

중늙은이가 코웃음을 치며 말했다.

"걱정 말아라. 오늘은 파도가 심하고 또 마파람까지 불어서 할 수 없이 되돌아왔지만 내일은 출항할 수 있을 게야. 예서 거기까진 이틀 거리니 포구만 벗어나면 금방이라 할 수 있다. 풍랑을 맞아 몰살을 당하는 것보단 나으니 너무 서둘 것 없다."

화포장이 중늙은이에게 말했다.

"그건 그렇고, 좌군의 깃대가 부러졌다는 말은 들었소? 깃대가 부러지면 안 좋다던데……."

"그것이 길조는 아니지."

중늙은이가 입맛을 쩝쩝 다셨다.

순돌이 자리에서 일어나 바깥으로 나갔다. 파도는 높지 않았지만 우중충한 하늘은 금방이라도 큰 비를 뿌릴 것 같았다.

"순돌이라 했지?"

등 뒤에서 말하는 소리에 순돌이 몸을 돌렸다. 기동이라는 소년이 서 있었다.

"난 기동이라고 해. 너도 나처럼 왜구들에게 원한이 많다고 들었어."

"응. 원한이 참 많구먼."

기동이 순돌의 옆에 서서 일렁이는 바다를 내려다보았다.

"난 이번에 따라가서 반드시 누이를 구할 생각이야."

"꼭 구하게 되었으면 좋겠구먼."

"무섭지 않아?"

"죽는 거 말이여?"

"응."

"무섭지. 그렇지만 구더기 무섭다고 장을 안 담굴 수 있나? 나는 꼭 대마도 땅을 밟아야 혀. 그래서 왜구들의 소굴을 모조리 쑥대밭으로 만들 거여. 그것이 부모님과 동생들에 대한 복수니께 말이여."

뚝심 있는 순돌의 모습에 기동이가 미소를 지으며 손을 내밀었다.

"우리 나이도 같은데 친구하는 것 어때?"

"친구? 좋지. 우리 친구처럼 지내보자구."

"그래. 우리 함께 왜구들을 무찌르자. 그래서 다시는 왜구가 이 땅을 넘보지 못하게 하자."

"응."

순돌과 기동이 손을 마주잡고 까마득한 수평선 너머를 바라보았다.

2

한편, 거제도 마산포 수영으로 돌아온 이종무 등 아홉 체찰사들이 탁자를 마주한 채 어두운 얼굴로 서로를 바라보았다. 당초 11일을 길일로 잡아 출정하기로 되었던 것이 번번이 시일이 늦춰지니 난감한 노릇이었다. 장정 하나에 하루 석 되로 잡더라도 일만 칠천의 하루 먹어대는 군량이 5만 석이 넘었다. 시일을 차일피일 미룰수록 좋을 것이 없는데 출정하는 날 깃대가 부러지고 보니 병사들의 사기에도 영향이 있었다.

종사관 곽재안이 걱정스런 얼굴로 입을 열었다.

"깃대가 부러진 일로 말들이 많습니다."

"출정하는 날 깃대가 부러졌으니 그럴 만도 하지요."

이종무가 팔짱을 끼고 근심스러운 얼굴을 하였다.

좌군 도절제사 유온과 좌군 절제사 박초·박실이 얼굴을 들지 못하였다.

교의에 앉아 말없이 듣고 있던 유정현이 말했다.

"병사들이 현혹되지 않도록 하는 것이 중요하오. 무어 좋은 방법이 없겠소?"

"제게 좋은 방법이 하나 있습니다."

제장들이 일제히 중군 절제사 우박을 바라보았다.

다음날, 마산포에 때 아닌 용왕굿이 열렸다. 통영현감에게 기별을 보내서 용하다는 무당을 불러놓고 바다가 잘 보이는 포구 앞에 큰 차일을 씌우고 상을 마련하였다.

급조한 굿이라 제물이 변변찮았다. 급한 대로 소 한 마리를 통으로 잡고 떡 몇 말과 어물, 술과 안주로 용왕상을 차린 후에 무당이 용왕굿을 시작하였다.

차일 뒤편에 삼군도통제사와 삼도 도체찰사가 제장들과 자리하고 그 뒤편에 장교들과 졸개들이 웅긋쭝긋 서니 색동옷 입은 늙은 무당이 상 앞에 섰다. 상 앞에 넓게 멍석을 깔고 굿자리 옆에 기대와 잡이와 전악들이 각기 제구를 가지고 가지런히 앉아 있다가 무당의 수신호를 시작으로 용왕굿이 시작되었다.

장구를 울리고 잡이가 제금을 치고 전악들이 피리 불고 해금을 켜니 붉은 전립 쓰고 오색 도포 입은 무당이 대나무 하나를 들고 혼자서 춤을 추다가 저 혼자 무어라고 지껄였다.

"산 넘어 오는 부정, 물 건너오는 부정, 행랑채 개다리소반에 드는 부정, 놋그릇 쌍촛대에 드는 부정이야……. 사해바다 노시던 용왕님네 실낱같은 대 끝에 풍우같이 내리소서, 무지개로 돛을 달고 내리소서…."

바람도 없는데 대나무 끝이 사시나무처럼 흔들리더니 무당이 눈을 까뒤집고 귀신에 썬 듯이 중얼중얼 거리다가 제 정신을 차린 것처럼 번쩍 눈을 떴다.

무당이 별안간 대나무를 들고서 껑충껑충 뛰며 소리를 하였다. 이것이 이른바 부정굿이니 무당이 한동안 춤을 추며 소리를 하다가 부정을 푼다고 잿물 바가지를 들고 사방으로 돌아다니다가 백지를 태우고 소금을 사방으로 뿌렸다.

부정풀이가 끝나고 무당이 용왕에게 술잔을 올린 후에 잠깐 쉬다가 다시금 굿이 시작되었다.

기대가 전악의 풍류에 맞춰 가망 노래를 부르니 무당이 언월도와 삼지창을 들고 색동 옷소매를 휘날리며 껑충껑충 춤을 추었다. 한동안 미친 듯이 춤을 추던 무당이 이번에는 방울을 들고 흔들면서 신들린 듯한 소리를 하였다.

"불쌍하고 미련한 것들이, 뿌리 없는 나무에다가 실낱같은 몸을 싣고, 무연바다 나갈 적에 소설광풍 불어와도, 명지바람, 실바람을 고분고분 잠재워서, 사악하고 잔악하고 흉악하고 패악한, 사갈 같은 왜놈들의 독사 같은 대가리를 저 배에 가득가득 싣고 지고 싣고 지고, 번뜩이는 기치창검에 울긋불긋 승전기를 꽂아지고 무사하게 태평하게 들어오게 하여 주옵소서……."

잇달아 배의 주인신과 각시선왕과 애기선왕, 처녀선왕, 동자선왕 등을 달래는 선왕굿이 이어지고 굿마당에 동참한 사람들을 신에게 축원하는 축원굿이 이어졌다. 다음으로 바다에 고기잡이 갔다가 돌아오지 못한 수중고혼들과 왜구들에게 불쌍하게 죽은 사람들의 넋을 달래는 해원굿이 이어졌다.

　넋이로다 넋이로다 이 넋이 뉘 넋이냐 황금 실러 바다 나간 수중망자 넋이로다. 나오시오 나오시오 질베 잡고 손길 잡고 시왕세계 어서가자 나오시오. 물들었네 물들었네 남해바다 물들었네. 나오시오 나오시오 어서 가자 나오시오. 죄 없는 망자들아 너희 원혼 달래주러 군사들이 가는 길에 나오시오 나오시오 어서 나와 도와주오. 피 맺히고 한 맺힌 것 군사들이 풀러갈 새 어서가자 나오시오. 어서가자 나오시오. 흉악하고 미친 짐승 분을 풀러 가는 길에 어서가자 나오시오 어서가자 나오시오…….

　구경하는 군사들 가운데 우는 사람들이 적지 않았다. 뱃전에서 무당의 소리를 듣던 순돌이는 부모님과 동생들을 생각하고 소매로 눈물을 훔치고, 기동이는 점순이 누나 생각에 고개 숙여 울고, 중늙은이는 창끝에 죽은 어린 손자를 생각하는지 마른 손등으로 눈가를 비볐다.
　굿이 끝이 나자 무당이 마지막으로 작은 배에 종이꽃을 가득 실어서 바다에 띄웠으니 모셔온 신령을 제자리에 모시고 액을 꽃배에 실어 바다에 띄우면서 액막이하는 뒷풀이굿이었다.
　"어허라 액이야 어허라 액이로구나 이 액 저 액 소멸하고 국태민

안 하여 보세. 어허라 액이야 어허라 액이로구나."

무당이 홍철릭에 도홍띠를 눌러쓰고 바다를 바라보며 소리를 하는 사이에 불이 붙은 꽃배가 해안에서 차차 멀어져 갔다.

3

6월 19일, 거짓말 같이 비가 멈추고 바다가 잠잠해졌다. 흉흉하던 군심이 거짓말같이 가라앉았다. 이날 묘시에 다시금 정벌군의 배가 출정을 개시하였다.

2백여 척이 넘는 배가 평온한 바다를 쏜살처럼 나아가 남쪽으로 이동하였다. 용왕신의 도움인지 선왕신의 보살핌인지 억울하게 죽은 넋이 이끌어 줌인지 200척이 넘는 선단이 아무런 장애 없이 이틀 만에 대마도 인근에 다다랐다.

군선들이 도착하기 앞서 이종무가 10척의 배를 먼저 대마도에 보내었다.

"제가 수하들과 함께 나가겠습니다."

좌군 절제사 박실이 수하 제장들을 거느리고 출정하겠노라 나섰다. 깃발이 부러져 출정이 미뤄진 것에 대해 부끄러운 마음을 가지고 있는 것을 아는 이종무가 박실의 출정을 허락하였다.

좌군 절제사 박실·박초가 여러 편장들과 함께 10척의 병선에 나누어 타고 대마도를 향해 출진하였다.

배가 대마도로 나아가니 작은 어선 몇 척이 근해에 있다가 서둘러 포구로 돌아가고 몇 척은 남쪽으로 내려갔다. 배가 작은 어선을 쫓아 포구로 들어가니 큰 왜선 한 척이 어선들을 이끌고 다가오고 있었다.

편장 박홍신朴弘信의 배가 쏜살같이 앞으로 나아갔다.

"활을 쏴라."

박홍신의 명령에 아군의 선창에서 화살을 비 오듯 쏘았다. 갑판에 있던 왜구들이 화살에 맞아 비명을 지르며 바다로 떨어지고 한 무리는 화살을 피하여 선실 안으로 숨어들었다.

"갈고리를 던져라."

아군의 배에서 갈고리가 날아가 난간과 이물에 걸렸다. 아군의 배가 적군의 배에 가까이 다가서자 박홍신이 난간에서 껑충 뛰어 왜구들의 배로 뛰어들었다. 약관의 나이로 무과에 급제한 청년 장수 박홍신이 두 눈에 살기를 번뜩이며 갑판 위에 올라 크게 소리쳤다.

"죽고 싶은 놈은 나서라."

선실 안에서 웃통을 벗어재낀 왜인 하나가 걸어 나왔다. 눈이 작고 매부리처럼 뾰족한 코에 계란처럼 쪽 빠진 하관을 가진 왜장이 왜도를 쳐들고 박홍신을 노려보았다. 시퍼렇게 날이 선 왜도 뒤에서 노려보는 눈이 매서웠다.

"네놈들이 칼을 잘 쓴다 하더니 얼마나 잘 쓰는지 보자."

박홍신이 큰소리를 치며 요도를 빼들었다. 일자로 곧게 뻗어나간 투박한 검은색 장검長劍은 먹구렁이의 비늘처럼 기묘한 빛을 번뜩여 보기에도 묵직한 느낌을 주었다.

적장이 젊고 패기만만한 박홍신의 얼굴을 보고 날카로운 왜도를 휘두르며 달려들었다.

챙―챙―챙―

왜도와 장검이 부딪히자 불꽃이 어지럽게 튀었다. 박홍신이 묵직한 장검으로 왜검을 맞아 싸우는데 그 몸놀림이 날래어 왜도가 번번이 한 치 차이로 박홍신의 갑옷을 비껴나갔다.

"겨우 이 정도밖에 아니 된다더냐?"

박홍신이 요도를 힘차게 휘둘렀다. 청룡이 바다를 나오는 것처럼 아래에서 위로 치켜 오르고 태산이 누르는 듯 위에서 내리 누르고 호랑이가 동굴에서 나오는 듯, 수풀의 뱀을 쫓듯 좌우를 핍박하니 왜장이 연신 뒷걸음질치다 돛대에 등을 기대고 숨을 몰아쉬었다.

"늙은 놈이라 기력이 다했구나. 이제 고만 놀고 목을 내 놓아라."

박홍신이 일갈하며 왜장에게 달려들었다. 잿빛 검이 허공을 가르니 위력이 태산을 가를 듯하였다. 놀란 왜장이 칼을 들어 막으려 할 때에 박홍신의 칼이 왜도에 부딪히기 무섭게 방향을 바꾸어 좌우를 쓸었다.

왜장이 깜짝 놀라 칼을 비스듬히 들어 막을 때에 가슴에 격렬한 통증이 밀려왔다. 어느새 박홍신의 다리가 그의 가슴을 걷어찬 것이었다.

돛대에 몸을 기대고 있던 왜장은 숨을 쉬지 못하고 그 자리에서 무너져 내렸다. 눈이 뒤집힌 왜장이 갑판에 누워 거친 숨을 헐떡거렸다.

"내 이럴 줄 알았다. 너희 놈들은 발을 사용 못하더구나."

박홍신이 득의양양한 미소를 지으며 쓰러진 왜장의 목을 향해 잿빛 칼을 휘둘렀다. 박홍신이 힘없이 떨어진 왜장의 머리를 허리춤에 매고 있을 때 아군들이 배 위로 뛰어올라왔다.

박홍신의 허리춤에 있는 적장의 머리를 본 아군들은 사기가 충천하여 소리를 내지르며 갑판 위를 어지러이 뛰어다니며 왜인들과 싸우기 시작했다. 우두머리를 잃어 사기를 잃은 왜인들은 죽을 각오로 싸울 생각조차 하지 못하고 너도 나도 바닷물 속으로 빠져 들었다.

갑판 위에 있던 선군들이 바다에 떨어진 왜인들을 향해 날이 선 장병겸을 내던졌다. 날이 선 커다란 낫이 헤엄을 치고 있는 왜인의 등판을 찍었다.

헤엄을 치던 왜인이 비명을 지르며 사지를 부르르 떨었다. 삽시간에 왜구 주변이 붉은 피로 물들었다. 선군들이 장병겸에 연결된 쇠사슬을 당겨 왜구를 갑판 위로 끌어올렸다. 큰 칼을 든 장교가 다가와 왜인의 목을 난간 위에 올려놓고 힘껏 내리쳤다.

왜인의 목이 맥없이 갑판으로 떨어져 굴렀다. 순돌이 멍하니 장교를 바라보니 장교가 큰 칼을 어깨에 짊어지고 장병겸을 든 선군들에게 소리쳤다.

"잘했다. 쓸모없는 시체는 버리고 헤엄치는 왜구들을 잡아 올려라."

장교가 몸을 돌려 다른 선군들이 끌어올린 왜인들의 목을 거침없이 베었다. 여기저기서 갈고리와 장병겸을 든 선군들이 왜인들을 끌어올려 목을 베었다. 다른 한 척의 배는 반대편에서 바다에 빠진 왜구들을 건져내고 있었다.

그동안 작은 어선을 쫓던 여덟 척의 배가 포구에 닿았다. 병선에서 내린 병사들이 쏟아져 나가 작은 해안가 포구를 휩쓸었다. 해안가에 다닥다닥 조가비처럼 붙어있는 작은 집 위로 검은 연기가 피어오르더니 잠시 후 붉은 불길이 치솟았다. 어지러운 비명소리가 파도소리와 함께 들려왔다. 왜인들의 잘린 목을 갑판에 쌓고 있던 순돌은 불바다가 된 포구를 멍하게 바라보다가 손에 든 왜구의 얼굴을 가까이 가져다 댔다. 허옇게 눈을 뒤집고 고통에 겨운지 입을 벌리고 있었다. 목에서는 엉킨 피가 뚝뚝 갑판으로 떨어졌다.

기분이 이상하였다. 부모님과 동생들의 복수를 위해 왜구들을 모조리 죽이겠노라 다짐하였는데, 왜구들을 죽여야 가슴에 맺힌 한이 풀릴 것만 같았는데, 막상 왜인들의 죽은 시신을 보니 통쾌한 기분이 들지 않았다. 두 손에 묻은 피를 보니 등줄기에 찬물을 부은 것만 같았다. 돛대 앞에 기동이가 창백한 얼굴로 멀뚱멀뚱 서 있었다. 비위가 약한 기동이는 잘린 목을 보고 연신 토하였기 때문에 시신 옆에 가까이 오지도 못하였다.

"얘야. 죽은 왜놈의 관상을 보는 거냐?"

고개를 돌려보니 손자를 잃었다는 중늙은이가 측은한 얼굴로 서 있었다.

"아, 아니오."

순돌이 손을 등 뒤로 숨겼다. 중늙은이가 손에 든 왜구의 머리를 아무렇게나 던져놓았다. 늙은이가 손에 묻은 피를 바지에 슥 문질러 닦으며 순돌에게 말했다.

"죽은 왜놈들을 보니 불쌍한 마음이 드느냐?"

"그, 그게……."

순돌이 말을 잇지 못하고 고개를 끄덕였다.

중늙은이가 혀를 차며 말했다.

"네가 그런 생각을 하고 있으니 우리나라가 평생 왜구들의 침입을 받는 것 아니냐. 우리가 저놈들에게 죄 없이 당한 것이 수백 년이 넘었어. 그동안 얼마나 많은 사람들이 저놈들의 칼끝에 희생되었나? 돌도 안 된 내 손자가 저놈들의 창끝에 매달려 피를 흘릴 때에 저놈들은 죽어가는 것을 바라보며 동정했으리라 생각하느냐? 짐승 같은 놈들에겐 짐승 같은 벌을 내려야 해. 그놈들의 목을 자르고 집을 불태우는 것이 당연한 일이야. 우리가 무슨 죄를 지었나? 똑같은 것이지. 이놈들은 죗값을 치르는 것일 뿐이야. 마음이 약해져서는 안 돼. 마음이 약해져서는 똑같은 일이 반복될 뿐이지. 마음을 단단히 먹고 네 원수를 생각하란 말이다. 네가 무엇 때문에 자원했는지 떠올리란 말이다. 이놈들은 네 가족의 원수들이야. 원수를 동정할 게냐?"

중늙은이가 가래침을 끓어 올려 왜구들의 목에 뱉었다.

"내일부턴 할 일이 더 많을 거야. 그러니 마음 약해져선 안 된다."

늙은이가 뒷짐을 지고 어기적어기적 선실 안으로 걸어 들어갔다. 고개를 들어 하늘을 바라보니 수평선에 해가 떨어지는 듯 붉은 노을이 가득하였다. 피비린내를 맡은 갈가마귀들과 갈매기들이 빙글빙글 뱃전을 선회하고 있었다.

'원수를 갚는 것뿐이야.'

그렇지만 순돌의 마음 한편에선 사람이 무엇 때문에 사람을 죽여야 하는 것인지 알 수 없는 회의와 슬픔이 몰려드는 것이었다.

4

6월 20일, 악포의 승전으로 자신을 얻은 이종무는 다음날 두지포豆知浦를 치기로 결정하였다. 두지포는 상도와 하도의 가운데 있는 아소만에 위치해 있어서 거친 풍랑에도 안전하게 대처할 수 있는 곳이었다. 거제를 출발하여 이틀 동안 바다에서 보낸 터라 바다에 익숙지 못한 군사들을 위해서도 두지포는 반드시 필요한 거점이었다.

이날은 우군이 공을 세우기 위해 먼저 두지포를 향하여 출정하였다. 이지실의 판옥선에는 화포 1문과 화차 1대를 실었는데 박영충은 사수장인 까닭에 화통군 군사들을 거느리고 함께 출전하였다.

작은 배들이 즐비하게 들어선 포구에는 대마도 왜인들이 모여서 술과 고기를 준비하고 기다리고 있었다.

우군 도절제사 이지실이 지휘봉을 들고 소리쳤다.

"저놈들에게 화포를 한 대 먹여 주거라."

명을 받은 화포장이 포구에 모인 왜구들에게 화포를 겨눈 후 안에 화약을 넣으니 화포병들이 긴 자루로 화약을 눌러 다지고는 수박 같은 탄환을 집어넣었다.

화포장이 화포에 심지를 꽂은 후 거리를 가늠하다가 횃불을 들어

심지에 불을 붙였다.

지지지직—

심지에 불꽃이 일어났다. 불꽃이 심지를 따라 타들어가다가 화포의 구멍 안으로 들어갔다.

쾅—

우레 같은 소리와 함께 포구에 묶여있던 어선 한 척이 산산조각이 났다. 자욱한 화약 연기 사이로 놀란 왜구들이 비명을 지르며 흩어지는 모습이 보였다.

"아따. 빗맞았네."

화포장이 머리를 긁적이며 중얼거렸다.

"그 정도면 되었다."

이지실이 껄껄 웃다가 고개를 돌려 소리쳤다.

"포구에 배를 대라."

이지실의 명령이 떨어지자 전고가 울리며 병선 10여 척이 일제히 포구에 배를 대었다.

수군들이 병선에서 쏟아져 나왔다. 창과 칼, 활을 든 병사들이 대중없이 포구에 내려서 대열이 산만하였다. 박영충도 병사들을 따라 화차를 끌고 포구로 나왔다.

"왜구들이다."

누군가가 외치는 소리에 고개를 돌려보니 마을로 흩어졌던 왜구들이 하나 둘 포구 앞에 모습을 드러내었다. 시퍼런 왜도를 들고 서슬 푸른 얼굴로 중얼거리던 왜구들이 창과 칼을 들고 하나 둘 모여들었다. 왜구들의 숫자가 50명은 될 듯싶었다.

왜구들이 서서히 다가오자 기세등등하게 포구에 내린 병사들이 일시에 술렁거리며 뒷걸음질을 쳤다. 왜구들이 단병전에 강한 것을 아는 병사들이 싸움도 하기 전에 겁을 집어먹은 것이었다. 박영충이 화차장에게 말했다.

"안 되겠다. 너희들은 얼른 화차에 철령전을 장전하거라."

화차장이 화차병들과 함께 철령전을 장전하는 사이에 박영충이 사수들을 이끌고 앞으로 나섰다.

"활을 든 사수들은 나서라."

사수들이 박영충의 뒤편에 도열하고 섰다. 마을 입구와 포구와의 거리는 70보 정도 되었다. 이 정도라면 충분히 화살로 막을 수 있는 거리였다. 왜구들이 칼을 쳐들고 소리를 지르며 달려 나왔다. 박영충이 화살을 뽑아들어 가장 앞서 달려오는 왜구를 향해 쏘았다.

퉁—

시위가 울리며 앞서 달리던 왜구의 입 안으로 화살이 빨려 들어갔다. 왜구가 벌러덩 쓰러지자 다른 왜구들의 달려오던 기세가 일시 멈추었다.

"이야야야야—"

그 중에 용감한 왜구 하나가 칼을 치켜들고 달려들었다.

슈슝—

박영충이 명령을 내리지도 않았는데 뒤편에 서 있던 사수들이 일제히 화살을 쏘았다. 화살이 박혀 고슴도치가 된 왜구가 맥없이 바닥으로 쓰러졌다.

와아아아—

시위에 화살이 없는 것을 보고 왜구들이 함성을 지르며 달려들었다.

"어리석은 놈들."

박영충이 미간을 찡그리며 사수들을 질책하였다. 화살을 시위에 끼우고 당겨 조준하는 데에는 시간이 걸렸다. 사수들은 이를 모르나 왜구들은 이를 알고 있기에 기회를 놓치지 않으려는 것이었다. 사수들이 허둥지둥 화살을 시위에 끼우려 했으나 손이 말을 듣지 않는지 화살을 바닥에 떨어트리는 자도 있었다.

박영충은 침착하게 화살을 한아름 꺼내 입에 물고 그 중 하나를 시위에 꽂아 앞서 달려오는 왜구를 향해 쏘았다.

화살 하나가 왜구의 이마에 박히었다. 박영충이 재빨리 입에서 화살을 꺼내 시위에 끼워 달려오는 왜구를 향해 쏘았다. 왜구가 가슴에 활을 맞고 꼬꾸라졌다. 또 하나를 꺼내 시위에 걸어 당겨 쏘니 이번에도 가슴에 맞고 주저앉았다. 50보 거리까지 달려온 왜구들이 소리를 지르며 몸을 돌려 마을로 되돌아갔다. 박영충이 이마에 송골송골 맺힌 땀을 닦으며 사수들에게 소리쳤다.

"내 명령 없이는 화살을 쏘지 마라."

"예."

"사수들은 이열 횡대로 서서 첫 번째 화살을 장전한 사수들이 쏘고 나면 뒤편으로 이동하고, 기다리던 사수들이 화살을 쏘면 뒤편으로 이동하여 연속해서 화살을 쏠 수 있도록 하라."

"예."

박영충의 활 실력을 본 사수들은 군말 없이 명에 따라 이열 횡대로 서서 화살을 시위에 끼웠다. 그때 마을로 흩어졌던 왜구들이 다시금 집결하였다. 이번에는 문짝을 가져와서 방패로 삼아 서서히 다가오기 시작하였다.

"사수장님. 어떡합니까?"

사수들이 난감한 얼굴로 물었다. 난감하기는 박영충도 마찬가지였다. 방패가 있다면 화살은 무용지물이니 단병전밖에는 방법이 없었다. 박영충이 고개를 돌려 화차장에게 소리쳤다.

"화차는 어떻게 되었나?"

"다 되었습니다."

수레를 끄는 소리가 들리더니 사수 가운데로 화차 한 대가 나타났다. 화차병들이 화차를 사수 앞에 놓고는 물러섰다. 횃불을 든 화차장이 박영충에게 말했다.

"나리, 화차를 쏘게 되면 뒷 바람에 크게 다칠 수 있으니 병사들을 뒤편으로 물러나게 하십시오."

"알겠네."

박영충이 병사들을 뒤편으로 물러나게 하였다. 사수들이 대거 물러나자 왜구들이 힘을 얻었는지 방패를 앞세워서 달려들었다. 왜구들이 20보 앞에 다다랐을 때 화차장이 횃불을 당겼다.

"나리, 물러나시죠."

화차장이 박영충과 함께 물러서는 사이에 왜구들이 물밀듯이 달려들었다. 문짝을 든 왜구들이 어느새 10여 보 앞까지 다가왔다. 박영충이 물러서다가 바라보니 하나의 도화선이 여러 개로 갈라지는 것이 보였다. 도화선을 타고 가던 불꽃이 쇠통의 뒤쪽에서 붉은 빛을 일으켰다.

콰콰콰콰쾅—

갑자기 벼락 치는 소리가 일어나며 화차 주변에 붉은 불꽃이 어지럽게 튀었다. 시커먼 화약 연기 사이에서 처절한 비명소리가 들려왔다. 이내 비명소리가 잦아들고 코끝을 찌르는 화약 내음과 시커먼 연기가 화차 주변을 가득 메웠다.

바닷바람이 안개 같은 화약 연기를 바다로 몰아내었다. 화차 앞의 광경은 처참하기 이를 데 없었다. 형체를 알아볼 수 없는 왜인들이 피투성이가 되어 뒹굴고 있었다. 떨어진 살점과 시신에서 흘러내린 피가 어지럽게 흩어져서 마치 무시무시한 괴물이 훑고 지나간 것 같았다.

방패가 된 문짝은 철령전에 산산이 부서졌고, 기세 좋던 왜구들은 피투성이가 되어 목숨만 간당간당 남았다. 창수들이 목숨만 남은 왜구들의 숨을 끊은 후 목을 잘랐다. 제일 뒤편에서 따라오다가 요행이 목숨을 건진 왜구들은 다리에 힘이 풀렸는지 일어서지도 못하고 살려달라고 목숨을 구걸하였다.

박영충은 화차가 이렇듯 무서운 무기란 것을 처음으로 알았다. 화차장과 화차병은 활을 쏠 줄도 모르고 칼을 휘두를 줄도 모르는 사람이지만 자신보다 훨씬 유용해 보였다.

　박영충이 멍하니 화차를 바라보고 있을 때 중군 도절제사 이지실이 수하 제장들과 함께 포구로 내려왔다.

　"박영충이라 했던가? 활 실력이 대단하군."

　이지실이 박영충의 어깨를 툭 치곤 포구로 나아갔다. 이날 병사들은 두지포를 샅샅이 수색하여 식량과 재산을 압수하고, 중국과 조선에서 끌려온 사람들을 구하는 한편 집과 배를 태워 불바다로 만들었다.

5

　이종무가 중군선 위에서 불타고 있는 두지포를 바라보다가 막사로 나가 제장들을 불러들였다.

　잠시 후, 아홉 절제사가 막사에 모였다. 이종무가 상석에 위치하고 우박, 이숙묘, 황상이 오른편에 박초, 박실이 왼편에 이지실, 김을화가 이종무의 맞은편 탁자에 둘러앉았다.

　이종무가 탁자 위에 대마도 지도를 펼치자 아홉 절제사들이 두 눈을 휘둥그레 떴다.

　"장군께서 언제 이런 지도를 구하셨습니까?"

　중군 절제사 우박의 물음에 이종무가 대답하였다.

　"상감께서 주신 것이오."

　"언제 이런 것을……."

아홉 절제사들은 탄복하여 한동안 지도를 뚫어지게 바라보았다.

"모두 아홉 장을 만들어 놓았으니 참고하시기 바라오."

뒤편에 있던 부하가 족자 하나씩을 절제사들에게 나눠주었다.

"주상전하의 어지를 말씀드리겠소. 첫째는 왜구들과의 접전을 되도록 피하여 인명의 희생을 줄이도록 하시오. 왜구들을 토벌하는 데 싸움은 불가한 것이지만 단병전에 강한 왜구들을 상대로 하기엔 무리가 있소. 수적으로 우리가 우세하지만 매사 돌다리도 두드려보는 것처럼 조심할 필요가 있소. 각 절제사들은 화차를 한 대씩 가져가도록 하시오. 두지포에서 화차의 위력을 보서서 잘 아시겠지만 적의 예기를 끊는 데 필요할 것이오."

절제사들이 고개를 끄덕였다.

"두 번째는 왜구들이 대마도에 살지 못하도록 근거를 파괴하라는 것이오. 대마도는 농사지을 땅은 적고 왜구의 숫자는 많기 때문에 도적질로 생계를 유지한다고 하셨소. 집이나 전지 등 생활의 근거를 파괴하면 왜구들도 살 수 없을 것이니 일본국으로 돌아가는 자들이 많아질 것이오. 왜구들의 숫자가 줄어들면 그만큼 도적들의 숫자도 줄어들 것이니 조선을 침입하는 것이 쉽지 않을 것이오."

"그렇군요."

절제사들이 일제히 고개를 끄덕였다.

이종무가 지도에 그려진 각 포구와 마을을 가리키며 아홉 절제사들에게 토벌할 곳을 지정해 주었다.

이종무의 지시를 받은 군사들이 다음날 아침 두지포에서 흩어졌다.

대마도의 포구마다 조선 군사들이 들이닥쳤다.

큰 포구에는 화포와 화차가 들어가고 작은 포구에는 화살을 장전한 무장한 대군이 들어가니 왜인들이 당해낼 길이 없어 추풍낙엽처럼 토벌이 되었다.

이날 하루에 군사들이 포구에 정박하고 있는 왜구들의 작은 배 1백 29척을 빼앗아 그 중에 쓸만한 것 20척은 골라두고 나머지는 불살라 버렸으며, 또 적의 집 1천 9백 39채를 불사르고, 반항하는 왜구들의 목을 자른 것이 1백 40명, 사로잡은 것이 21명이었다.

논과 밭에 자라고 있는 곡식을 베어버렸고, 포로 된 중국인 남녀를 데려왔으니 그 숫자가 1백 31명이었다.

우군 절제사 이지실이 이종무에게 전공을 보고한 후에 말했다.

"오늘 승리는 화포와 화차가 톡톡히 제 역할을 하였습니다. 저항하던 왜구들이 화차의 위력에 겁이 나서 수레가 올라올 수 없는 험한 곳으로 올라가 내려오지 않았습니다. 제장들이 포로 된 중국인에게 물으니, 섬 중에 기갈이 심하고, 또 창졸간에 습격을 받아 왜구들이 양식 한두 말만 가지고 험한 산성으로 달아났다 합니다. 왜구들이 도망친 산성은 지형이 험난하여 화차가 올라갈 수 없고, 또 지형을 잘 알 수 없는 단점이 있어서 충돌을 피하여 물러나라고 명을 내렸습니다."

이종무가 머리를 끄덕이며 말했다.

"잘하셨소. 병서에 전투는 높은 곳이 유리하다 하였소. 이편에서 선불리 올라가서는 낭패를 보기 십상이니 물러나길 잘한 거요. 적이 양식이 없다 하니 오랫동안 포위하면 반드시 굶주려 항복할 것이오."

"그렇잖아도 목책木柵을 훈내곶訓內串에 세워 놓고 적의 왕래하는 중요한 곳을 막도록 하였습니다."

"좋습니다. 이만하면 적 왜의 수장도 우리의 무서움을 알았을 것이오. 전쟁이란 싸우지 않고 이긴 것을 최고로 치는 법이니 이쯤에서 도도웅와에게 편지를 보내어 항복하도록 하는 것이 어떻소?"

이지실이 말했다.

"제 생각도 그렇습니다. 전하께서도 쓸데없는 싸움으로 인한 희생을 줄이라 하셨으니 귀화한 왜인으로 하여금 항복하도록 권유하는 것이 좋겠습니다. 그런데 도도웅와가 어디로 도망갔는지 알 길이 없으니 어쩌지요?"

"내게 좋은 방법이 있으니 걱정 마시오."

이종무가 사로잡은 왜인들 가운데 귀화한 왜인을 막사로 데려오도록 하였다. 건장한 왜인과 왜소한 왜인이 군졸들에게 끌려 이종무의 앞으로 와 무릎을 꿇었다.

이종무가 건장한 왜인에게 물었다.

"네 이름이 무엇이냐?"

"피고라皮古羅라 합니다."

무릎을 꿇었을망정 말하는 것은 당당하였다. 이종무가 힐끔 옆을 바라보니 50대쯤 되어 보이는 머리가 벗겨진 왜인이 힐끔힐끔 눈치를 살피고 있었다.

"네 이름은 무엇이냐?"

"지문池文이라고 합니다."

머리를 조아려 대답하는데 조선말을 유창하게 하였다.

피고라에게 물었다.

"너희들이 무엇 때문에 토벌을 당하고 있는지는 알고 있겠지?"

"우리가 무엇 때문에 토벌을 당하는 것이오?"

"너희가 그 이유를 모른단 말이냐?"

"난 모르오."

"너희 대마도인이 조선의 변경을 침범하여 무고한 백성들을 300명이나 죽이고 마을을 쑥밭으로 만든 것을 아느냐?"

"모르오."

"너는 조선에 충성을 바치겠다고 맹세하고 귀화한 왜인이 아니냐? 네가 조선으로부터 받은 은혜가 적지 않은데 어찌 이렇게 낯부끄러운지 모른단 말이냐? 너처럼 의리 없고 간사한 자는 살아있을 가치가 없다."

이종무가 대노하여 소리쳤다.

"이자를 끌고 가서 목을 베어라."

군졸 두 사람이 피고라를 끌고 가니 피고라가 놀라 소리쳤다.

"사, 살려주시오. 내가 잠시 정신이 나간 모양이오."

이종무가 소리쳤다.

"이미 늦었다. 저 의리 없는 자의 목을 베어 군문에 걸어놓아라."

군졸들이 살려달라고 부르짖는 왜인을 끌고 나갔다. 잠시 후 비명을 지르던 왜인의 목소리가 잠잠해졌다.

군졸 하나가 들어와 머리를 숙여 말했다.

"명하신 데로 피고라의 목을 베어 군문에 걸어놓았습니다."

"잘했다."

이종무가 이번에는 지문에게 고개를 돌렸다.

눈치를 살피던 지문이 납쭉 머리를 숙였다.

"뭐든 물어보십시오."

"네게 묻겠다. 대마도주 도도웅와가 지금 어디에 있느냐?"

"도도웅와는 괘로군 좌하(佐賀, 사카) 부중府中에 살고 있었사온데 난이 일어나자 부하들과 함께 배를 타고 이로군으로 내려와서 지금은 금전성金田城에 있을 것입니다."

"금전성?"

"예. 금전산 위에 있는 산성이온데 옛날 원나라 대군이 대마도에 쳐들어왔을 때 쌓은 성입니다. 작은 대마도에서 몸을 피할 수 있는 곳은 그곳밖에 없을 것입니다."

지문이 몸을 떨면서 이종무에게 자비를 구하였다.

이종무가 만족한 듯 고개를 끄덕이며 말했다.

"그렇다면 네가 우릴 위해 심부름을 해 주어야 되겠다."

"예?"

지문이 머리를 들어 이종무를 올려다보았다.

"네게 상감의 어지를 줄 테니 도도웅와에게 전하고 그자의 대답을 받아오너라. 일이 잘 되면 큰 상이 있을 것이로되 일이 성사되지 못하더라도 널 탓하지는 않을 것이다."

"예."

지문이 국왕의 친서를 받들고 군사들에게 끌려 막사를 나갔다.

"자, 이제 도도웅와에게 기별이 올 때까지 기다려 봅시다."

이종무의 말에 이지실이 물었다.

"장군. 조정에서 우리의 사정을 궁금해 할 것입니다. 11일 출정이
던 것이 19일로 미뤄졌으니 이번에 크게 승전한 사실을 알려야 하지
않겠습니까?"

"그렇겠구려.

이종무가 종사관 조의구趙義昫를 보내 대승을 거둔 것을 조정에 알
리게 하였다.

6

6월 29일, 종사관 조의구가 조정으로 나아가 대마도의 싸움에서
대승을 거두었다고 보고하였다.

이에 삼품 이상의 관리들이 수강궁으로 나아가 축하하였다.

수강궁에서는 아름다운 기녀들이 풍악을 울리고 마당에서 건장한
병사들이 수박희를 겨루었다.

"큰 희생 없이 대승을 거두었으니 이제 도도웅와의 항복만 기다리
면 되겠구려."

상왕께서 만면에 웃음을 띠며 좋아하였다. 상왕이 세종의 잔에 술

을 부어주며 말했다.

"주상에게 병권을 맡긴 보람이 있구려."

"아닙니다. 이것이 어찌 제 공이겠습니까? 모두 상왕전하께서 이끌어주신 공입니다."

"하하하. 내 공이라? 하하하하."

상왕이 크게 웃으며 기뻐하였다.

세종이 고개를 구부리며 말했다.

"상왕전하. 대마도에서 승전보가 왔지만 아직 도도웅와의 항복을 받지 못하였습니다. 7월이면 태풍이 올 시기이니, 상왕께서 군사들에게 지침을 주신다면 군사들이 힘을 내어 도도웅와의 항복을 받아낼 수 있으리라 사료됩니다."

"그렇구료. 주상의 말이 옳소."

상왕이 흡족한 얼굴로 미소를 짓다가 훈련관 최기崔岐를 통해 선지宣旨 2통을 대마도 군중軍中에 보내었다. 잔치가 무르익을 무렵 상왕이 세종에게 물었다.

"내 들으니 요즘에도 주상께서 밤늦도록 공부한다고 들었어요. 정사를 돌보는 것도 좋지만 건강도 생각하셔야 하오."

"송구합니다."

상왕이 술 한 잔을 마신 후에 세종에게 술을 따라주며 물었다.

"주상은 정치가 무엇이라 생각하는가?"

세종이 술을 상 위에 올려놓고 공손하게 대답하였다.

"백성들을 배부르게 만들어 주는 것이라 생각합니다."

"백성들을 배부르게 만들어 주려면 어떻게 해야 하는가?"

"임금의 눈이 밝아야 합니다."

상왕은 세종에게서 구체적인 정책이 나오리라 생각했는데 의외의 대답이 나오자 머리를 갸웃거리며 물었다.

"눈이 밝아야 한다고? 그게 무슨 뜻인가?"

"임금에게는 사람을 보는 눈이 있어야 한다고 생각합니다."

"사람을 보는 눈이라……. 구체적으로 이야기해 보라."

세종이 천천히 입을 열었다.

"임금은 만민을 주재하는 지위에 있으나, 천지의 도를 이루고 도와주는 공적은 한 사람이 홀로 해낼 수 있는 것이 아니므로 천하의 인재를 택하여 그 재능에 따라 벼슬을 주어 백성을 다스리게 하였습니다. 그러므로 인재人才와 부재不才사이에 치治와 난亂이 달려있으며 그것은 모두 임금의 눈에 좌우됩니다. 요·순을 성인이라고 한 것은 인재를 잘 알아보기 때문이었습니다. 만약 채택이 어두워서 부재를 인재라고 한다면 어떻게 백성을 다스릴 수 있겠습니까?"

상왕이 물었다.

"임금이 구중궁궐에 깊숙이 앉아서 천하의 어진 이를 모두 알 도리가 없지 않은가?"

"천거薦擧란 것이 그 때문에 있는 것이 아니겠습니까?"

"주상의 말을 내가 모르는 바가 아니나 백락처럼 인재를 한눈에 알아보기 어렵다고 과거를 보는 것 아닌가."

"과거란 시험을 보는 것과 천거하는 것을 함께 말하는 것입니다.

과거는 예전부터 시행되고 있지만 천거에 관해서는 아직 제도로 마련된 것이 미비하여 심곡에 숨어있는 덕 있는 선비들을 조정으로 끌어들이기 어려운 단점이 있습니다."

"호! 그에 관한 제도가 있는가? 있으면 자세히 말해보라."

"옛날 제후가 3년마다 한 번씩 천자에게 공사貢士를 바쳤는데, 한 번 적임자를 얻으면 호덕好德이라 이르고 두 번 얻으면 존현尊賢에 이르며 세 번 얻으면 유공有功이라 이르는데, 한 번 유공한 자는 천자가 수레와 의복과 궁시를 하사하고, 두 번째는 울창주鬱鬯酒06를 하사하며 세 번째는 호위하는 군사 1백 명을 하사하고 제후를 명령하고 정벌을 전담하라 하였습니다. 공사가 한 번 실격하면 과過라 이르고 두 번 실격하면 오傲라 이르며 세 번 실격하면 무誣라 이르는데, 무는 천자가 폄출하는 것이니, 한 번은 관직을 삭감하고 두 번째는 토지를 삭감하며 세 번째는 전 국토를 박탈하였습니다. 제후가 공사를 바치지 않으면 불솔정不率正이라 이르니 불솔정은 천자가 위의 규례에 의하여 벌을 주는 것입니다. 예부터 천거에 관해서 상과 벌이 따로 있었는데 바로 이를 말합니다. 관중이 제 나라를 다스려 큰 공덕이 있음에 제 환공이 포숙에게 먼저 상을 주며 제 나라가 관자를 얻게 된 것은 포숙의 힘이다 하였고, 진양공晉襄公이 선모의 고을로써 서신胥臣에게 상을 주며, 극결郤缺을 등용하게 된 것은 그대의 공이다 하였습니다. 우리나라의 경우에도 고구려 안유晏留같은 이는 을파소乙巴素를

06 울금향초의 생즙을 내어서 검은 기장으로 빚은 술. 종묘의 제사에 쓰이는 술이다.

천거하여 대사자大使者가 되었으니 모두 한가지입니다. 이제 마땅히 옛 사람들의 뜻을 본받고 상벌을 엄격히 정하여 영예를 더하고 수치를 알게 한다면 어찌 큰 도움이 없겠습니까?"

"주상의 말은 잘 들었네. 그런 제도를 쓰면 분명 나라가 부강해지겠지. 이야기가 나온 김에 묻겠소만 주상이 생각하는 인재가 있소?"

세종이 주저 없이 말했다.

"황희黃喜입니다."

"황희?"

황희는 작년에 세종이 세자로 책봉되자 이를 반대하여 서인庶人이 되고 교하交河로 유배, 다시 남원南原에 이배移配된 인물이었다. 상왕이 황희의 사람됨을 모르는 바가 아니나 아직은 세종이 확고한 기반을 마련하지 않았기 때문에 세종에게 반기를 들었던 인물을 조정으로 불러들이는 것이 때가 아니라 생각하여 말을 돌렸다.

"근래에 재변이 심하여 흉년이 자주 들어서 백성들이 곤궁하다 하오. 주상은 백성들을 배부르게 살게 해 주고 싶다 하는데 구체적인 방법이 있소?"

세종이 상왕의 뜻을 짐작하여 말했다.

"중국의 〈문자文子〉에 이르길 먹는 것은 백성의 근본이요, 백성은 나라의 기초食子民之本也, 民者國之基也라 하였습니다. 또 〈사기史記〉에는 백성들은 먹는 것을 하늘처럼 소중히 생각한다民以食爲天 하였습니다. 이처럼 먹는 것이란 국가 이전에 백성에게 가장 중요한 통치의 요소가 되는 것입니다. 제가 곰곰이 생각해 본즉, 봄에 보리 양식이 떨어지게 되면 벼가 익고 벼 양식이 떨어지게 되면 보리가 익습니다. 생각하면 1년에 두 가을이 있는 셈인데 이 중에 하나만 흉년이 들어도 백성이 굶주리게 되는 것입니다. 그것을 바탕으로 60년을 치면 가을이 1백 20번 있는 것입니다. 옛적에 어진 인금이 세상을 다스릴 때는 반드시 관고官庫와 사가史家에 양곡을 저축하여 수재와 한재에 대비하게 하였습니다. 제가 생각해보니 해마다 세수입의 4분의 1을 저축하면 3년에 1년의 양곡이 남게 되는데 그 양곡을 모아 흉년에 대비하게 하면 백성들이 주림을 면하는 데 도움이 될 것입니다. 또 황폐한 땅을 논과 밭으로 개간하게 하고, 농사에 방해되는 일은 반드시 제거하도록 관에서 힘쓴다면 백성들은 그 땅에서 나는 소출로 굶주림 없이 살 수 있으며, 나라에서도 세비가 늘어나서 시간이 늘어날수록 창고와 백성들의 곡간이 넘쳐날 것입니다. 백성들의 곡간이 넘쳐나고 그에 따라 인구가 많아지면 그에 필요한 세간과 물목이 늘어날 것이므로 상업이 자연이 커지게 될 것이며, 그에 따라 나라도 점점 부강해지게 될 것입니다. 물론 이 모든 것은 국방을 튼튼히 한다는 것에 바탕을 두어야 하겠습니다.”

“오늘 주상의 이야기를 들으니 마음이 든든하구려. 열심히 노력해서 백성들이 편안하게 살 수 있는 나라를 만들어 주세요.”

세종을 바라보는 상왕의 입가에 흐뭇한 미소가 걸리었다.

패전 敗戰

1

대마도는 예부터 경상도 계림鷄林에 예속되어 본디 우리나라 땅이
었음이 문적에 실려 있어 뚜렷이 상고할 수 있는 것이다. 다만 그 땅
이 심히 적고 또 바다 가운데에 있어서 오가는데 불편하므로 백성이
살지 않았더니 이에 왜노倭奴 중에 제 나라에서 쫓겨나 갈 곳이 없는
자들이 모두 이곳에 모여들어 소굴을 삼아 간간이 우리나라에 몰래
들어와 평민을 노략하였으나 조정에서는 항상 도도웅와의 아비 종정
무宗貞茂가 우리의 덕의德義를 사모하여 정성을 바치던 것을 생각하여
너희들의 신사信使를 맞이하여 관館을 정해서 머무르게 하였고 또 너

희들의 생활이 어려움을 생각하여 상선商船의 통래를 허락하여 경상도의 곡식이 대마도로 건너가는 수량이 해마다 몇 만 석이나 되었다. 이제 뜻밖에 너희들이 은덕을 잊고 의리를 저버려 스스로 앙화의 시초를 만들었기로, 이제 변방의 장수에게 명하여 섬을 에워싸서 항복하기를 기다렸으나 오히려 미욱하게 고집을 피우고 깨닫지 못하는구나.

섬 가운데의 땅은 모두 산과 바위들이어서 곡식을 심을 수 없으므로 다만 틈을 타서 가만히 나와 남의 재산과 곡식을 도둑질하여 그 죄악이 극도에 달하였고, 너희들은 다만 고기를 잡아 팔아서 생계를 삼던 것이 이제 와서는 너희들이 스스로가 살길을 끊고 말았으니 이런 생업을 잃고서는 앉은 채 죽기를 기다릴 뿐이리라.

만일 일조에 뉘우쳐 땅을 받들어 항복한다면 도도웅와에게는 좋은 벼슬을 주고 두터운 녹祿을 내릴 것이오, 대관 등도 역시 넉넉히 돌보아 줄 것이며 그 나머지 무리들도 아울러 우리 백성과 같이 대우할 터이니 이것이 곧 너희들이 스스로 새로이 착하게 되는 길을 찾는 동시에 생계도 이에 있을 것이다.

금전성金田城에서 이종무가 보낸 어지를 읽던 도도웅와가 날카로운 눈으로 지문에게 말했다.

"네가 사로잡혀 있었으니 보고 들은 대로 말해보라. 조선군이 불을 뿜는 무기를 몇 대나 가져왔느냐?"

"잘 모르겠습니다."

지문이 다다미 바닥에 머리를 납쭉 숙였다.

도도웅와가 자리에서 일어나 안절부절 돌아다니다가 동생인 도도웅수都都熊守에게 말했다.

"불을 뿜는 무기 앞에서는 누구도 당해낼 수 없으니 어쩐다? 구주와 일기도에서 원군을 청하러 보낸 배가 언제 갔느냐?"

"적군의 배가 사방의 포구를 철통같이 막고 기찰하는 바람에 배가 항구를 벗어나지 못하고 있습니다."

"큰일이구나. 지금 산성에 들어와 있는 병력은 얼마나 되느냐?"

"산성에 남아있는 자들이 사백 명 정도 되고 한 달 간은 먹을 양식이 있으니 어렵지만 참고 견뎌보시죠. 7월에는 태풍이 오니 한 달만 참고 기다리면 조선 군사들이 포위를 풀고 돌아갈 것입니다."

"평도전은 도대체 어떻게 된 거냐? 평망고는 또 어떻게 된 거냐? 어째서 이들에게 소식이 없는 게냐?"

"형님. 만약 조선군이 쳐들어온다면 평도전이 반드시 사람을 보냈을 것인데 이렇게 된 것을 보면 그들의 정체가 발각이 난 것이 아닌가 여겨집니다."

"평도전이 세작이라는 것이 발각이 났단 말인가?"

"제 생각은 그렇습니다. 아마도 제 식구들과 부하들이 모두 변을 당한 것 같습니다."

"평도전이 10년 동안 조선왕을 성심껏 받들어왔는데 어떻게 들킬 수 있단 말이냐."

"그게 아니라면 평도전이 조선왕을 성심껏 받들다가 그들과 한패가 되어버린 것일지도 모르지요."

"빌어먹을⋯⋯."

도도웅수가 말했다.

"형님. 이제 어쩌실 겁니까?"

"중국으로 간 부하들이 돌아올 때까지 버텨보자."

"그동안 조선 군사들이 쳐들어오면 큰일이지 않습니까?"

"금전성은 가파른 벼랑 위에 위치하고 있어 지리적인 이점이 많다. 적이 불을 뿜는 무기를 가져올 수도 없으니 안심하라."

도도웅수가 지문을 가리키며 말했다.

"조선군에게 답장은 어떡하실 겁니까?"

"우선은 저자를 가두어두고 지켜보도록 하자."

"여봐라. 지문이란 자를 가둬두라."

졸개 두 사람이 방 안으로 들어와 지문을 끌고 나갔다.

2

이틀을 기다려도 도도웅와의 답신이 없었다. 이종무가 명을 내려 적의 마을과 포구를 샅샅이 수색하게 하였다. 병사들이 섬으로 내려가 이 잡듯이 뒤져서 적의 집 68채와 적선 15척을 불사르고, 저항하는 왜구 9명의 목을 베고, 중국사람 15명과 우리나라 사람 8명을 얻었다.

이때, 기동은 누이를 찾으려고 포로로 돌아온 우리나라 사람을 수

소문하였지만 끝내 누이를 찾을 수 없었다.

상심한 기동은 갑판 위에서 바다를 바라보았다. 잔물결이 뱃전을 때리고 있었다. 바다에서 밀려오던 세찬 파도는 포구에서 힘을 잃고 잔물결이 되어 배를 때렸다. 물결에 따라 배는 솟았다 내렸다 아래위로 움직임을 반복하였다.

푸른 하늘에 몽글몽글 솟은 뭉게구름이 가득하고 그 위로 갈매기가 어지럽게 날았다. 고개를 들어보니 판옥선 대장선 난간에 좌군 절제사가 홀로 서 있었다. 옆에 늘 함께 다니는 편장도 보이지 않았다.

기동이 용기를 내어 나무 계단을 따라 올라갔다. 편장이나 십장에게 들킨다면 크게 경을 치게 되겠지만 어떻게 되어도 좋았다.

왜인들에게 고초를 겪고 있을 누이를 생각하면 무엇이든 할 수 있었다. 갑판 위에서 망망한 바다를 바라보는 박실이 보였다.

기동은 천천히 박실의 뒤로 다가가 무릎을 꿇고 앉았다. 박실이 몸을 돌리다가 기동을 보곤 손짓하여 불렀다.

"네가 무슨 하고픈 말이 있는 것이냐?"

"장군님. 제 누이를 구해주세요."

박실을 올려다보는 기동의 눈에서 눈물이 뚝뚝 떨어졌다.

"그게 무슨 말이냐? 자초지종을 이야기해 보라."

기동이 소매로 눈가를 닦곤 입을 열었다.

"작년에 우리 마을에 왜구들이 침입해 와서 부모님이 돌아가시고 하나뿐인 누이가 잡혀갔습니다. 대마도로 정벌을 가는데 군사들을 뽑는다 하기에 내이포에서 자원을 하고 기다리다가 왜인 하나로부터 제 누이가 도도웅와의 심부름을 하고 있다고 들었습니다. 이제 대마도의 각 포구와 마을이 우리 군사들의 손에 파괴가 되었는데 제 누이는 찾을 수 없었습니다. 장군, 제 누이를 구해주십시오."

박실이 기동의 머리를 쓰다듬으며 말했다.

"네 마음이 갸륵하구나. 허나 너와 같은 과거를 가진 사람이 한 둘이 아니니 너를 위해 힘을 써 줄 수는 없구나."

기동이 눈물을 닦으며 힘없이 고개를 숙였다.

박실이 착잡한 심정으로 돌아서는데 장교 하나가 계단으로 올라와 읍을 하며 말했다.

"장군. 삼군 도체찰사께서 장군들을 모두 소집하십니다."

"알겠다."

박실이 장교와 함께 배를 내려가다가 기가 죽은 기동을 보며 한숨을 내쉬었다. 장교를 따라 도통사의 막사로 들어가니 여러 제장들이 한자리에 모여 있었다.

이종무가 탁자에 그려진 대마도의 지도를 바라보다가 입을 열었다.

"이렇게 제장들을 부른 것은 금전성에 숨어있는 도도웅와를 어떡할 것인지 의견을 듣고 싶어서요. 각자 의견을 말해보시오."

중군 절제사 황상이 말했다.

"좀 더 기다려보시는 것이 어떻습니까? 금전성의 곡식이 떨어지면 자연히 항복해 올 것입니다. 우리가 다 이긴 마당에 굳이 싸울 이유가 있겠습니까?"

박실이 말했다.

"제 생각은 다릅니다. 금전성의 곡식이 언제 떨어질 줄 알고 기다린단 말입니까? 싸우지 않고 이기는 것이 좋다는 것은 알지만 시일을 끌수록 불리한 것은 저희올시다."

이종무가 물었다.

"왜 그렇게 생각하시오?"

"첫째로, 두지포는 수심이 얕고 남풍을 정면으로 받아 배를 대기 어렵습니다. 판옥선이 바닥이 넓어 다소 유리한 점은 있지만 큰 풍랑이라도 일어나면 낭패를 보기 쉽습니다. 금전성의 도도웅와가 성을 굳게 지키고 있는 이유가 바로 그 때문입니다. 큰 풍랑이 오면 배와 배가 부딪혀 난파될 위험이 있습니다.

둘째는, 군량 문제입니다. 적의 군량을 다소 노획하긴 하였지만 그만큼 중국인과 조선인을 많이 데려와서 군량의 수급에 차질이 있습니다. 하루를 기다린다면 저희 군영만 해도 5천 석이 넘는 곡식이 사라집니다. 적은 막다른 길에 몰려 있는데 이대로 태평하게 시일을 끌어서는 아니 될 것입니다."

이종무가 제장들을 둘러보다가 말했다.

"다른 의견은 없으시오?"

우박이 말했다.

"나도 그것을 생각하지 아니한 바가 아니오만 가장 큰 문제가 금전성의 지형이 우리에게 불리하여 섣불리 공격하였다가는 큰 낭패를 볼 수 있다는 거요. 도도웅와를 항복시키는 데 우리도 큰 희생이 따른단 말이오. 주상께서도 그 점에 대해서 단단히 당부한 바가 있는데 어찌 섣불리 행동한단 말이오.”

박실의 뇌리에 어린 병졸의 우는 모습이 스쳐지나갔다. 부모를 잃고 왜구들에게 빼앗긴 누이를 찾으러 여기까지 온 소년을 생각하니 애처로운 마음이 일어났다.

박실이 눈을 부릅뜨고 말했다.

“장군. 저희가 대마도로 온 이유가 무엇입니까? 이곳의 왜구를 뿌리 뽑으려고 온 것이 아닙니까? 도도웅와로 말하자면 대마도 왜구의 우두머리올시다. 왜구의 조무래기가 주상전하의 어지를 받고 아무런 대답도 하지 않는데 가만히 기다리고만 계실 겁니까? 금전성이 비록 지형적으로 우리에게 불리하다 하지만 우리 대군을 당해낼 수는 없을 것입니다. 약간의 희생을 치르더라도 도도웅와를 잡아 항복을 받는 것이 대의를 위한 것이며 조정에서 승리를 기다리시는 주상전하를 위한 길이라 봅니다.”

우박이 이종무에게 물었다.

“장군. 장군께서는 어떻게 생각하십니까?”

이종무가 눈을 감고 생각하다가 천천히 입을 열었다.

“내 생각도 박장군과 같소. 태풍이 오면 큰일이니 더 기다릴 것 없이 내일 아침에 금전성의 도도웅와를 치도록 합시다.”

3

6월 26일 아침, 두지포의 병선들이 떼를 지어 남쪽으로 내려갔다. 도도웅와가 숨어 있는 금전성을 치기 위해서였다.

바위가 많은 해안가라 배를 대기가 어려웠다. 파도까지 높아서 어려움이 많았다.

이종무가 판옥선으로 제장들을 불러 모았다.

"생각보다 험한 곳이라 전군의 배를 대기가 어려울 것 같소. 화차와 화포를 내리기도 어려우니 병사들만 데리고 상륙할 수밖에 없을 것 같소. 삼군 절제사 한 사람만이 육지에 내려 금전성을 치도록 합시다. 누가 뭍에 내려 공을 세울 것이오?"

제장들이 서로의 얼굴을 바라보았다. 막사 안에서 이야기할 때는 몰랐지만 직접 금전성의 지형을 보니 선뜻 나서기가 어려웠던 것이다.

이종무가 삼군의 절제사를 둘러보다가 입을 열었다.

"아무래도 선뜻 나서기 어려운 것 같으니 제비를 뽑아 결정하도록 합시다."

이종무가 작은 산통을 꺼내었다. 산통 위로 작은 대나무 세 개가 삐죽 튀어나와 있었다.

"붉은색이 칠해진 것을 뽑는 사람이 군사들을 이끌고 육지로 내리는 것이오."

이종무가 먼저 박실에게 산통을 내밀었다. 그렇잖아도 도도웅와를 공격하자고 먼저 말을 꺼낸 것이 박실이었기에 아무 대꾸 없이 대나무를 뽑았다.

대나무 끝에 빨간색이 칠해져 있었다.

박실이 말했다.

"군말 할 것 없이 내가 가지요."

박실이 병력을 데리고 해안가에서 내려 금전성을 향하여 진군하였다.

이 무렵, 도도웅와의 귀에 조선군이 해안가에 상륙해서 금전성으로 올라오고 있다는 이야기가 전해졌다.

도도웅와가 병력을 5개로 나누어 일군은 고개 아래에 목책을 치고 언덕마다 녹채鹿砦를 만들고, 이군은 인도에 함정을 설치하고 납가새 마름쇠들을 수림 사이에 설치하였다.

삼군은 목책과 녹채 뒤에 화살과 돌무더기를 쌓아놓고, 사군은 요상한 귀면鬼面이 그려진 오색 기치를 고개 위에 높이 세우고 또 계곡마다 불을 피워 연기를 내어 적병이 아군의 숫자를 헤아리지 못하도록 하였으며, 오군은 북과 뿔피리 등의 여러 악기를 들고 적군이 침입해 들어오면 여러 곳에서 서로 호응하도록 만들어 놓았다.

좌군 절제사 박실은 좌우에 편장들을 모아놓고 산 위를 바라보다가 말했다.

"도도웅와는 병법에 능한 적장이 분명하다. 적의 모습을 보니 오늘 싸움이 쉽지 않을 것 같다."

편장 박홍신이 말했다.

"저놈들에게 지형의 이점이 있다면 저희는 병력의 이점이 있습니다. 제게 선봉을 맡겨주십시오."

"너무 자신하지 마라. 자만은 화를 부르는 법이다."

박실이 박홍신에게 면박을 준 후에 선봉을 맡겼다. 편장 박무양과 김언, 김희에게도 각각 100명의 병력을 주어 임무를 맡긴 후에 병력을 출진시켰다.

박홍신이 선봉대를 데리고 북과 징을 크게 울리며 진격하라고 명하였다.

작은 산길 위로 기치창검의 섬광閃光이 번뜩이고, 북소리와 징소리가 어지럽게 울렸다.

앞서 나아가던 편장 박홍신이 날카로운 장검을 치켜들며 소리쳤다.

"공격하라. 적은 독 안에 든 쥐다. 쳐부숴라."

병력들이 함성을 지르며 고개 위로 뛰었다. 그러나 고개 위에 설치해놓은 함정과 쇠마름새, 목책 때문에 더는 나아갈 수가 없어 사방으로 분산되어 가파른 벼랑을 기어오르기 시작했다.

고개 중턱에 진을 치고 있던 도도웅수가 대궁大弓을 오른손에 들고 날카로운 화살 하나를 꺼내어 목책 앞에서 칼을 휘두르며 진격을 명하는 적장을 노려보며 시위를 당겼다.

팅—

시위를 날아간 화살이 허공에 포물선을 그리다가 박홍신의 얼굴에 박히었다.

박홍신이 맥없이 말 등에서 굴러 떨어지고 말았다.

"와~"

왜구의 진영이 환호성으로 들끓었다.

아군의 일군이 절벽을 기어오를 때 한때의 적병이 도둑고양이처럼 금전산 우측 산림으로 숨어들고 있었다. 편장으로 있는 박무양이 이 끄는 100의 병사들이었다.

박무양은 일군이 싸움에 정신이 없을 때에 우회하여 적의 후미를 치라는 명을 받고 으슥한 고갯길을 숨어 올라가고 있었던 것이다.

'성동격서의 병법. 까짓 왜놈들이 병법을 알겠는가? 승리가 눈앞에 있다.'

승리를 예감하며 앞서 나가던 박무양의 가슴에 무언가가 박히었다. 박무양이 멍하니 바라보니 하얀 깃털이 달린 화살이었다.

"어, 어?"

온몸에 힘이 빠지며 몸의 중심을 잡을 수 없어 바닥에 쓰러지는 순간 숲의 좌우에서 커다란 함성소리와 함께 한때의 왜구들이 밀물처럼 쏟아져 나왔다.

우두머리를 잃은 군사들은 왜구들의 습격에 어찌할 줄 모르고 허둥대다가 하나 둘 산곡의 이름 모를 시신이 되었다. 구렁이 같은 행렬이 일시에 와해되자 군사들은 칼과 창을 내던지고 걸음아 날 살려라 뿔뿔이 숲 속으로 도망가다가 적군이 처놓은 함정에 목숨을 잃기도 하고 적군의 매복병에 걸려 목숨을 잃기도 하였다.

이것은 적병이 정공을 해올 때 소란한 틈을 타서 우회하여 들어올 것을 생각하여 도도웅와가 부하 다케노리茂則에게 100여 명의 군사를 주어 숲 속에 매복하고 있게 한 것이었다.

다케노리의 화살이 박무양의 가슴에 적중한 것을 보고 죽기를 각오한 왜구들이 사방에서 벌 떼처럼 달려드니 아군의 대열이 낙엽처럼 흩어졌다.

사기가 충천한 왜구들이 도망가는 조선 군사들의 등을 찔러 넘어뜨리고 창을 찔러 쓰러뜨리니 조선 군사들은 대항 한 번 제대로 해보지 못하고 무수한 사상자를 내면서 뿔뿔이 흩어지기 시작했다.

"흩어지지 마라. 밀어붙여라."

박실이 칼을 휘두르며 소리치자. 편장 김언, 김희가 군사들을 독려하려 언덕 위로 올라갔다.

도망치는 아군들과 올라가는 아군들이 부딪혀 한바탕 아수라장이 되었다. 독이 오른 왜구들과 겁에 질린 아군들이 하나로 뒤섞였다.

보이는 대로 찌르고 닥치는 대로 베는 가운데 깊고도 찢는 듯한 비명소리가 산곡을 메아리치고 전장에는 붉은 안개가 피어났다. 그렇게 시간이 지남에 점점 양편의 우열이 드러나기 시작했다. 목숨을 내던져 산성를 지키겠다는 왜구들은 실로 마귀와 같이 조선 군사들을 몰아붙였다.

피투성이가 되어 죽어가는 왜구들도 최후까지 아군들에게 달라붙어 죽음을 맞이하였다.

악착같이 물고 늘어지는 왜구들의 모습에 아군들도 기가 질려 하나 둘 도망하는 병사들이 생겨났다.

목책을 넘어 중핵에 침입했을 때만 해도 이겼다 생각하던 아군은 백병전에서 악귀처럼 맞서는 왜구에 밀리어 처음의 왕성하던 사기는 간 곳을 잃고 하나뿐인 목숨을 건지기 위해 고개 아래로 달아나기 시작했다.

"사람 살려."

"살려줘."

수많은 병력들이 일시에 동요되니 걷잡을 수가 없었다. 좁은 고갯길을 서로 내려가려다가 저희들끼리 밟거나 밟히어 목숨을 잃거나 추격하는 왜구의 창에 찔려 죽는 병사들이 끝도 없었다.

"추격하라. 추격하라."

처참한 피의 운무가 산야에 가득하니 시산혈해屍山血海란 이를 이름인가? 도망치는 병사와 추격하는 왜구. 산곡은 처참한 비명소리와 피의 운무로 뒤덮이었다.

승리를 장담하고 있던 박실은 때 아닌 패배에 어쩔 줄을 몰라 했다. 가파른 산길 아래로 도망쳐 내려오는 병사들이 쫓아오는 왜구들의 손에 살해되는 광경을 보고 박실은 주먹을 부르르 떨었다. 독 안에 든 쥐라 생각하였는데 현실의 상황은 마음과 달랐다.

박실은 목구멍에서 간신히 흘러나오는 신음을 토하며 옆에 서 있던 부장에게 말했다.

"후퇴한다."

고동소리와 함께 후퇴의 명령이 내려졌다. 후방에서 밀려나가 왜군과 싸우던 병력들이 철수하며 또 한바탕 아수라장이 되었다.

승세를 점한 왜구들이 벌 떼처럼 군사들을 쫓아 내려왔다.

4

이때, 순돌이는 기동과 함께 산비탈을 뛰어내려오고 있었다. 바로 뒤에서 왜구가 도망치는 아군의 등을 찔러 쓰러트리고 있었다. 아침까지만 해도 원수 같은 왜구들의 목을 베겠다고 호언을 하던 순돌은 화차병이기 때문에 출진할 수 없다는 말을 듣고도 고집을 부려서 따라왔던 것이다.

순돌은 반드시 승리할 줄만 알았다가 뜻밖에 낭패를 당하자 쫓겨 내려오면서 기동이에게 소리쳤다.

"기동아. 빨리 뛰어."

기동이 숨을 몰아쉬며 뛰어내려왔다. 순돌과 기동은 나이도 같고 처지도 비슷하여 쉽게 친구가 되었는데, 이날 기동이 출전한다는 말을 듣고 걱정이 된 순돌이 함께 따라왔던 것이다. 두 사람은 손을 잡고 비탈길을 내리달렸다. 눈앞에 절룩거리며 다가오는 중늙은이가 보였다.

"어여 달려라. 어여."

손자의 복수를 하겠다던 중늙은이가 창을 들고 손짓을 하였다.

"같이 가유."

순돌이가 중늙은이 앞에 멈추어 말했다. 중늙은이가 고개를 저으며 말했다.

"도망쳐 봐야 걸음이 늦어서 따라잡히고 말 거야. 난 살만큼 살았으니 어서 함께 도망가거라."

"그러지 말고 함께 가유."

"아냐. 난 벌써 왜구를 10명이나 죽였는 걸? 원수를 충분히 갚았으니 죽는 것도 두렵지 않아. 내 걱정은 말아라. 내가 막을 테니 어서 도망치거라."

중늙은이가 창을 들고 달려오는 왜구들을 향해 절룩거리며 다가갔다. 커다란 창을 휘두르던 중늙은이의 등짝으로 칼날이 튀어나왔다.

왜구가 칼날을 빼자 중늙은이가 허물어지듯 쓰러졌다. 바닥에 쓰러진 중늙은이가 왜구의 다리를 부여잡고 소리쳤다.

"어서 도망가거라."

왜구가 늙은이의 등짝을 칼로 마구 찍었다. 순돌이는 몸을 돌려 기동이의 손을 잡고 함께 달렸다. 그리고 보니 중늙은이의 이름도 물어보지 못했다. 머지않은 곳에 솔숲이 보였다. 저 솔숲을 지나면 아군의 배가 있는 곳이었다.

솔숲 앞에서 칼을 든 왜구들이 튀어나왔다. 놀란 순돌이 뛰는 걸음을 멈추고 기동을 옆으로 밀어내었다. 그리곤 허리춤에 걸린 낫을 빼들었다. 왜구가 히쭉거리며 웃더니 칼을 휘두르며 달려들었다. 번쩍이는 칼을 보니 혼이 빠지는 것 같아서 무서운 마음에 두 눈을 질끈 감았다. 그 순간,

퍽—

하는 소리와 함께 왜구가 허수아비처럼 쓰러졌다. 왜구의 뒤통수에 화살이 박혀 있었다. 바로 뒤에서 괴상한 소리가 들려왔다. 고개를 돌려보니 창을 든 왜구가 달려오고 있었다. 머리를 반달모양으로 밀어내고 아랫도리만 천으로 가린 왜인이 시뻘건 피가 묻은 창을 들고 달려왔다.

픽—

창을 들고 달려오던 왜구의 얼굴에 화살이 꽂혔다. 왜구가 썩은 나무처럼 꼬꾸라졌다. 고개를 돌려보니 솔숲에서 활을 든 관군 하나가 무심한 얼굴로 전통에서 화살을 뽑아 시위에 걸고 있었다. 화통군 사수장이라는 박영충이라는 장교였다.

"이 녀석아. 넌 화차병이지 보병이 아니다. 내가 너를 구하러 여기까지 와야겠느냐?"

박영충이 연달아 화살을 쏠 때마다 달려들던 왜구들이 하나씩 쓰러졌다. 화통병의 사수장 박영충은 화차병인 순돌이를 구하러 온 모양이었다.

잇달아 솔숲에서 군사들이 쏟아져 나왔다. 우군에서 원군을 나온 모양이었다. 왜구들이 처음의 기세를 잃고 산속으로 달아나기 시작하였다. 그동안에도 박영충의 화살은 도망치는 왜구들의 가슴팍을 차례로 꿰뚫었다. 함께 온 사수들이 활을 겨누어 왜구들을 향해 쏘았다. 화살이 빗발치듯 날아가자 왜구들이 숲으로 들어가 버렸다.

왜구들이 산속으로 사라진 것을 확인한 박영충이 소리쳤다.

"철수하라."

관군들이 부상한 자들과 살아남은 자들을 데리고 해안가로 나왔다. 박영충은 제일 뒤편에서 순돌을 데리고 천천히 따라오고 있었다.

　앞서가던 기동이가 달려와서 순돌의 손을 잡았다.

"순돌아. 괜찮아?"

"괜찮아."

　그때였다. 뒤편에서 와 하는 함성이 들려왔다. 숲으로 숨었던 왜구들이 개미떼처럼 달려 나왔다. 순돌이 고개를 돌려보니 박영충의 전통에 화살이 없었다.

"너희들은 먼저 도망가거라."

　박영충이 활을 버리고 허리에서 칼을 꺼내들었다.

　순돌은 바닥에 떨어져 있는 칼을 집어 들고 기동을 밀어내었다.

"기동아. 어서 도망가."

"싫어. 함께 갈 거야."

　박영충이 고개를 돌려 무서운 눈으로 소리쳤다.

"명령이다. 두 사람 모두 가지 않으면 이 자리에서 베어 버릴 테다."

　순돌이와 기동이는 주저주저 하다가 눈물을 닦고 해안가를 향해 달려 나갔다.

　박영충이 먼저 달려드는 왜인의 칼을 막으며 다른 손에 든 칼을 번개처럼 후렸다. 왜구가 그 자리에서 꼬꾸라졌다. 왜구의 목에서 피가 샘처럼 솟아나왔다. 왜구들이 주춤하여 덤벼들지 못하고 박영충을 둘러쌌다. 멀리 해안가에서 아군의 배가 멀어지고 있었다.

"이거 혼자 남았는가?"

박영충은 쓸쓸히 미소를 짓다가 칼을 교차하여 달려드는 왜구를 상대하였다. 왜인이 한걸음 물러나 박영충의 칼을 살짝 피하며 도리어 머리를 쪼갤 듯 내리쳤다. 박영충의 왼손에 있던 칼이 기다렸다는 듯 왜인의 칼을 막으며 오른손의 칼로 왜인의 목을 찔렀다. 왜인이 목을 부여잡고 바닥에 쓰러지자 박영충이 범처럼 달려가며 쌍칼을 휘둘러 잇달아 왜인 두 명을 베고 나니 왜인들이 싸울 생각을 하지 않고 멀찍이 물러섰다.

등 뒤에서 고함소리와 말발굽소리가 섞여서 들려왔다. 박영충이 고개를 돌려보니 백마를 탄 가면병 하나가 칼을 휘두르고 달려오는 것이 보였다. 번쩍이는 갑옷을 입고 가면을 쓴 것을 보니 왜인들의 우두머리인 것 같았다.

박영충이 몸을 돌리기 무섭게 백마를 탄 가면병 하나가 칼을 휘둘렀다. 박영충은 몸을 굴려 칼날을 피하였다. 잇달아 달려드는 왜병의 창을 피하며 박영충이 팔꿈치로 왜인의 얼굴을 가격하였다. 팔꿈치가 왜인의 인중을 강타하자 허연 이가 옥수수처럼 허공으로 흩어지며 왜인이 그 자리에서 벌러덩 쓰러져 버리고 말았다. 박영충이 왜인의 창을 빼앗아 달려오는 왜인을 향해 던졌다.

퍽―

왜인은 꼬치 꿰듯 창에 맞아 그 자리에서 꼬꾸라졌다. 왜인들이 달려오던 기세로 창을 던졌다. 창 세 개가 화살처럼 박영충에게 날아들었다. 하나는 피하고 두 개는 칼을 휘둘러 막았다.

앞서 가던 가면병이 말을 돌려 박영충을 향해 달려들었다. 박영충이 바닥에 꽂혀 있는 창을 들고 백마를 향해 던졌다. 창이 번개처럼 날아가 백마의 목에 꽂혔다. 백마가 그 자리에서 쓰러지며 가면병이 말에 탄 채로 바닥을 굴렀다.

쾅—

우레 같은 소리와 함께 포탄 하나가 떨어졌다. 아군의 배에서 화포를 쏘는 모양이었다. 모래가 튀고 나무가 부서졌다.

"나리. 여기구만유."

큰 나무 뒤편에서 순돌이가 손을 흔들었다. 두 손에 활과 전통이 들려 있었다. 큰 나무로 다가간 박영충의 두 눈이 휘둥그레졌다.

"가지 않았느냐?"

물에 흠뻑 젖은 순돌이가 활과 전통을 들고 말했다.

"화통군의 사수장님을 그냥 두고 갈 수 있어야지유. 배가 떠날 때 저 혼자 뛰어내렸구먼유."

"미련한 녀석이로구나."

"제가 그런 소릴 좀 들어유."

순돌이가 머리를 긁적거렸다. 왁자지껄한 소리와 함께 숲을 향해 왜구들이 달려오고 있었다. 박영충이 활과 화살을 받아 달려드는 왜구들을 향해 쏘았다. 왜구들이 화살에 꿰어 차례로 쓰러지자 나머지는 달려들 생각을 하지 않고 멀리서 활을 쏘아댔다.

박영충은 나무에 몸을 기대어 화살을 피하곤 순돌을 데리고 숲으로 들어가다가 추격하는 왜구 하나를 발견하곤 입구에서 화살을 쏘아 쓰러트렸다. 왜구들이 박영충의 활 실력을 두려워하여 숲 근처로 가까이 오지 않았다.

"추격병이 오기 전에 어서 산속으로 들어가자. 두지포로 돌아가려면 길이 머니까."

박영충이 들고 있던 단검을 등 뒤에 있는 검집에 끼우고 순돌이를 데리고 산속으로 들어갔다.

5

정신없이 도망치는 사이에 해는 서산으로 저물어 어느덧 하늘에는 무수한 별들이 총총히 얼굴을 내밀었다. 작은 산허리에는 미인의 눈썹 같은 초승달이 창백한 빛으로 언덕길을 올라가는 박영충과 순돌이를 바라보고 있었다.

추격병을 염려하여 길 없는 험난한 산을 몇 개나 넘었을 것이다. 고개 마루를 올라가다보니 기괴한 나무 한 그루가 나타났다. 큰 뿌리가 여기저기로 뻗어나간 나무 주위에 원추형으로 돌무더기가 쌓여 있으며 그 옆에 다 허물어진 작은 집이 하나 있었다. 그 모습이 마치 조선의 당집을 옮겨놓은 것 같았다.

먹을 갈아놓은 듯 어두운 밤에 희미한 달빛을 받은 천조각과 무너져 내린 집의 지붕이 창백한 빛을 발하였다. 산마루를 지나가는 바람은 기괴한 나무에서 솨아~ 하는 섬뜩한 소리를 지르고 흩어졌다. 시체처럼 우두커니 서 있는 기묘한 나무와 집을 보자 순돌은 섬뜩한 마음이 들었다.

"어! 신수神樹로구나."

박영충은 무섭지 않은 것처럼 바닥에 돌을 집어 삼층으로 쌓고, 침을 세 번 내뱉었다.

"나리, 뭐하시는 거예유?"

순돌의 물음에 박영충이 대답하였다.

"옛날 생각이 나서 해 봤지. 예부터 성황당을 지나갈 때는 이렇게 돌을 삼층으로 쌓고, 침을 세 번 뱉으면 재수가 좋다 하더라. 너도 해 보거라."

순돌이 그 말을 듣고 침을 세 번 뱉었다. 박영충이 무너져가는 건물 안에 들어갔다가 나와서 말했다.

"밤도 늦었고 더 이상 추격병들이 있을 것 같지도 않으니 오늘은 여기서 쉬어가자."

순돌이가 무너져 가는 집 안으로 들어가려는데 돌 한 개가 방 안에 귀신처럼 서 있었다.

"어? 저게 뭐여유?"

순돌은 가슴이 철렁 내려앉는 것 같아서 떨어진 문 앞에서 엉거주춤하게 멈추어 섰다. 박영충이 다가가 이리저리 살피다가 말했다.

"돌부처 같구나. 동자스님 모습이구나. 이끼가 껴서 형편없긴 하지만 이곳은 예전에 불사였던 모양이다."

박영충이 먼지가 뽀얗게 내려앉은 바닥을 쓸고는 앉았다.

"무섭느냐?"

"아녀유. 이보다 더한 것도 봤는데 뭐가 무섭겠어유."

순돌이 문 귀퉁이에 힘없이 기대어 앉았다. 정신없이 쫓기었던 하루가 저물어가자 피곤이 밀려들었다.

"좀 쉬거라. 두지포를 찾아가려면 힘을 아껴야 하니 말이다."

박영충이 그 자리에서 좌정하였다. 눈을 감고 있는 모습이 부처 같은데, 앉아서 자는 것인지 기척이 없었다. 순돌이는 눈꺼풀이 무거워져왔다. 하루 동안 잠도 제대로 자지 못하고 쫓기어 산중을 돌아다닌 탓인지도 몰랐다. 꼬박 꼬박 머리를 떨구던 순돌이 마침내 잠이 들었다.

6

칠월의 밤은 짧았다. 아침 바람이 선듯하여 일어나니 구불구불 펼쳐진 산등성 위로 노오란 태양이 머리를 내밀고 어둠을 밀어내고 있었다. 무너진 집 안에 좌정해 있던 박영충의 모습이 보이지 않았다.

순돌이 놀라 잡초가 우거진 마당으로 뛰어나오니 박영충이 기괴한 나무 앞에 서 있었다.

"이제 일어났느냐?"

"예. 그런데 여긴 어딘감유?"

순돌이 좌우를 둘러보았다.

"글쎄다. 방 안에 있는 석상은 돌부처가 아니라 박혁거세대왕朴赫居世大王이더구나. 절간은 아닌 것 같구나."

"박혁거세대왕이 누군가유?"

"신라의 왕이야. 알에서 태어났다는 왕이지."

"신라의 왕이 여기서 뭣 하는 건가유?"

"그거야 나도 알 수 없지."

박영충이 산 아래를 가리켰다.

"저기 연기가 나오는 것을 보니 가까운 곳에 인가가 있는 모양이다. 시장한데 요기나 할 겸 가 보자."

"왜인들에게 쫓기면 어떡하지유?"

"굶어죽으나 칼에 찔려죽으나 죽는 것은 같지. 이왕이면 배부르게 죽는 것이 때깔이 좋다 하더구나. 하하하."

박영충이 호탕하게 웃다가 앞장서서 길도 없는 산길을 내려가기 시작하였다. 골이 깊은 산의 골짜기에서 하얀 연기가 몽글몽글 솟아올랐다. 배에서 요란한 소리가 흘러나왔다. 어제 점심부터 굶은 탓인지 온몸에 힘이 없었다. 숲을 지나니 무성한 대나무 숲이 나타났다. 대나무 숲 사이로 연기가 흘러나오고 있었다. 연기에 섞여 밥 냄새가 났다. 입 안에 군침이 흘러나왔다. 박영충은 가볍고 빠른 걸음으로 앞서가고 있었다. 박영충이 몸을 돌려 숨으라는 손짓을 하였다. 순돌이 대나무 숲에 주주물러 앉았다. 박영충이 재빠르게 숲을 가로질러 뛰는 것이 보였다.

박영충과 같은 무사와 함께 있다는 것이 순돌에게는 행운이었다. 만약 박영충이 없었다면 순돌은 이미 저승에서 부모님과 형제들을 만나고 있을지도 모름이었다. 부모형제가 죽었을 땐 함께 따라 죽고 싫었는데 막상 죽으려 하니 죽는 것이 두려웠다. 그래서 개똥밭을 굴러도 이승이 낫다는 말이 있는 모양이었다.

박영충이 대숲 앞에서 밥을 지어먹는 왜인들을 발견하고 몸을 낮추었다. 칼을 바닥에 내려놓은 왜인 세 명이 불 옆에 둘러앉아 막 지은 밥에 뜸을 들이고 있었다. 주위에 다른 왜인들은 보이지 않았다. 밥 냄새를 맡으니 침이 꼴깍 넘어갔다.

박영충이 칼을 하나 뽑아들고 성큼성큼 걸어갔다. 검은색 쾌자를 입은 박영충이 장교 복색으로 다가가니 불 옆에 있던 왜구들이 놀란 얼굴로 서로를 바라보다가 자리에서 벌떡 일어나 칼을 뽑아들고 달려들었다. 키 작은 왜인 하나가 시퍼런 왜도를 휘두르며 달려들었다. 왜인이 멈춰 서 있는 박영충의 가슴께로 왜도를 크게 휘둘렀다.

박영충은 한 걸음 물러나서 왜인의 칼을 피한 후에 발바닥으로 왜인의 가슴팍을 내질렀다. 한 놈이 나뒹굴며 뒤에 오는 왜인과 부딪혀 쓰러졌다.

제일 뒤편에서 달려오던 왜인이 박영충을 반으로 쪼갤 듯 칼을 힘차게 내리쳤다. 박영충은 슬쩍 피하며 들고 있던 칼로 왜인의 목을 찔렀다. 번개같이 재빠른 놀림이었다. 깊숙이 목을 찔린 왜인은 치켜든 칼을 떨어뜨리고는 멍한 얼굴로 박영충을 바라보았다. 이내 목에서 붉은 선혈이 무지개처럼 뿜어져 나왔다. 왜인은 흰자위를 보이며 맥없이 주저앉았다.

바닥에 쓰러져 부둥켜안고 있던 왜인들이 뭐라 소리를 치며 산 아래로 도망쳐 내려갔다. 박영충은 왜도를 빼앗아 허리에 차고 불가로

다가가 방금 지은 밥을 바라보며 침을 꼴깍 삼켰다.

밥솥에 손을 뻗으려는 순간 불 옆에 화살 하나가 꽂혔다. 뿌연 재와 불씨가 튀어 올랐다.

산 밑에서 창과 칼을 든 왜인들이 무리를 지어 달려오고 있었다. 그 중에 몇이 화살을 겨누고 있었다. 박영충은 얼른 칼등에 솥의 고리를 걸고 대나무 숲으로 달리기 시작하였다. 대숲으로 뛰어 들어온 박영충이 소리쳤다.

"순돌아. 뛰어라."

대숲에서 쉬고 있던 순돌이가 박영충과 함께 덩달아 달렸다. 등 뒤에서 요란한 왜인들의 고함소리가 들려왔다. 박영충을 따라 정신없이 숲으로 들어갔다. 왜인들의 소리가 점점 멀어져갔다.

숲 속 깊은 곳에서 박영충과 함께 밥을 먹었다. 두 끼를 굶은 탓에 거칠거칠한 맨밥이건만 밥맛이 꿀맛 같았다. 밥을 먹으니 힘이 솟는 것 같았다.

"두지포로 가야 할 텐데 큰일이군."

박영충이 중얼거렸다.

"그러게 말여유. 여기가 어딘지 알 수 없으니……. 이대로 왜인들을 피해 다닐 수만은 없는 노릇이잖아유."

"일단 높은 곳으로 올라가보자. 가보면 어느 방향에 두지포가 있는지 알 수 있겠지."

박영충이 앞장서서 높은 골짜기를 향해 걸어갔다. 순돌은 말없이 그 뒤를 따랐다. 한 나절을 올라가서야 산봉우리 정상에 도착하였다.

보이는 것은 구렁이처럼 구불구불하게 펼쳐진 산밖에 없었다.

사방을 둘러보던 박영충과 순돌이 착잡한 얼굴로 서로를 바라보았다.

7

"나리. 어디로 가남유?"

순돌의 물음에 박영충이 북쪽을 바라보았다. 가도 가도 첩첩산중이라 엄두가 나지 않았다. 식량도 없을 뿐더러 조선 군사들을 피해 험지에 숨어있는 왜구들을 만나기 십상이라 차라리 해안가로 목적지를 정하였다. 해가 중천에 떠올라 따가운 빛이 사정없이 내리쪼였다. 등선을 타고 내려오다 보니 물소리가 들렸다.

골짜기로 내려가 물 한 모금을 마신 후 하늘을 바라보니 검은 구름이 몰려들었다.

"소나기라도 내릴 심산이구나."

말이 떨어지기 무섭게 검은 구름에서 세찬 비가 쏟아졌다. 두 사람은 나무 밑으로 들어가 비를 피하였다. 삼 줄기처럼 쏟아지던 비가 잠시 만에 그치고 환한 해가 드러났다. 그 사이에 골짜기 물이 불어나서 흙탕물이 세차게 흘러가고 있었다.

"이 물을 따라 내려가면 사람 사는 마을이 나타나겠지."

박영충이 골짜기를 따라 내려갔다. 골짜기를 따라 얼마나 내려갔을까?

멀리 논과 밭이 드러나고 마을의 모습이 보였다. 조밀조밀하게 만들어 놓은 논에서는 벼들이 파릇파릇하게 자라고 있었다. 논과 밭이 멀쩡하고 마을이 불에 타지 않은 것으로 보아 조선군이 다녀가지 않은 마을 같았다. 박영충의 얼굴이 밝아졌다. 어쩌면 조선에 귀화한 왜인이 다스리는 마을이거나 벼슬을 한 수직왜가 다스리는 마을일 수도 있었다.

박영충이 순돌에게 말했다.

"너는 나만 믿고 따라오너라."

박영충이 논길을 따라 내려가니 순돌이 그 뒤를 따랐다. 논일을 하던 아낙들이 박영충과 순돌을 힐끔힐끔 바라보다가 호랑이를 본 것처럼 마을로 뛰어 내려갔다. 순돌이 박영충에게 말했다.

"너무 무모한 것 아녀유?"

"할 수 없지. 넌 잘 모르겠지만 나 같은 무인에게는 자존심이라는 것이 있다. 쥐새끼처럼 도망 다니다가 굶어죽느니 죽든 살든 한 판으로 결정지어보는 것도 나쁘지 않다."

순돌은 죽어도 좋으니 왜구에게 복수하겠다던 때가 생각나 머리를 긁적였다. 사람의 맘이 간사하기로 죽음을 두려워하는 지금의 모습이 부끄러웠던 것이다. 마을로 다가가니 죽창과 칼을 든 왜인들이 입구에 우르르 몰려나와 있었다.

박영충이 왜인들의 이장 앞에 멈추어 서서 소리쳤다.

"조무래기들에게는 볼일이 없다. 촌장은 없느냐?"

왜인들이 공격할 생각을 하지 않고 눈치를 살피고 있었다.

순돌이 물었다.

"저자들이 왜 저러는 건 감유?"

"싸울 수 있는 자들이 아니다."

"예? 그게 무슨 말여유?"

"발에 진흙이 마르지 않은 자들이 대부분 아니냐. 나이도 젊지 않고 여자들도 섞여 있고 더구나 죽창을 든 것으로 보아 농사짓는 자들이다."

순돌이 다시 보니 과연 그러하였다. 짧은 순간 그런 점까지 판단하는 것을 보면 무인의 눈은 뭔가 다른 것이 있는 모양이었다. 그때 사람들의 무리가 갈라지면서 건장한 왜인들이 나타났다.

훈도시를 입고 머리가 벗겨진 젊은 왜인들은 왜도와 창을 들었고, 그 중에는 활을 든 자도 둘이나 있었다. 박영충이 제일 가운데 있는 왜인을 노려보았다. 그 왜인은 비단으로 된 옷을 입었는데 허리에 검푸른 장검 두 개, 작은 단도 한 개를 차고 있었다. 다른 왜인들보다는 키가 큰 왜인은 눈매가 매서웠는데 한눈에도 신분이 높다는 것을 짐작할 수 있었다. 그렇지 않아도 수적으로 밀리는 터라 순돌은 가슴이 조마조마하였다.

"너희들 중에 조선말을 할 줄 아는 사람이 있느냐?"

박영충이 소리쳤다. 이런 상황에도 위풍당당한 것이 간을 다른 곳에 빼두고 온 사람 같았다.

"제가 할 줄 압니다."

왜인들 사이에서 중년의 사내가 몸을 굽히며 다가왔다.

"여기가 어디냐?"

"여기는 구다무라촌久田村입니다."

"구다무라?"

처음 와 보는 대마도의 지명을 박영충이 알리 만무하였다.

"너는 조선 사람이냐?"

"아닙니다. 저의 이름은 겐죠인데 죽은 아내가 조선 사람이라 어렵지 않게 조선말을 배웠습니다."

"우리는 조선에서 정벌을 온 군사들인데 두지포로 가려 한다. 두지포에 가려면 어떡해야 하느냐?"

"두지포는 이곳에서 배를 타고 이틀이나 가야합니다."

"뭐?"

"이 섬 반대편에 있는 곳이라 배를 타고 가도 이틀이나 걸립니다."

"아무렇게도 좋으니 너희 주인에게 우리를 두지포에 데려달라고 말해다오. 무사히 도착하면 큰 상을 내릴 것이라고 너희 주인에게 내 말을 전해다오."

겐죠라는 왜인이 돌아가서 젊은 무사에게 무어라 말하였다. 젊은 무사가 겐죠에게 뭐라 이야기를 하더니 함께 다가왔다. 젊은 무사가 공손하게 꾸벅 인사를 하곤 무어라 말했다.

겐죠가 말을 받았다.

"잘 오셨습니다. 저는 평오랑平吾郎이라 하는데 아비류阿備留가의 사람입니다. 저희 먼 선조는 신라 사람으로 고려에서 관직을 받았고 조선에 후한 은덕을 입고 있으니 당연히 도와드려야지요."

가슴을 졸이며 이야기를 듣던 순돌이는 그제야 안심이 되었다. 중오랑이 박영충과 순돌을 안내하였다. 오밀조밀한 작은 집들을 지나 얼마쯤 가니 마을 가운데 큰 저택이 나타났다. 대문에 걸린 현판에 신라장원新羅莊園이라는 글이 쓰여 있었다.

"어제는 박혁거세를 보더니 오늘은 신라장원을 보는구나."

평오랑을 따라 들어가 넓은 마당을 지나 중문으로 들어서니 큰 정원이 나타났다. 정원 한가운데에는 연못이 있고 기암괴석들이 주위를 둘러싸고 있었다. 기묘한 모양으로 자란 작은 소나무도 몇 그루 눈에 띄었는데 몇 백 년은 족히 된 듯 보였다.

기와집 안에서 중년의 사내 하나가 걸어 나왔다. 그 역시 화려한 비단옷을 입고 칼을 세 개나 찬 것으로 보아 장원의 주인 되는 것 같았다. 평오랑이 재빨리 다가가 그 사내에게 인사를 하고 무어라 이야기를 하였다. 사내가 웃는 낯으로 다가와 말했다.

"어서 오십시오. 저는 평무정平茂政이라 합니다. 장원의 주인이지요."

평무정은 조선말을 능숙하게 하였다.

박영충이 고개를 숙여 읍하였다.

"전 박영충이라 하고, 이 아이는 순돌이라 합니다. 우리는 대오에서 떨어져 산속을 헤매다가 이곳을 찾아온 것입니다. 대군이 기다리고 있는 두지포로 가야 하는데 데려다주시면 반드시 사례하겠소."

평무정이 허리를 숙이며 말했다.

"알겠습니다. 저희가 도와드리지요. 그렇지만 지금은 저물녘이라 어렵고 내일 아침 일찍 모셔다 드리겠습니다."

"고맙습니다."

"시장하실 테니 우선 식사라도 하시며 쉬십시오."

평무정이 평오랑에게 무어라 이르곤 장원으로 들어갔다. 평오랑이 조선말을 하는 자와 함께 와서 두 사람을 숙소로 안내하였다.

8

숙소는 장원에서 멀찍이 떨어진 별실 같았다. 사방이 담으로 둘러싸였고 큰 마당이 널찍하게 있고 문은 하나뿐이었다. 하인의 안내를 받아 다다미방 안에 들어가니 하인이 밥과 찬과 술을 내 오고 옷가지를 가져왔다.

"옷은 되었소."

"계실 동안만이라도 편히 쉬시게 하라는 명을 내리셨습니다."

"옷은 되었으니 가져가시오."

박영충이 끝끝내 사양하고 밥과 찬을 먹었다. 술은 청주를 데워주었는데 시장한 터에 술을 먹으니 취기가 몰려들었다. 때마침 거뭇거뭇하던 날이 저물어 하늘에는 맑은 별빛이 가득하고 산중에서는 외로운 소쩍새의 울음소리가 쉴 새 없이 들려왔다. 겐죠가 심부름하는 여종과 함께 들어와서 술과 찬을 더 가져다놓고, 다 마신 술병을 가져가려 하였다.

박영충이 돌아서는 겐죠에게 말을 건넸다.

"여보. 하나 물어봅시다."

"뭐가 궁금하십니까?"

"여기 지명이 신라장원인데 왜 그런 거요? 장원의 주인이 신라인의 후손이라 지은 거요?"

"그렇다고 볼 수 있습니다. 이곳에서 북쪽에 있는 높은 산 이름이 신라산이고, 남쪽에 있는 산에는 신라성도 있습지요. 지금은 흉가가 되었지만 신라왕을 제사지내던 신사도 있는 걸요."

"신라왕이라면 박혁거세 말이오?"

"네. 더 궁금한 건 없습니까?"

"없소."

겐죠라는 왜인이 꾸벅 인사를 하고 여종과 함께 집안을 나갔다. 순돌이 박영충의 술잔에 술을 따르며 물었다.

"나리. 왜 그러세유?"

"안심이 안 되어서 물었지."

박영충이 술잔을 털어 마셨다.

"나리는 의심도 많구먼유. 이 장원의 선조가 신라 사람이라면 동족이나 마찬가지 아니겠어유?"

"그건 그렇지."

"설마 동족을 팔아넘기겠남유? 안심하셔유."

"그럴까? 허허허."

박영충이 호탕하게 웃었다. 그때였다. 바깥에서 떠들썩한 소리가 들리며 담장 위가 환해졌다.

"무슨 일이지?"

두 사람이 바깥으로 나가니 문 안으로 횃불을 든 무사들이 쏟아져 들어왔다. 창과 칼을 든 왜인들이 둘러서고 활을 든 왜인 10여 명이 화살을 겨누어 섰다. 박영충이 얼른 방 안으로 들어가 문을 닫았다. 바깥에서 평오랑의 목소리가 들려왔다.

"독 안에 든 쥐나 마찬가지요. 투항하면 목숨을 살려줄 것이니 항복하시오."

박영충이 문 뒤에서 소리쳤다.

"우리가 나가지 않겠다면?"

"불을 지를 것이오."

두지포에 돌아갈 생각이 산산이 부서져 버린 것은 둘째치더라도 믿었던 왜인에게 당한 것이 분하고 억울한 순돌이 놀란 얼굴로 물었다.

"나리. 어떡하남유?"

"어떡하긴 적수공권으로 상대가 될 리 없잖아. 도리가 없지. 하늘에 운명을 맡기는 수밖에."

박영충이 문을 열고 손을 들고 나갔다. 순돌이도 하는 수 없이 손을 들고 박영충을 따라 나갔다. 박영충이 평오랑에게 말했다.

"꾀가 용하오. 꼼짝없이 당했소."

평오랑이 소리쳤다.

"무릎을 꿇고 앉으시오."

박영충이 책상다리로 앉고 순돌이 무릎을 꿇자 왜인 몇 사람이 우르르 달려와서 두 사람을 포박하였다.

순돌이 울상이 된 얼굴로 물었다.

"나리. 이제 어떻게 되는 거지유?"

"죽거나, 살거나 둘 중의 하나겠지."

박영충이 담담하게 말하곤 미소를 지었다.

두 사람은 왜인들에게 끌려서 신라장원을 나갔다. 장원의 마당이 대낮처럼 밝았다. 장원 마당에는 가득한 왜구들 사이로 포박당한 군관 몇 사람이 무릎을 꿇고 있었다. 장원의 높은 단 위에 머리가 벗겨진 사내 하나가 갑옷을 입고 서 있었으며 그 좌우에 갑옷 입은 사내들이 여러 명 둘러서 있는데 그 옆에 평무정이 손을 마주하고 서 있었다.

박영충은 그간의 일을 짐작할 수 있었다. 갑옷 입은 사내는 대마도주인 도도웅와가 틀림없어 보였다. 도도웅와에게 평무정은 작은 마을의 촌장일 따름이었다. 그가 박영충에게 좋은 감정이 있을지라도 도도웅와를 거역할 수는 없기에 부득이하게 계교를 쓴 것이라 생각하였다. 박영충의 짐작이 반쯤 맞았으니, 금전성에서 이긴 도도웅와가 식량 부족으로 성을 내려와 부하들과 함께 찾아온 것이 구전촌이었다. 팔군 중에 이로군은 피해가 크지 않아 안신할 곳이 몇 있었는데 그 중에 구전촌이 크고 양식도 풍부한 까닭에 군사들을 이끌고 찾아온 것이었다.

평무정은 마을의 촌장이지만 도도웅와의 세에 미치지 못하여 대항하지 아니하였던 탓에 마음을 바꾸어 박영충과 순돌이를 도도웅와에게 순순히 인계한 것이었다. 박영충과 순돌이 여러 군관들과 함께 마당에 무릎을 꿇었다.

"내가 너희 같은 왜놈들에게 무릎을 꿇을 일이 없다."

박영충이 홀로 책상다리를 하고 앉았다.

도도웅와가 바라보니 다른 군관에 비하여 젊은 무관의 담력이 대단해보였다.

"네 이름이 뭐냐?"

조선말을 할 줄 아는 왜인이 통역하여 물었다.

"박영충이다."

"네 직책이 무어냐?"

"사수장이다."

"사수장 주제에 담력이 좋구나."

"시끄럽다. 너와 말씨름하고 싶지 않으니 죽일 테면 죽여라."

박영충이 태평스럽게 눈을 감고 말문을 닫았다.

"건방진 놈. 죽여 버릴 테다."

옆에 있던 왜구가 칼을 뽑아들고 계단을 뛰어 내려가 박영충의 앞에 멈추었다. 왜인이 박영충의 머리 위로 칼을 높이 치켜들었다. 그때였다.

"멈춰라. 그자들을 죽이지 마라."

왜인이 높이 든 칼을 멈추었다.

"도이단도로. 내 부하들의 원수를 갚아야 한다. 이놈들 때문에 얼마나 많은 피해를 입었는지 모르나? 이놈들의 배를 갈라 간을 씹고

심장을 꺼내도 부족할 것이다."

도이단도로가 도도웅와에게 말했다.

"도주. 그들을 죽이면 안 됩니다."

"무슨 말이냐?"

"군관들을 죽이면 후일에 조선과 강화를 할 때에 명분이 서지 않습니다."

칼을 든 왜인이 소리쳤다.

"도이단도로. 지금 조선인의 편을 드는 것이냐? 우리 군사들이 죽은 것은 생각지도 않는 게냐?"

"편을 드는 것이 아니다. 생각해 보라. 조선 군사들이 무엇 때문에 대마도로 쳐들어온 건가? 우리가 조선에서 도적질을 하지 않았다면 무엇 때문에 조선이 대군을 이끌고 여기까지 온단 말인가. 지금 만약 한때의 화를 참지 못해서 조선 군사들을 모두 베어버린다면 후일에 더 큰 화를 당할 것이다. 당장 우리가 살기 위해서라도 강화할 명분을 만들어야 한단 말이다."

도이단도로가 도도웅와에게 말했다.

"수호. 부디 후일을 생각하십시오."

잠시 생각하던 도도웅와가 손을 들었다.

"도이단도로의 말이 옳다. 처형을 중지하고 조선 군사들을 모두 감옥에 가두어라."

박영충과 순돌은 구사일생으로 목숨은 건졌지만 군사들과 함께 옥에 갇히는 신세가 되었다.

"우리는 이제 어떻게 되는 감유?"

순돌이 박영충에게 물었다.

"나도 모르겠다."

순돌이 땅이 꺼져라 한숨을 내쉬다가 영창으로 흐릿하게 보이는 달빛을 말없이 바라보았다.

퇴각退却

1

7월 1일, 상왕의 선지 두 통이 두지포 군영에 이르렀다. 그 첫 번째는 이러하였다.

[예로부터 군사를 일으켜 도적을 치는 뜻이 죄를 묻는 데 있고, 많이 죽이는 데 있는 것은 아니니라. 배도裵度는 헌종憲宗의 명을 받아 채蔡나라를 치고, 조빈曹彬은 태조의 명을 이어 촉나라를 정복시킨 것이 사기에 실려 있어 환하게 볼 수 있는지라, 오직 경은 나의 지극한 생각을 몸 받아 힘써 투항投降하는 대로 모두 나에게 오게 하라. 또한 왜놈의 마음이 간사함을 헤아릴 수가 없으니 이긴 뒤라도 방비가 없다

가 혹 일을 그르칠까 함이 또한 염려되는 것이며, 또는 생각하니, 7월 지간에는 으레 폭풍이 많으니 경은 그 점을 잘 생각하여 오래도록 해상에 머물지 말라.]

두 번째는 이러하였다.

[봄에 나게 하고 가을에 죽이는 것은 하늘의 도이다. 왕자는 하늘의 도를 몸 받아 만민을 사랑하여 기르는지라, 그 도적과 간사한 무리로 패상난기敗常亂紀하는 자는 베고 토벌을 하는 것은 마지못하여 하는 일이지마는 삼가며 불쌍히 여기는 뜻도 언제나 떠나지 않는도다. 근자에 대마도 왜적이 은혜를 배반하고 의를 저버리고 몰래 우리의 땅 경계로 들어와 군사를 노략한 자이면 잡는 대로 베어서 큰 법을 바르게 하고, 전일에 의리를 사모하여 전부터 우리나라의 경계에 살던 자와 이제 이익을 찾아 온 자는 모두 여러 고을에 나누어 배치하고 옷과 식량을 주어서 그들의 생활이 되게 할 것이다. 대마도는 토지가 척박해서 심고 거두는 데 적당하지 않아서 생계가 실로 어려우니, 내 심히 민망히 여기는 것이다. 혹 그 땅의 사람들이 전부 와서 항복한다면 거처와 의식을 요구하는 대로 할 것이니, 경은 나의 지극한 뜻을 도도웅와와 대소 왜인들에게 깨우쳐 알려 줄 것이니라.]

군중에서 뒤늦게 선지를 받고 나서 심히 민망하게 생각하였다. 두지포로 돌아온 박실이 군사들을 점고해보니 편장 박홍신朴弘信·박무양朴茂陽·김해金諧·김희金熹가 전사하고 군사 180명이 죽었다.

우군 절제사 이순몽李順蒙과 병마사 김효성金孝誠이 도와주지 않았다면 몰살을 당했을 만큼 엄청난 패배가 아닐 수 없었다.

"우리가 긁어 부스럼을 만들었소. 침착하게 참고 기다렸던들 무슨 문제가 있었겠소. 이제 조정에 패보가 전해지면 패배한 책임을 면치 못할 것이오."

이종무가 얼굴을 찌푸리며 제장들을 둘러보니, 박실이 원망스런 얼굴로 종무를 바라보았다. 먼저 말을 꺼낸 것은 박실이었으나, 결정은 대장인 이종무의 몫이었다. 모든 것이 박실의 책임이라 할 수는 없었다. 더구나 이종무가 원군만 일찍 보내었어도 참담한 패배를 당하지는 않았을 것이었다.

박실은 이제 와서 모든 책임을 자신에게 돌리는 듯한 이종무의 말을 듣게 되자 화가 치솟았던 것이다. 이종무가 박실의 눈을 외면하며 제장들에게 말했다.

"이제 어떻게 할 거요? 도도웅와를 어떻게 할지 이야기해 봅시다."

박초가 말했다.

"금전성에서의 패배로 아군의 사기는 극도로 떨어졌고, 왜구들과 싸우기를 두려워합니다. 시일이 걸리더라도 식량이 떨어지기를 기다려 항복을 받아내야지요."

이지실이 말했다.

"싸우는 것은 불가요. 이번 패전에서 보았겠지만 저들은 지형의 이점을 가지고 있을 뿐 아니라 사지死地에 처해 있소. 이제 왜구들은 더 잃을 것도 더 얻을 것도 없기에 삶에 애착을 가지지도 않거니와 죽음을 두려워하지 않을 것이오. 배수진을 친 것이오. 쥐도 막다른 곳에 몰리면 고양이를 문다 하지 않소. 더구나 지리적인 이점이 있으니 어찌 우리가 그들을 당해낼 수 있겠소. 마음을 차분히 가라앉히고 좋은 방법을 생각해 봅시다."

우박이 말했다.

"제 생각에는 잠시 후퇴하는 것이 좋을 것 같습니다. 어명에도 언급되어 있지만 7월이면 태풍이 온다 하지 않습니까? 끝 간 데 없이 항복하길 기다리다가 태풍에 휩쓸려 난파되기라도 하면 어쩐단 말이오? 과거 원나라가 동정 갔다가 풍랑에 대패한 것을 모르십니까?"

박초가 말했다.

"제 생각도 같습니다. 적이 험지에 웅크리고 나올 생각을 하지 않는데 아까운 군량을 소모하며 언제까지 기다릴 수만은 없는 노릇 아닙니까?"

박실이 말했다.

"참으로 억울하고 분하오. 애초에 중군과 우군이 함께 내려 왜구와 싸웠다면 분명 도도웅와의 항복을 받아냈을 것이 아니오."

이종무가 눈살을 찌푸리며 말했다.

"박장군은 억울하게 생각 마시오. 그 좁은 해안에 중군이 상륙한다면 해안가가 빽빽하게 될 것이오. 왜구가 그 틈을 이용해 화공이라도 벌인다면 우린 헤어날 길이 없게 되오. 그만하길 다행으로 아시오."

박실이 불만스런 얼굴로 이종무를 노려보다가 막사를 나가 버렸다. 이종무가 길게 한숨을 내쉬었다. 그때였다. 군막 안으로 병사 하나가 왜인 하나를 데리고 들어왔다.

"장군. 지문이란 자가 도도웅와의 편지를 가지고 들어왔습니다."

지문이 엉거주춤하게 다가와 품속에 든 편지를 꺼내어 바쳤다. 종사관이 도도웅와의 편지를 이종무에게 건네었다. 이종무가 다급하게 편지를 읽어나갔다. 금전성을 공격할 것인지, 금전성의 식량이 떨어지길 기다릴 것인지 고심하던 이종무에게 반가운 소식이 아닐 수 없었다.

내 고조부이신 종징무(宗澄茂, 소오 즈미시게) 이래로 종씨들이 대마도에 터를 잡고 살아왔으니, 내 조부와 아버지가 귀국으로부터 관직을 받고 후한 대접을 받았지만 내 대에 와서는 조정으로부터 어떤 하명도 듣지 못한 차에 이제 귀국이 갑자기 대군을 이끌고 쳐들어와 선량한 백성들을 잡아가고 집과 재산을 불태우고 전답의 곡식을 망쳐놓았으니 만약 대마도가 조선의 땅이라면 임금이 신하에게 하는 의리가 아닙니다. 이번 일의 단초라면 전번에 평도전이 대마도의 도적에게 암통暗通하여 말하기를, 조선이 근래에 너희들을 참혹하게 박대하니, 만약에 다시 변군邊郡을 침략하여 놀라게 하면 앞으로는 반드시 대접함이 처음과 같으리라 하기에 어리석은 부하들이 충성심에 조선을 침입한 것이니 내가 시킨 것은 아니오.

내가 금전성에서 부하들과 있다가 귀국의 군사들과 싸워 크게 피해를 입힌 것으로 아오. 그렇지만 그것은 나와 부하들이 오갈 데 없는 궁지에서 스스로 목숨을 지키고자 한 것이지 처음부터 본의는 아니었소.

이제 귀국이 대군을 보낸 사정을 편지를 통해 알았고, 나 역시 억울한 마음에 편지를 보내니 귀장은 잘 생각해 주시오.

매년 7월이면 풍파의 변이 항상 있으니 오래 머무름은 좋지 않소. 이는 귀국에 대한 충정에서 우러난 말이니 이제 귀국에서 군사를 물러준다면 조만간 사람을 보내어 귀국에 인신의 예를 올릴 것이오. 사람이 해를 보려는 것은 인지상정이니 바른 길을 찾아갈 수 있도록 핍박하지 말고 도와주시길 바라오.

이종무가 제장들이 편지를 돌려 읽은 후에 물었다.

"도도웅와가 겉으로는 투항한 척하지만 오만하고 불손한 마음이 문장에 드러나 있으니 어쩌면 좋단 말이오?"

유온이 말했다.

"금전산은 가히 철벽에 가까우니 화포와 화차가 이를 수 없고 또한 병사들도 한 번의 패전 후에 전투하길 꺼리니 군사들을 돌리는 것이 어떻겠습니까?"

"항복을 받지 않고 군사를 돌린단 말이오?"

"예. 군이 항복을 받지 않아도 8군 82항에 남은 집과 농토를 쑥밭으로 만들었으니 당분간 대마도에는 왜구들이 번성할 수 없을 것입니다. 또 대마도주가 인신의 예를 갖추겠다는 약속을 하였으니 우리가 철수한다 하더라도 명분에 어긋나지 않으니 부끄러울 것이 없습니다. 이제 만약 대마도주를 믿지 않고 기다렸다가 태풍이 크게 몰아

처서 더 큰 피해를 당하게 된다면 그 책임은 누가 지겠습니까?"

우박이 거들었다.

"맞습니다. 대마도는 수심이 얕고 암초가 많아서 큰 풍우라도 온다면 크게 낭패할 수 있습니다."

이종무가 한동안 생각하다가 결정을 내렸다.

"좋소. 그럼 내일 아침 군사들을 물려 거제도로 돌아가도록 합시다."

박초가 말했다.

"싸움에서 낙오된 병사들은 어떡하고 퇴각한단 말입니까? 사로잡힌 우리 군사들은 구해야 할 것입니다."

"몇 사람을 위해 전 군을 위험에 처하게 할 수 없소. 이미 결정이 내려졌으니 더 말 마시오."

곧장 전군에 퇴각 명령이 떨어졌다. 군사들이 배를 수선하고 출항 준비를 서둘렀다. 갑판을 닦던 기동은 침울한 얼굴로 멍하니 뭍을 바라보았다. 누이가 바로 저기에 있는데, 자신을 구하려 목숨을 바친 순돌이와 박영충이 저곳에 있는데 돌아가야 한다니 가슴이 막막하고 눈물이 자꾸만 흘러나왔다.

"기동아. 사내가 눈물이 그렇게 흔하면 어떡하냐?"

십장인 선군 하나가 다가와 기동의 어깨를 두드렸다. 기동의 사정을 아는 선군이 측은하게 생각하고 말했다.

"기동아. 희망을 버리지 마라. 아직 정벌이 끝난 게 아니다."

"그게 무슨 말인가요?"

"태풍 때문에 잠시 돌아가는 것뿐이니까 말이다. 조선으로 돌아갔다가 날씨가 좋아지면 다시 온다는 말도 있더라."

"정말이오?"

"소문에 그런 말이 있더라. 또 태풍이 몰아쳐서 싸워보지도 못하고 통째로 수장되는 것보다는 낫지. 그러니 너무 상심 말고 기다려 보거라. 네 친구 순돌이가 죽었는지 살았는지도 모르지 않느냐? 내 들으니 함께 있던 박영충이란 군관의 무술 실력이 대단하다 하더라. 임금님에게 직접 활과 화살까지 받았다더라. 살아있을 것이니 너무 걱정마라."

"두 사람 모두 살아있었으면 좋겠어요."

기동이 멀어져가는 대마도를 바라보며 두 사람을 살아서 다시 만나게 되길 간절히 기원하였다.

논공論功

1

7월 6일, 이종무가 보내 온 진무鎭撫 송유인宋宥仁이 밤에 편전으로 와서 7월 3일 대군이 거제도에 무사히 도착하였다고 세종에게 보고하였다.

"아무 일 없이 무사하게 잘 돌아온 거요?"

"예. 군사가 거제로 돌아왔는데, 전함戰艦이 복몰한 것은 없습니다. 다만 박실이 험한 곳에 웅거하고 있는 도도웅와에게 무리하게 항복을 받으려 했다가 병사 180인이 전사하였습니다."

"뭐라고?"

세종이 편전에서 송유인에게 패전한 상황을 자세하게 물어보다가 고개를 끄덕이며 말했다.

"상왕께서 기다리실 것이오. 어서 수강궁으로 가 보시오."

송유인이 세종에게 인사를 한 후에 뒷걸음으로 물러나서 편전을 나갔다.

"박실이 괜한 짓을 했구나. 적이 지형의 유리에 있고, 더구나 사지에 있으니 참고 기다리면 좋았을 텐데……."

뒤편에 있던 판내시부사 김용기가 말했다.

"병가에 승패란 흔히 일어나는 일인데 공을 세우려다 벌어진 일을 탓할 수야 있겠습니까? 그나저나 상왕께서 패전 소식을 알게 되면 전하에게 맡긴 병권을 다시 회수하시지 않을까요? 상왕께서 전하에게 신임을 거두실까 걱정입니다."

"내가 불민한 탓이니 상왕의 처분에 맡길 밖에. 180명이나 되는 우리 백성들이 죽었으니 가슴이 아프구나."

세종이 편전에 홀로 앉아 낙루하였다. 송유인이 다녀간 다음날부터 병사에 관한 일이 세종이 아니라 상왕에게 먼저 보고가 되었다.

이날 좌의정 박은이 상왕에게 계하였다.

"왜구가 황해도에서 충청도까지 이르러 적의 배 2척이 안흥량安興梁에 들어와 전라도의 공선貢船 9척을 노략하고 대마도로 향하여 갔다 하옵니다. 이제 적왜賊倭가 중국에 들어가 도적질하고 본도로 돌아오는 것이 이때이니, 마땅히 이종무 등으로 다시 대마도에 나가 적이 섬에 돌아오기를 기다렸다가 맞서서 치게 되면 적을 파함에 틀림없을 것이니, 진실로 진멸珍滅시킬 기회를 잃지 마소서."

"좌상의 말이 옳다."

상왕이 대마도를 다시 치게 하고 동지총제 이춘생李春生을 보내어 동정군중東征軍中에 나가 하사한 술로 제장들을 위로하고, 도통사 유정현에게 일러 말하였다.

"중국으로부터 돌아온 적선 30여 척이 이달 초3일에는 황해도 소청도에 이르고, 초4일에는 안흥량安興梁에 와서 우리 배 9척을 노략하고 도로 대마도로 향하니, 우박과 권만權蔓으로 중군 절제사를 삼고, 박실과 박초로 좌군 절제사, 이순몽과 이천으로 우군 절제사를 삼아 각각 병선 20척을 거느리게 할 것이니, 도체찰사가 다 거느리고 다시 대마도로 가되, 육지에 내려 싸우지는 말고 군사를 거느리고 바다에 떠서 변을 기다릴 것이며, 또 박성양으로는 중군 절제사를, 유습으로는 좌군 절제사를, 황상으로는 우군 절제사를 삼아 각각 병선 25척을 거느리고 나누어 등산굴두登山窟頭와 같은 요해처要害處에 머무르게 하고, 적의 돌아오는 길을 맞아 쫓으며 협공으로 반드시 대마도를 치도록 하라."

세종이 이 소식을 듣고 부랴부랴 병조판서 조말생을 불렀다. 조말생이 세종의 편전으로 들어와 국궁하고 앉았다.

"무슨 일로 불러 계시옵니까?"

"상왕께서 이종무로 하여금 다시 대마도를 공격하라는 명을 내리셨음을 알고 계시겠지요?"

"예."

"병판께서 상왕께 말씀을 드려주세요. 다시 대마도를 치는 일은 옳지 않아요."

"왜 그렇게 생각하십니까?"

"대마도에 한 번 다녀왔으니 군사들의 예기銳氣가 쇠해 있을 것이오. 또 선박의 장비도 풍랑으로 파손된 것이 있을 것이오. 더구나 7월에는 태풍이 많으니 먼 바다를 건너가다가 혹 생각지 않은 변이 있으면, 뉘우쳐도 따를 수 없을 것이오.

병서에 적을 굴복시키는 데에 손실을 강요하라 하였소. 이미 대마도는 우리 대군에 의해 파괴되어 회생할 길이 없소. 폐허가 된 곳에 다시 항복을 받으러 가는 것은 넘어진 사람을 짓밟는 일일 뿐 우리에게 하나 득 될 것이 없소. 차분히 기다린다면 반드시 도도웅와가 항복해 올 것이지만 상왕께서 뜻을 굽히지 않겠다면 바람이 평온해지기를 기다려 군사의 원기와 사기를 높인 후에 다시 쳐도 늦지 않을 것이오."

"하오나 좌상께서 고집하시니 저로서도 어찌할 수 없습니다."

"좌상의 고집을 꺾을 사람이 누가 있소?"

"영의정 유정현이 없으니 우의정 이원 밖에는 없을 듯합니다. 그렇지만 우상도 좌상의 고집을 꺾기 어려울 것이니 상왕께 건의 드린다면 좋은 수가 생길 것도 같습니다."

"그렇다면 우의정을 불러들이세요. 설득은 내가 해 보지요."

세종이 우의정 이원을 불러들여 한동안 이야기를 하다가 돌려보낸 후 문득 생각나서 대제학 유관을 불렀다.

유관이 편전으로 들어와 인사를 하였다. 하얀 팔자 눈썹에 사람 좋은 인상을 하고 있는 유관이 싱글벙글 웃고 있었다.

세종이 심각한 얼굴로 말했다.

"대제학. 일이 여의치 않게 되었습니다. 저를 좀 도와주세요."

"그렇지 않아도 상왕께서 다시 대마도를 치게 명한 것을 들었습니다. 제가 가서 이야기를 올리겠습니다."

"과인은 경만 믿습니다."

유관이 읍을 하곤 조용히 편전을 물러나와 수강궁으로 올라갔다.

2

유관이 수강궁으로 들어가니 마침 상왕이 후원에서 활을 어루만지고 있었다.

"상왕전하. 그동안 안녕하셨습니까?"

상왕이 시립해 있던 내관에게 활을 건네며 반가운 얼굴로 맞았다.

"그렇지 않아도 소식이 없어서 궁금하던 참이었소. 이리 와서 말벗이나 합시다."

상왕이 유관을 이끌고 후원 정자로 들어갔다. 상궁과 무수리가 다과를 가져왔다. 인삼차를 한 모금 마시던 유관이 뜨락에 싱싱한 나무들의 신록을 바라보다가 입을 열었다.

"세월이 유수 같다더니 그 말이 참으로 옳습니다."

상왕이 고개를 끄덕이며 말했다.

"그러게 말이오. 풀피리 불며 말을 타고 놀던 때가 어제 같은데 내 나이가 벌써 쉰둘이오. 세월이 눈 깜짝한 사이에 흘러가 버린 듯하오."

"그렇습니다. 그래서 저는 늘상 나무가 부럽습니다."

"허허허. 나무는 베지 않으면 수백 년을 족히 사니 그럴 만도 하지."

"제 말은 오래 살아서 나무가 부럽다는 것이 아니옵니다."

"그럼 무엇이 부럽다는 말인가?"

"나무는 오래 살지만 미련이 없는 삶을 살기 때문이지요. 이른 봄 나무가 가지마다 잎을 틔우면 푸른 잎사귀를 싱싱하게 펼치며 봄과 여름을 나지만 가을과 겨울이 되면 미련 없이 잎을 거두어들입니다. 봄과 여름에는 한없이 소유하였다가 때가 되면 가진 것을 모두 버려 철저한 무소유가 되는 것이지요. 사람이 나이를 먹고도 아등바등하며 세상에 미련을 못 버리는 것은 온전히 욕심 때문이옵니다. 일흔이 넘은 저도 세간의 미련을 버리지 못하여 이렇게 살고 있는데 저 나무는 때가 되면 미련 없이 버리고 사시의 뜻과 함께 하니 얼마나 부러운 존재입니까."

말없이 듣고 있던 상왕이 고개를 끄덕끄덕하다가 유관에게 물었다.

"경이 이런 이야기를 하는 것을 보니 나에게 할 말이 있는 모양이구나."

"제가 말하지 않아도 상왕전하께서 이미 짐작하고 계실 것입니다.

미련을 버리십시오."

상왕이 길게 한숨을 내쉬었다.

"내가 어렵게 왕이 되고 보니 모든 것이 쉽게만 느껴지지 않는구려. 내가 이러지 말아야지 하면서도 매양 주상에게 맡긴 일이 미덥지 않게 느껴지니 참으로 부끄러운 일이오."

"나무처럼 미련을 버리고 주상께 맡겨보소서. 신은 그 말씀을 드리러 온 것입니다."

"잘 오셨소. 내가 경의 말을 듣고 깨닫는 것이 많소."

그때 우의정 이원이 내시와 함께 후원으로 들어왔다.

"무슨 일이오?"

이원이 상왕에게 읍한 후에 입을 열었다.

"상왕전하. 지금 대마도를 치러 갔던 수군이 돌아와서 해안에 머물러 있습니다. 이 병사들을 대마도에 다시 보내 왜구를 맞아 치라는 계책은 득책得策이라 할 수 있으나, 군사들의 예기銳氣가 이미 쇠하고 선박의 장비가 또한 파손되었으며, 더구나 천후가 점점 바람이 높으니, 멀리 불측한 험지를 건너가다가 혹 생각지 않은 변이 있으면 뉘우쳐도 따를 수 없을 터이니, 바람이 평온해지기를 기다려 군사를 정제整齊하여 다시 쳐도 늦지 않습니다. 또 대마도의 적은 이미 회복할 수 없을 만큼 큰 타격을 입었는데 이제 재차 다시 공격하심은 제왕답지 못하옵니다."

상왕이 유관을 바라보았다. 유관이 말없이 고개를 끄덕이자 상왕이 내시를 시켜 박은을 불렀다.

좌의정 박은이 부랴부랴 수강궁으로 와서 상왕을 알현하였다.

"좌상. 내가 생각해보니 지금 대마도를 다시 치는 것은 때가 아닌 듯싶소."

박은이 고개를 들고 말했다.

"이때가 아니면 왜구의 뿌리를 뽑을 수 없사옵니다. 지금 병력들이 고단하겠지만 한때의 고단함을 참아내면 후일의 평온이 있을 것이니 어찌 이번 기회를 놓칠 수 있겠습니까?"

"옛적에 주공周公이 완고한 백성에게 일러서 깨우치기를 여러 번 했다. 성인의 덕으로도 오히려 이와 같이 했으니, 조그마한 작은 섬놈들이 은혜를 저버리고 죽을죄를 범한지라, 내가 글로써 이르는 말로 알아듣도록 타일러 주고서, 그래도 오히려 마음을 고치지 아니하거든 군사를 동원하여 다시 치는 것이 무엇이 덕에 해가 될 것인가. 약간 시간을 미루어 대마도를 치도록 하세."

"왜구의 피해가 해마다 많은 이유가 무엇 때문이겠습니까? 먹고 살기 어려우니 도적질을 하러 오는 것이 아니겠습니까? 이번이야말로 왜구의 뿌리를 뽑을 수 있는 기회이니 놓치지 마소서."

"이것은 내가 결정할 일이 아니다. 주상과 논의한 후에 결정을 할 것이니 좌상은 돌아가 있으라."

상왕이 박은을 보낸 후에 유관의 얼굴을 바라보았다.

"어떻소. 이만하면 되겠소?"

"잘하셨습니다."

유관이 주름 가득한 얼굴로 밝게 웃었다.

3

이날 저녁, 세종이 상왕께 문안인사를 드리러 찾아왔다. 세종이 상왕의 얼굴에 근심이 가득한 것을 보고 대마도 정벌의 일을 고심하는 것이라 짐작하였다.

"상왕전하. 얼굴에 수심이 가득하옵니다. 무슨 걱정이라도 있으십니까?"

상왕이 세종에게 박은과 이원의 상반된 이야기를 털어놓았다.

"좌상의 말도 옳고 우상의 말도 옳으니 어찌해야 좋겠는가? 주상이라면 어찌할 것인가?"

"좌상의 말이 틀리지는 않으나 신의 짧은 생각으론 우상의 말이 옳을 듯싶습니다. 용병을 잘하는 지휘관은 적군의 사기가 왕성할 때에 이를 피했다가 사기가 쇠잔할 때 공격한다고 합니다. 거꾸로 말하면 우리 쪽의 사기가 높을 때 사기가 쇠잔한 적을 무찌를 수 있다는 말입니다. 지금 우리 군사들은 먼 원행에 피로하여 있고, 또 박실의 패전으로 사기가 떨어져 있습니다. 이러한 때에는 다시 대마도로 간다 하더라도 실이 있지 득은 없을 것입니다. 그뿐 아니라 7월에는 태풍이 자주 몰려오므로 선박이 난파되기라도 하면 도리어 큰 낭패를 당하게 될 것입니다."

"주상의 말이 옳구려. 주상이 당장 사람을 보내어 대마도로 가는 병선의 행군을 멈추게 하시오."

"알겠사옵니다."

세종이 사람을 보내어 대마도로 가는 병선의 행군을 멈추도록 명하였다.

　7월 15일, 동정東征하는 여러 장수들이 구량량(仇良梁, 지금의 사량)에 모였다. 거제에서 출발한 배가 높은 파도를 만나 급하게 구량량으로 방향을 바꾼 것이었다.

　2백 척이나 되는 배가 경상도 각 포에 흩어져서 이날 배로 떠나서 대마도로 향해 가려고 할 때, 마침 이호신이 군중軍中에 이르러 상왕의 교지敎旨를 선포하였다.

　"다시 토벌하는 행군을 중지하라."

　그렇잖아도 구름 낀 날씨를 심상찮게 생각하던 사람들이 포구에 배를 대고 뭍으로 내려 휴식을 취하였다.

　이날 저녁 무렵, 비가 오기 시작하더니 삼 줄기처럼 쏟아지고 큰 바람에 높은 파도가 밀려왔다. 밤새도록 천둥이 치고 큰 바람소리가 웅웅 하고 울었다. 높은 파도가 포구를 때려 땅이 다 진동하는 것 같았다.

　이날 밤에 구량량에 동풍東風이 비를 따라 급히 불어와 병선 7척이 파괴되고, 1척은 배 전체가 뒤집혀서 빠져 죽은 자가 7명이나 되고, 또 8척은 바람에 불려서 행방을 모르게 되었다. 이종무가 여러 제장들과 구량량 군영에서 찌푸린 하늘을 바라보며 출정하지 않은 것을 다행으로 생각하였다.

　한편 상왕은 동정하는 배가 난파당했다는 이야기를 듣고 가슴을 쓸면서 세종을 수강궁으로 불러들였다. 세종이 수강궁으로 들어오자 상왕이 입을 열었다.

"그때 주상이 아니었다면 큰 낭패를 볼 뻔하였소."

"제가 한 일이 없습니다. 모두 상왕께서 결정하신 일이니 제 공이 아닙니다."

상왕이 물끄러미 바라보다가 입을 열었다.

"내가 주상에게 미안한 것이 많아요. 대마도를 정벌할 때에 모든 전권을 주상에게 맡겼는데 내가 나이 들고 미혹하여 박실이 패전했다는 소식을 듣고 주상을 믿지 못하여 모든 일을 내가 처리하려고 하였어요."

"송구하옵니다. 군사에 관한 일은 마땅히 상왕께서 처리하셔야 할 줄로 압니다."

"아니오. 내 앞으로는 조심하겠소. 그건 그렇고, 내가 주상을 부른 것은 앞으로 대마도의 일을 어떻게 할 것인가 상의하기 위함이오. 주상의 생각은 어떻소?"

"수한水旱의 재앙으로 인하여 농사가 충실하지 못한데다가, 더구나 동정東征까지 하게 되어 군민이 다같이 곤궁합니다. 백성을 기르고 군사를 쉬게 하는 것이 참으로 급선무가 되는 것이니 제 생각은 부드럽게 교화에 응하도록 하는 것이 좋겠습니다.

가을, 겨울이 오면 피폐된 대마도는 식량이 부족할 것이니 도도웅와가 버티지 못할 것입니다. 수군들로 하여금 왜구의 침입에 방비하게 하고 기다리다보면 도도웅와가 반드시 항복하여 올 것입니다."

"저들이 구주의 힘을 빌리면 어찌 하나?"

"만약 구주가 대마도를 저희 땅이라고 생각한다면 도도웅와를 도울 것이고, 또한 도도웅와도 구주에게 힘을 빌릴 것이니 후일 왜구의 침입이 계속되면 책임 소재를 명확히 할 수 있을 것입니다. 그러나 제 생각으로는 겨울과 내년 봄을 날 만큼 많은 식량의 부담을 구주가 감당할 수는 없을 것입니다. 늦어도 가을부터 내년 봄 사이에는 반드시 우리에게 항복해 올 것이니 느긋하게 기다려 보시지요."

"주상의 말대로 하지."

"들자니 동정에서 얻은 한인이 9백 30명이 되는데 이들은 한시바삐 요동으로 돌려보내는 것이 좋겠습니다."

"주상의 뜻대로 하시오."

세종이 동정東征해서 얻은 한인漢人 9백 30여 명에게 옷과 갓·신·포목을 주어서 요동으로 풀어 보내게 하고, 정벌에 참가한 군사들을 본래 있던 곳으로 돌려보내게 하였다.

4

8월 10일, 상왕이 임금과 함께 선양정善養亭에 납시어 주연을 베풀고 동정東征하였던 유정현·이종무·최윤덕·이지실·이순몽·우박·박성양·박초·이장 등 여러 장수들을 위로하였다.

여러 장수들이 차례로 잔을 올리고 번갈아 춤을 추는데, 상왕이 유정현과 이종무에게 각각 말 한 필과 안장 한 벌씩을 하사하고, 최윤덕 등 일곱 사람에게는 각각 말 한 필씩을 하사하고, 병마사 이하 군관과 군사는 토벌에 나가서 공이 있는 자에게 차등대로 상을 내리게 하였다. 이날 유습은 병으로 인하여 나오지 못하고, 박실朴實과 황상黃象은 아직 돌아오지 못하였기 때문에 참여하지 아니하였다.

상왕이 유정현에게 술을 내린 후에 물었다.

"도통사가 주상에게 할 말이 없는가?"

유정현이 읍하며 말했다.

"그윽이 생각하건대, 평화한 때에도 난을 잊지 않는 것은 나라 보전하는 좋은 방책이요, 변에 응하여 적을 막아내는 것은 지금의 급무이라, 신이 명을 받은 이래로 밤낮으로 제어하는 법을 생각하고, 겨우 한두 가지의 좁은 의견을 생각하였습니다.

첫째로. 대마도 왜인들이 잔혹하고 강하고 사나우며 조그마한 원한까지도 반드시 갚으니, 지금은 두려워 굴복은 하지만 그 반복함을 헤아리기 어려우니, 각도의 병선은 흩어져 있지 않게 하고 요해지마다 각각 20척을 두게 할 것이며, 병선이 없는 요해지에는 육군을 주둔시켜 지키고 봉화를 삼가고 수비를 엄하게 함으로써 항식恒式을 삼을 것입니다.

둘째로. 대마도 왜인들이 살아서는 병기와 갑옷을 갖추고 죽는 것을 조금도 두려워하지 아니하며 농업은 일삼지 않고 도적질하는 것으로 생업을 삼으니, 지금은 비록 섬멸해서 거의 다 없어졌다 해도 그 도당으로서 다른 섬에 사는 자가 심히 많으니 항복하기를 비는 것이 참인지 거짓인지도 알 수가 없고, 저것들이 만일 다른 섬의 무리를 이끌고 와서 다시 침략한다면 그 화는 반드시 전일보다 더 참혹할 것이니, 미리 정월이나 2월에 병선을 정리하여, 물이 차고 바람이 모질어 적선이 아직 행동하기 전 3월에 때를 기다려서 죄를 성토하고 진격해서 소탕하면, 군사는 때를 좇는 이利를 얻을 것이며 농사는 때를 잃는 폐단이 없을 것입니다."

최윤덕이 말했다.

"소신의 생각으로는 병선을 더 짓는 것이 시급한 일입니다. 비인현에 침입한 왜구의 배가 50척이었습니다. 그러나 지금 각 포구의 병선이 많다 하여도 5, 6척에 지나지 못하니, 처음부터 왜구의 상대가 될 수 없는 것입니다. 듣자오니 평안도와 황해도에서 배를 짓는다 하는데, 경기·충청·전라·경상도에서도 병선을 더 지어서 각 포구에 나누어 두었다가, 경보가 있으면 한 영領은 항상 해변 둘레를 지키고 한 영은 요충지를 지키면 왜구가 감히 근접하지 못할 것입니다."

상왕이 고개를 끄덕이며 말했다.

"경들의 말이 매우 옳으니, 주상은 잘 들어 두라."

"예."

다음날 조회에서 사간원이 박실의 패전을 문제 삼았다. 7월에 전 갑산 군사甲山郡事 장온張蘊이 동정에서 먼저 돌아와 중군이 배에 내리지 않아 박실이 패전하였다는 고변을 했기 때문이었다.

상왕께서 이 말을 듣고 장온을 의금부에 가두고 삼성三省과 병조 참의 장윤화張允和에게 명하여 서로 의논하여 다스리게 하였던 것이 이제 다시 불씨가 되었던 것이다.

정전에서 좌의정 박은이 아뢰었다.

"좌군 절제사 박실이 공을 세우려다가 애꿎은 병사 180명이 왜구의 손에 죽고 대패하였습니다. 그때 호위하던 한인漢人 송관동宋官童 등 11명이 우리 군사가 패하게 된 상황을 자세히 알고 있으므로, 중국에 돌려보내서 우리나라의 약점을 보이는 것은 불가합니다."

우의정 이원이 말했다.

"황제의 친정에서도 달단에 출진한 병사들이 반수가 죽었다 하는데 180여 명의 인원이 죽은 것이 허물이 있겠습니까? 명이 우리의 군세를 경계하고 있을 것이니 풀어 보낸다면 반드시 우리에게 이득이 있지 손실은 없을 것입니다."

변계량도 말했다.

"그렇습니다. 대마도를 친 문제로 명에서도 신경을 곤두세우고 있을 것이니 연전연승하였다면 중국에서도 껄끄럽게 생각할 것입니다. 이번에 송관동과 한인들을 보낼 때 사대事大의 예를 갖춘 것처럼 행하면 훗날의 근심이 없을 것입니다."

세종이 말했다.

"좋다. 그 말이 옳다. 허나 확실히 하는 것이 중요하니 송관동의 소견을 탐문케 하라."

대사간 변계량이 말했다.

"왜군과 육상에서 접전을 말라는 어명을 어기고 싸워 패군한 박실의 죄를 문초하게 하소서."

"그것은 내가 관여할 바가 아니다."

"신이 듣기로 상상께서 병권에 관한 일을 주상전하께 일임하셨다 들었습니다."

"그럴 리 있는가? 나는 아직 나이 어리고 경험이 부족하여 병권을 맡을 소임이 부족하다. 모든 일은 상상께 아뢰어 처리하도록 하라."

대간들이 박실을 문제 삼아 상상께 고하니 상상이 뒤늦게 박실을 의금부에 하옥하게 하고 치죄治罪하게 하였다.

6

세종이 정전을 나왔을 때, 사모에 홍단령을 입은 윤득홍이 성큼성 큼 다가와 머리를 조아렸다.

"무슨 일인가?"

"신을 대마도로 보내주시옵소서. 신에게 병선 50여 척을 주신다면 왜구의 잔당을 쓸어버리고 도주의 항복을 받아오겠습니다."

세종은 윤득홍이 찾아온 사연을 짐작할 수 있었다. 윤득홍이 형제 처럼 생각하는 박영충의 생사를 확인하기 위함일 것이었다.

"그건 안 될 말이네."

윤득홍이 천천히 고개를 들어 세종의 얼굴을 바라보았다. 커다란 그의 두 눈에 눈물이 어려 있었다. 세종이 길게 한숨을 쉬었다.

"박영충의 일은 안 되었네. 그렇지만 군사의 일은 한때의 분기로 성급하게 결정할 일이 아니지 않은가? 이럴 때일수록 더욱 정신을 차

갑게 가다듬어야 할 걸세."

"허나."

"지금은 동정에 다녀온 군사들을 안정케 하는 것이 우선이네. 경의 자리를 지키면서 때를 기다리게."

세종이 엄히 타이르곤 몸을 돌렸다. 우두커니 서 있는 윤득홍을 뒤로 하고 사정전으로 걸음을 옮기는 세종의 마음은 어느 때보다 무거웠다. 박영충 이외에도 생사가 확인되지 않은 군사들이 적지 않게 사로잡혀 있음을 조말생에게 보고 받았던 터였다. 적지에 사로잡힌 군사들은 어쩌면 성난 왜구들의 칼날에 어육이 되어 있을지도 모를 일이었다. 다행히 살아있다 하더라도 그들이 당하고 있을 고초를 생각하면 세종은 자신의 몸이 칼날에 찢기듯 마음이 심란하였다.

윤득홍을 만난 일로 아침 수라도 물린 세종의 눈에 문을 열고 들어오는 내시 김용기가 보였다. 세종의 어전 앞으로 다가온 김용기가 허리를 조아리며 서안에 책을 올려놓았다.

"어제는 신문고를 울린 이가 세 명이온데 한 명은 노비 문제 때문에 북을 쳤고, 한 명은 토지의 소송 문제로 북을 쳤습니다. 마지막 한 명은 어린 소년이온데 박실의 일을 고변할 것이 있어 찾아왔다 합니다."

순돌이의 일이 있은 후부터 세종이 신문고를 개방하였는데 억울한 사정을 북을 쳐서 알리는 것이 아니라 고각을 지키는 아전에게 사정을 써 올리게 하여 세종이 일일이 보고를 받아 처리하였다. 이를 판내시부사 김용기가 맡았는데, 이는 백성들의 곤궁한 사정을 임금이 바로 듣고 백성들의 살갗에 닿을 수 있는 정책을 펴기 위함이었다. 그뿐 아니라 국가의 대소사를 조정의 대소신료들이 회의를 걸쳐 논의케 하고 의견을 수렴하여 정책으로 결정되게 하였다. 이는 태종이 몇 사람의 중신들과 더불어 국정을 논의하던 것과 완전히 상반된 방식이었으나 누구도 토를 다는 이가 없었다.

세종이 책을 펼치며 물었다.

"박실?"

"예. 동정에 참전한 아이온데 박실의 패전에 대해 긴히 할 말이 있다고 합니다."

"그 아이를 광화문 안으로 데려오너라. 내가 직접 만나보겠다."

김용기가 부리나케 나간 후에 세종이 친히 광화문 앞으로 나갔다. 세종이 근정문을 나가니 광화문 앞에 있던 김용기가 거지 차림을 한 소년 하나를 데리고 와서 세종을 보고 읍하였다.

소년이 땅바닥에 납작 엎드려 큰절을 하였다.

"네 이름이 무엇이냐?"

김용기가 임금의 말을 받았다.

"네 이름이 무엇이냐?"

"기동입니다."

기동은 자원하여 대마도 정벌에 참여한 상으로 상목 3필과 쌀 5석씩을 받았는데 박실이 패전의 책임을 물어 의금부에 갇혔다는 말을 듣고 이천 리 길을 걸어왔던 것이었다. 세상 물정 모르는 소년이 주막과 객주를 전전하며 꾀 있는 장사치에게 이리 저리 뜯기다가, 충주에 이르렀을 무렵에는 가지고 있던 것이 다 떨어져서 그 후부터는 비렁질을 하며 한양까지 온 것이었다.

세종이 부드러운 목소리로 물었다.

"네가 박실의 일로 고변할 것이 있다면서? 어려워 말고 말해 보거라."

기동이 엎드린 채로 말했다.

"저는 이번 대마도 정벌에 자원하여 선군이 되어 따라갔었습니다."

"알고 있다."

"제가 선군이 된 것은 왜구들에게 잡혀간 누이를 구할 수 있을까 싶어서였습니다. 저희들은 좌군에 소속되어 있었는데 제 누이가 도도웅와의 종노릇을 하고 있다는 소식을 듣고 우연한 기회에 박실 장군에게 사정을 말하게 되었습니다."

"그럼 박실이 네 누이를 구하러 도도웅와를 공격하다가 패배했단 말이냐?"

"그렇습니다."

"대단한 아이로구나. 그걸 알리기 위해 천릿길을 달려온 것이냐?"

"예."

"내가 잘 알았으니 이만 돌아가 보거라."

기동이는 힐끔 세종의 용안을 보더니 갑자기 바닥에 엎드려 말했다.

"임금님. 제가 찾아온 것에는 또 다른 이유가 있습니다."

"이유가 또 있다고?"

"예. 도도웅와에게 누이를 찾으러 갔다가 패배하여 쫓겨 올 때 박영충이란 군관과 화차병으로 있는 순돌이가 저 대신 왜구들을 상대하여 홀로 뒤쳐져 돌아오지 못했습니다. 임금님께서 그 두 사람을 구해주십시오. 아니면 두 사람의 생사라도 알게 해 주십시오."

기동이 땅에 엎드려 서럽게 울었다. 기이한 일이었다. 순돌이와 박영충은 이미 세종과 일면식이 있는 사람들이었다.

순돌은 유관의 도움으로 신문고를 두드리고 군기감에서 본 적이 있는 아이였고, 박영충은 활 실력을 사랑하여 공을 세우라고 대마도에 직접 보낸 사람이었다. 아침 조회 때에 박영충의 일로 윤득홍이 찾아왔으며, 또한 순돌을 살려달라고 이 아이가 천릿길을 마다않고 달려왔으니 기이한 일이었다.

"너희가 나와 전생에 깊은 관계가 있는 모양이구나."

"예?"

기동이 영문을 몰라 고개를 들었다. 세종이 근심이 가득한 얼굴로 말했다.

"알겠다. 내가 조처할 것이니 울지 말거라."

"감사합니다요. 임금님, 감사합니다요."

기동이 땅에 이마를 박을 듯이 꾸벅꾸벅 절을 올렸다.

"네가 지낼 곳은 있느냐?"

"상급으로 탄 것은 올라오면서 다 써 버려서 마땅히 갈 곳도 없습니다."

세종이 천천히 일어나 김용기에게 말했다.

"저 아이를 군기감에 보내어 그곳에서 생활할 수 있도록 조처하라."

"예."

김용기가 고개를 꾸벅 숙여 인사하곤 기동이를 데리고 물러갔다.

세종이 그 길로 수강궁으로 들어가 상왕에게 문안인사를 하고 방금 전에 신문고를 두드렸던 기동을 만난 일을 이야기하였다.

"박실이 이번에 크게 패전을 하긴 하였지만 이는 불쌍한 백성들의 억울한 사정을 들어주려다 그런 것이지 군율을 어겼거나 태만하여 벌인 일은 아니옵니다. 천릿길이 넘는 거리를 헐벗어 찾아와 죄를 사해 달라 부탁하는 백성을 보니 소자는 참으로 부끄러웠습니다. 박실이 패한 것은 소인의 부덕한 소치이오니 상왕께서 깊이 생각해 주시옵소서."

상왕이 말없이 세종의 이야기를 듣고 있다가 의금부 제조 변계량을 불렀다.

변계량이 편전으로 들어와 읍을 하고 앉았다.

"박실을 국문하니 무어라 하더냐?"

상왕의 물음에 변계량이 말했다.

"어제 명령을 듣고 박실의 패군한 죄를 국문하오니, 실이 공술하기를, 원군이 때 맞춰 구원하지 못하여 패군하였다 하였습니다. 신들의 생각에는 특별히 박실의 죄뿐이 아니고, 종무와 유습과 박초도 다 유죄하오니 모두 국문함이 옳은가 합니다."

상왕이 얼굴을 찌푸리며 말하였다.

"박실의 패군한 죄는 모두 다 아는 바이지만, 만약 법대로 논한다면 유정현이 도통사가 되어서 즉시로 실을 구속하고 벌을 줄 것을 청하지 아니하였으니, 그것 역시 죄 되는 일이다. 이제 여러 장수들을 상 주었다가 또 다시 정현과 종무를 옥에 하옥한다면, 나라 사람들에게 부끄러움이 있지 않겠는가. 하물며 동정할 때에는 승리가 많았고 패전은 적지 않았는가. 뒷날의 일도 역시 생각하지 않을 수 없는 것이니, 만약 대거大擧할 계획을 한다면 또한 권도權道를 써야 할 것이나, 내 어찌 그런 일로 하여 끝까지 그 죄를 치죄하지 않을 수 있겠는가. 박실은 면죄시키게 하라."

변계량이 명을 받고 물러나니 상왕이 세종에게 말했다.

"주상. 듣자니 정전에서 군사에 관한 일을 내게 물어보라 하였다면서요?"

"예."

"내가 분명히 주상에게 병권을 넘겼는데 주상은 어찌하여 이 늙은 이에게 자꾸만 어려운 짐을 감당케 하는 것이오?"

세종이 바닥에 손을 대고 엎드려 말했다.

"전하. 지천명知天命을 넘기신 지 얼마 되지 않으신데 벌써 정사를 놓으심은 신을 불초한 사람으로 만드시는 일입니다. 부디 그 말씀만은 거두어주십시오."

"아니오. 난 복이 없는 사람이라 정사를 맡아서는 아니 되었어요. 나이가 들고 몸이 약해지니 옛적에 내가 한 일이 후회막급이로군요."

"그게 무슨 말씀이십니까?"

"어제도 꿈자리에서 방간이 형이 나타나서 나에게 윽박을 지르는 것이 아니오. 모두 나 때문에 이렇게 되었다고 호통을 치는 것이었소. 모두 나 때문에 이렇게 된 거지. 나 때문에……."

상왕의 눈가에 눈물이 어리었다.

"아바마마."

세종이 상왕의 약해지는 모습을 바라보니 가슴이 찢어지는 것 같았다. 세종은 상왕이 그늘을 만드는 큰 나무라 생각하였지만 이 순간 그가 울타리이며 버팀목이라는 것을 알았다.

작년에 왕비 민씨 일가를 역모로 몰아 몰살시킨 후, 세종과 상왕 사이에는 보이지 않는 간극이 있었다. 외척의 전횡을 보아 넘기지 아니하는 상왕의 기질이 세종은 두려웠다. 형인 양녕대군을 왕의 그릇이 아니라고 무참히 세자 자리에서 떨어트린 상왕이 아니었던가. 무섭고 두렵고 어렵기만 하던 상왕이었는데 나이 앞에서 약해져 가는 모습을 보니 세종은 마음이 찡해왔다.

상왕이 한 모든 일들은 나라와 백성들을 위함이었다. 백성과 나라를 위해 스스로 가시나무를 짊어지고 모든 악업을 짊어진 상왕이라는 큰 울타리 없이는 세종이라는 작은 나무는 큰 바람에도 부러져 버리고 말 것이었다. 아니 상왕이라는 버팀목 없이는 이 나라를 한시도 다스릴 수 없을 것만 같았다.

"상왕전하. 부디 오래오래 건강하셔서 미흡한 저를 이끌어 주십시오."

"허허허. 주상이 갑자기 왜 이럴꼬."

상왕이 자애로운 미소를 지으며 세종의 손을 잡았다.

반간계 反間計

1

9월 20일, 국왕의 어지를 가지고 간 등현藤賢·변상邊尙들이 대마도로부터 돌아왔다. 대마도의 수호 종도도웅와가 도이단도로都伊端都老를 함께 보내어 예조 판서에게 신서信書를 내어 항복하기를 빌었고 인신印信 내리기를 청원했으며 토물土物을 헌납하였다.

이날 조회에서 도도웅와의 일에 대해 논의하였다. 병조판서 조말생이 한 걸음 나와 이야기를 하였다.

"신이 이것저것 물어보니 도이단도로가 푸념하며 대답하길, 대마도對馬島 내의 사람들이 반드시 다들 도적이 아니온데 모두를 도적으로 생각하니 수호께서 가슴이 아프고 답답하다고 하였습니다. 대마도는 지금 비록 궁박한 정도가 심해서 항복하기를 빌기는 하나, 속마음은 거짓일 것입니다."

우의정 이원이 말했다.

"신도 그렇게 생각합니다. 대마도의 궁핍한 정도가 심해서 표면적으로 우호적인 교제를 허락받으려는 것이 분명하옵니다."

예조판서 허조가 말했다.

"그렇습니다. 처음에는 일본 사신의 수가 적었습니다. 그런데 근년에 와서는 칼 한 자루를 바치는 자까지도 사신이라 칭하고서, 자기가 나서서 사사로이 역마를 이용하게 하니 역리들이 피해를 입는 일이 적지 않습니다. 무례한 자는 예조에까지 와서 공을 따지고 성내어 소리치는데 나라에서는 체면을 생각하여 그들을 봐 주고만 있으니 이는 잘못된 것입니다."

조말생이 말했다.

"그렇습니다. 국가에서 일 년 동안에 이들에게 내리는 양곡이 1만여 석에 달합니다. 마땅히 도성 밖에다 왜관倭館을 지어 거기에 머물게 하고 도성 안의 출입을 금해야 할 것입니다. 도도웅와都都熊瓦 및 종준宗俊 등의 문서를 가지고 온 자들은 예로써 접대하여 주고, 그들이 매매하는 재화는 자기가 운반해 다니게 하고 접대를 불허하여, 내왕의 개시를 엄격하게 하여야 할 것입니다."

세종이 말했다.

"만약에 내왕을 하게 되면 경의 말과 같이 하는 것이 좋지만 중요한 알맹이가 빠졌소."

"그것이 무엇입니까?"

"대마도가 경상도의 속주가 되는 것이오. 과인이 원하는 것은 도 도웅와의 거짓 항복이 아니라 대마도를 우리 땅으로 편입시키는 것이오. 대마도가 원래 우리 땅이라지만 왜구들이 터를 잡고 살고 있으니 마땅히 새롭게 우리 땅이라는 결정을 지어야 할 것이오. 어지에 대마도가 경상도 땅이라는 구절을 넣은 이유가 바로 그 때문이 아니오. 그들이 머리가 없다면 몰라도 두 번이나 보낸 어지에 대한 대답이 그렇게 무성의하다면 진심으로 항복했다 볼 수 없는 것이오. 이번 일은 예전처럼 흐지부지해 버려서는 아니 되오. 거짓 항서에 속아 넘어가서도 아니 되오. 우리는 이번 기회에 대마도 왜구의 일을 반드시 결정지어야 할 것이오. 생각해보시오. 대마도가 경상도의 속주가 되면 도성 바깥에 따로 왜관을 지을 필요도 없을 것이며, 역마의 피해도, 접대의 불편함도, 예조에서 무례를 범하는 왜인도 찾아볼 수 없을 것이 아니겠소?"

신하들이 서로의 얼굴을 바라보다가 세종에게 물었다.

"말씀은 지당하십니다만 현실은 그렇지 않습니다. 포악한 왜구들은 설득하기 어렵습니다."

"경들은 어찌 안 된다고만 하시오? 가만히 앉아서 우리 것을 빼앗기겠단 말이오?"

대전의 신하들이 일제히 머리를 조아렸다. 세종이 침착한 어조로 말했다.

"우리는 이미 대마도를 황폐화시키고 왜구들을 토벌하였소. 이제 왜구의 항복을 받는 일은 시간문제요."

"전하께서 좋은 계책이라도 있으십니까?"

"반간계를 쓰는 것이 어떻소?"

"반간계라 하심은?"

"내일 저녁에 한강정漢江亭에서 연회를 열 것이니 병판은 도이단도로를 데려오게 하시오."

"예."

조말생이 어리둥절한 얼굴로 세종을 바라보다가 머리를 굽혀 읍하였다.

이날 저녁 무렵, 세종이 군기감을 찾았다. 군기감 안에 화포창으로 들어가니 군기소감 이도가 달려와 고개를 숙여 읍하였다.

"수고가 많다."

세종이 화포창으로 들어가다가 문득 걸음을 멈추고 이도에게 말했다.

"내일 경이 수고를 좀 해 줘야겠네."

"무엇이든 하명하소서."

이도가 읍하였다.

세종이 이도와 함께 화포창 안으로 들어갔다. 화포창 안마당이 시끄러웠다.

병기를 만드는 화포창 건물 안에서 웃통을 벗은 장인들이 거푸집에 붉은 쇳물을 부어넣고 있었다.

"한 번에 끝내야 한다. 중간에서 쇳물 붓는 것을 멈추면 말짱 허사가 되니 신경 써야 한다."

최해산의 목소리가 우렁차게 들려왔다.

장인들이 둘러서서 한동안 수선을 부린 끝에 쇳물을 붓는 일이 끝이 났다.

이마에 땀을 씻던 최해산이 마당에 서 있는 세종을 보고 달려와서 읍하였다.

"전하. 납시셨습니까?"

"잘 되고 있는가?"

"화약이 터질 때 생기는 힘을 견디지 못하고 깨지는 화포가 있어서 무쇠와 주석의 비율을 달리해서 만들어보고 있습니다. 이번이 세 번째인데 잘 될지는 시험을 해 봐야 알 것 같습니다."

"수고가 많다. 내가 보낸 아이는 잘하고 있느냐?"

"기동이라는 아이 말입니까? 지금은 심부름을 하고 있지만 차차 화포를 만드는 법을 가르칠 생각입니다."

"왜인들에게 한이 많은 아이라 열심일 걸세."

"그렇지 않아도 열심입니다. 대마도에서 자기를 구해주었던 사람들을 생각하면 쉴 수 없다고 말입니다."

세종이 명궁인 박영충과 순돌이를 생각하곤 길게 한숨을 내쉬다가 최해산에게 말했다.

"내일 태평관에서 왜인들과 만찬을 하려 하는데 화포가 필요하네."

"화포라면 얼마든지 사용이 가능합니다."

"이번에는 사정거리가 긴 것이 필요하네."

"얼마나 길어야 합니까?"

"1000보는 넘어야 할 거야."

최해산이 손을 비비며 말했다.

"1000보가 넘는 것은 아직까지 개발하지 못했습니다."

"나도 알고 있네. 포신이 긴 것이면 되네."

세종이 의미심장한 미소를 지었다.

2

둥근 보름달이 휘영청 걸린 한강정은 멀리서도 불빛으로 휘황찬란하였다. 임금이 납신 까닭에 사방에 차양을 치고 화톳불을 밝혀 대낮같이 밝은데 고기와 술을 나르는 나인들이 분주하게 움직이는 가운데 아리따운 기생들이 거문고와 가야금을 뜯으며 노래를 불렀다.

병조판서 조말생과 여러 신하들이 참석하고 도이단도로와 등현, 변상 등 귀화 왜인이 한자리에 모인 가운데 정자 안에서 흥취를 즐기던 세종이 음악을 물리게 하곤 잔을 들어 도이단도로에게 말했다.

"이렇게 좋은 날 내가 좋은 구경거리 하나를 보여주려는데 어떻소?"

도이단도로가 머리를 숙여 읍하였다.

"가져오너라."

한강정 아래가 환하게 밝아오며 군사 20여 명이 화차 한 대와 화포 한 대, 그리고 커다란 화포 하나를 끌어다 놓았다.

　도이단도로의 눈이 휘둥그레졌다.

　"저게 무업니까?"

　병조판서 조말생이 말했다.

　"수레에 벌집 같은 통이 있는 것은 화차라고 하오. 한 번 발사하면 300개 이상의 탄환이 나오는데 대마도를 정벌할 때 작은 활약을 하였지요. 그 옆에 있는 쇠기둥 같은 것은 화포인데 제일 왼편에 있는 것이 이번에 새로 개발한 화포요. 사정거리가 1000보 이상이 되지요. 구경이나 하시라고 불렀소."

　도이단도로가 바라보는 가운데 군사들이 벌집 같은 화차 안에 무언가를 부지런히 넣은 후 수레를 강가 앞에 끌어다 놓았다. 화포장이 횃불을 당긴 후 부리나케 물러나니 잠시 후 벼락 치는 소리와 함께 불길이 어지럽게 치솟았다.

　탄환이 떨어지는 강물이 달빛을 받아 어지럽게 튀면서 허공에 화약 연기가 안개처럼 퍼졌다. 멀리 강 저편에서 요란한 천둥소리가 메아리가 되어 돌아왔다.

　도이단도로가 혼이 빠진 사람처럼 멍하게 바라보니 이번에는 화포를 강가에 옮겨놓고 화포병들이 화포 안을 대나무 솔로 닦고 화약을 집어넣은 후 검은빛이 나는 쇠환을 넣느라 부산하였다.

　잠시 후, 화포병들이 뒤로 물러섰다. 횃불을 든 화포장이 포 뒤에서 멈추어 임금의 신호를 기다렸다.

"화포를 쏘라."

말이 떨어지기 무섭게 화포장이 화포의 꽁무니에 있는 심지에 불을 붙이고 얼른 물러났다. 꽁지가 불꽃을 일으키며 타들어 갔다.

쾅—

천둥 같은 소리와 함께 포신에서 불꽃이 일었다. 도이단도로가 얼른 맞은편으로 고개를 돌리니 강 가운데에서 높은 물이 허공으로 치솟았다. 눈대중으로 쳐도 이백 보는 넘을 듯 보였다. 도이단도로가 침을 삼키며 바라보니 이번에는 포신이 긴 대포가 강가에서 발사를 준비하고 있었다.

화포장이 포신을 한껏 높이 쳐든 대포의 꽁무니에 달린 심지에 횃불을 놓고 옆으로 물러섰다. 길게 타올라가던 심지가 대포의 꽁무니 끝에서 반딧불처럼 깜빡거리는 순간 쾅—하고 천지가 무너질 듯한 폭음이 들려왔다.

도이단도로의 시선이 깜깜한 강물로 움직였다.

콰쾅—

강물이 아니라 저편 강가에서 폭음과 함께 불길이 솟았다. 도이단도로의 입이 쩌억 벌어졌다.

포탄이 한강을 넘어 떨어진 것이었다. 강과 강 사이의 길이를 대략 짐작하더라도 1000보는 쉽게 넘을 것 같았다. 연기가 가신 후에 다시 한 번 화포를 쏘았다. 천지가 울리는 듯한 굉음과 함께 강 건너에서 폭음과 불길이 일어났다. 도이단도로가 중풍 맞은 사람처럼 술잔 든 손을 부르르 떨었다.

병조판서 조말생이 아무런 표정의 변화 없이 도이단도로에게 말했다.

"보시오. 저번에 우리 군사들이 금전성을 공격하다가 실패한 것은 화포와 화차가 제 구실을 못했기 때문이오. 이번에 새로 만든 화포는 사정거리가 대단히 길어서 2차 정벌을 갈 때 충분히 공을 세울 것 같소."

도이단도로가 창백한 얼굴로 조용히 물었다.

"2차 정벌을 생각하신단 말씀이십니까?"

"조정 내부에서 그런 소리가 있소."

"대마도 수호께서 저를 통해 항복한다는 서한을 보내지 않았습니까. 그런데 다시 대마도를 정벌한다 하시면 어찌합니까?"

조말생이 굳은 얼굴로 말했다.

"조정 내부에서 말이 많았소. 도도웅와가 그대를 보내 항복한다고 말해왔지만 대마도가 조선의 땅이라는 확답이 없었고, 또 도도웅와가 조선의 신하가 되었을 때에야 모든 조건이 성립하게 되는 거요. 그런데 그대가 가져온 서신을 보면 도도웅와의 입장만 변명했을 뿐 가장 중요한 부분이 누락되어 있었소. 또한 대마도를 정벌할 때에 우리 측 갑사들이 사로잡혔다는 보고를 들었는데 그들에 대한 송환 문제 역시 빠져 있었소. 그 모든 정황으로 볼 때 조정은 대마도주를 믿을 수 없다는 결론이 나왔소. 그런데 우리가 대마도에 어떤 협상을 바랄 수 있단 말이오? 듣자니 종씨들이 소이씨의 가신들이라 하던데 대마도가 조선의 땅이 아니라면 구주의 소이씨에게 의탁하시기 바라오. 구주의 소이씨들과 도주와의 관계를 알았으니 지금부터 조선은 소이씨와의 통상을 끊을 것이로되, 대마도주에게 항복을 받는 기간은 지금부터 4달을 주겠소. 내년 이월까지 대마도에서 아무 소식이 없다면 대마도를 치러 갈 것이니 그리 아시오."

도이단도로가 할 말이 없어 창백한 얼굴로 고개를 푹 숙였다.

3

황급히 대마도로 돌아간 도이단도로가 병조에서 보낸 편지를 도도웅와에게 바쳤다.

바른 덕과 진실된 마음으로 천성을 지키는 것은 생명이 있는 인간이면 다 같이 지니고 있는 바요, 선을 좋아하고 악을 미워함은 사람의 마음이 다 같이 옳다고 여기는 바이다. 천지간의 사람들은, 그들의 언어와 풍습이 혹 다를지라도 바른 덕과 진실된 마음으로 천성을 지키는 성품과, 선을 좋아하고 악을 미워하는 마음은 다름이 없노라.

이제 대마도 사람들이 작은 섬에 모여들어 굴혈窟穴을 만들고 마구 도적질을 하여 자주 죽음을 당하고도 기탄하는 바가 없는 것은, 하늘이 내려 준 재성才性이 그렇게 달라서 그런 것이 아니요, 다만 작은 섬은 대개 다 돌산이므로 토성이 교박磽薄해서 농사에 적합하지 않고, 바다 가운데 박혀 있어 물고기와 미역의 교역에 힘쓰나 사세가 그것들을 늘 대기에 어렵고, 바다 나물과 풀뿌리를 먹고 사니 굶주림을 면하지 못해 핍박하여 그 양심을 잃어 이 지경에 이르렀을 뿐이니, 나는 이것을 심히 불쌍하게 여기노라.

도도웅와의 아비 종정무宗貞茂의 사람됨은 사려가 깊고 침착하며, 지혜가 있어 정의를 사모하여 성의를 다해, 무릇 필요한 것이 있으면 신청해 오지 않은 적이 없었다.

일찍이 진도와 남해 등의 섬을 청하여 그의 무리들과 함께 옮겨 와 살기를 원했으니, 그가 자손만대를 위해 염려함이 어찌 얕다 하겠는 가. 나는 이를 매우 가상히 여겨 막 그의 청하는 바를 들어 주려고 하였던 차에 정무貞茂가 세상을 버렸으니, 아아, 슬프도다.

도도웅와가 만약에 내 인애스러운 마음을 체득하고 아비의 후세를 염려한 계획을 생각하여, 그 무리들을 타일러 깨닫게 하여 그 땅에 사는 온 사람들이 항복해 온다면, 틀림없이 큰 작위를 내리고, 인신을 주고, 후한 녹을 나누어 주고, 전택을 내려 대대로 부귀의 즐거움을 누리게 하여 줄 것이요, 그 대관인代官人 등은 다 서차序次에 따라 작을 주고 녹을 갈라 주어 후한 예로써 대해 줄 것이며, 그 나머지 군소 배群小輩들도 다 소원에 따라 비옥한 땅에다 배치해 주고 하나하나에 농사짓는 차비를 차려 주어, 농경의 이득을 얻게 하여 굶주림을 면하게 하여 주리라.

양심을 충실하게 하면 선은 마땅히 행해야 하고 악은 마땅히 없애야 함을 알게 되어, 전에 물 들은 더러움을 싹 씻어버리고 예의의 습속으로 변하여 무궁토록 함께 복리를 누리게 될 것이니, 어찌 훌륭하지 아니하겠는가. 만약에 너희가 마음을 돌려 순종하고자 한다면 마땅히 사람을 보내어 내 지휘를 받도록 하여라.

아아, 문덕文德을 펴서 사방을 편안케 하는 것은 옛날부터 제왕의 본심이로다. 위무威武를 떨쳐서 순종치 않는 자를 죽여 없애는 것은 부득이한 때문이지 어찌 원하는 바이겠는가. 예조에 영을 내려 돌아가는 사자使者에게 글을 부쳐 나의 지극한 마음을 알리게 하노니, 스스로 새롭게 사는 길을 열려면 반드시 내 뜻을 따르도록 하라. 이제 선지의 뜻을 갖추어 써서 돌려보내노니, 자세한 것은 돌아가는 사자가 귀로 직접 들었노라.

도도웅와는 잘 생각하여라. 섬 중의 시세를 알고 의리를 아는 자들과 함께 의논해서 처리하면 온 섬이 다행할 것이다.

긴 장문의 편지를 읽은 도도웅와가 도이단도로에게 물었다.

"지금 조선의 사정이 어떻던가?"

도이단도로가 창백한 얼굴로 말했다.

"조선의 조정에서 대마도를 정벌할 준비를 하고 있었습니다."

"뭐?"

도도웅와가 펄쩍 뛰듯이 자리에서 일어났다.

"도주님의 말씀을 믿지 못하겠다고 하면서 조선 국왕이 넉 달 기한을 주었습니다. 만족할 만한 확답이 없다면 내년 2월에 재정벌을 하겠다합니다."

옆에 있던 도도웅수가 턱을 괴며 말했다.

"가을 추수가 끝이 났으니 군량도 넉넉할 것이고 바람도 북풍이 불어오니 한달음에 달려오겠군."

도이단도로가 말했다.

"도도웅수님. 지금 농담을 하실 때가 아닙니다. 제가 직접 불을 뿜는 화차와 화포를 보았는데 가공할 위력이 여름과는 확연히 달랐습니다."

"올 여름과 다르다고?"

"예. 제가 한강정에서 화차와 화포 쏘는 것을 보았는데 화차는 그야말로 피할 곳이 없고, 화포는 위력이 대단하여 포탄이 한강 건너편에 떨어졌습니다. 듣기에 사정거리가 1000보라 하는데 넓은 한강을 넘었으니 2000보는 넘을 듯 보였습니다. 여름에 가져온 화포는 200여 보라서 험한 금전성을 공격할 수 없었지만 제가 본 화포라면 금전성을 쑥밭으로 만들 수 있을 겁니다. 이제 그런 화포와 화차를 대량으로 가지고 대마도를 다시 공격한다면 우리 병력으로는 견뎌내지 못할 것입니다."

도도웅와가 뒤춤을 지고 다다미방을 왔다 갔다 하다가 도이단도로에게 말했다.

"넉 달이라. 큰일이군. 이제 곧 겨울이 다가오는데 식량도 부족하고 모든 여건이 최악이다. 방법이 없을까?"

도도웅수가 말했다.

"구주에 도움을 청하는 것은 어떨까요?"

도이단도로가 말했다.

"조선의 국왕이 도주님과 소이씨의 관계를 알고 있었습니다. 국왕이 말하기를 대마도가 조선의 땅이라는 확답이 없고, 소이씨와 관계가 있는 것을 알고 있는 이상, 어려움이 있다면 소이씨에게 물어보라 합니다. 앞으로 소이씨와의 무역도 끊을 것이니 마음대로 해 보라더군요. 조선 국왕이 못을 박은 이상 더 이상 거짓으로 항복하는 것은 먹혀들지 않을 것입니다. 무엇보다도 새로운 젊은 국왕의 신념이 확고해서 다른 수를 쓰기가 어려울 것 같습니다."

"답답하구나."

젊은 국왕이 이토록 강경한 대응으로 나서니 도도웅와로서도 방법을 찾기가 어려웠다. 방법은 일본국의 소이씨에게 도움을 요청하는 것뿐이었지만 일본국 왕과 대립하고 있는 소이씨가 도움을 줄 수 있을 것인지 미지수였다.

도도웅와가 한숨을 내쉬니 옆에 있던 도도웅수가 말을 받았다.

"소이씨는 우리와 형제와도 같았으니 그들이 이제 와서 우리의 불행을 외면하지는 않을 것입니다. 아직 넉 달이 남았으니 도움을 청하는 것이 어떻겠습니까?"

잠시 말이 없던 도도웅와가 도이단도로에게 말했다.

"하는 수 없지. 도이단도로는 수고스럽더라도 구주로 가서 우리의 상황을 말하고 확답을 받아 돌아오라. 결정은 그 이후로 미룬다."

"예."

도이단도로가 고개를 숙여 복명하곤 머리를 들어 말했다.

"참 조선의 국왕이 확답을 가져올 때에 사로잡힌 군관들을 돌려보내라고 하더군요."

"군관?"

"예. 사로잡힌 군사들을 송환하기 전엔 도주님을 믿을 수 없다고 못을 박더군요. 그때, 조선의 군관들을 죽이지 않은 것이 불행 중 다행입니다. 만에 하나 소이씨가 우리를 도와주지 못한다면 저희에게 남은 방법은 한 가지밖에 없습니다. 조선 병사들을 송환시키고 항서를 보내는 것밖엔……."

"그 방법밖엔 없는가?"

"조선의 젊은 국왕은 호락호락한 인물이 아닙니다. 신하들 역시 예전의 신하들이 아니었습니다. 저희를 대하는 태도가 판이하게 달랐습니다. 대마도를 정벌한 것 뿐 아니라 저를 대하는 태도 역시 물러섬이 없었습니다. 짧은 소견으로 보더라도 앞으론 저희들의 요구가 순순히 받아들여지지 않을 것 같습니다. 저희가 일본을 끌어들인다 하더라도 대마도 문제로 제일 피해를 보는 것은 도주님과 저희들 아니겠습니까? 만에 하나 일본에서 일이 잘못된다면 항서를 보내어 조정의 관원이 되는 것이 최선의 방법입니다. 어차피 대마도는 조선의 땅이었으니 군사들에 의해 토벌당하고 쫓겨나는 것보단 항서를 보내 대마수호의 자리를 고수하는 것도 한 방편이라고 봅니다."

팔짱을 끼고 생각에 잠겨있던 도도웅와가 길게 한숨을 내쉬다가 고개를 끄덕였다.

귀 환歸還

1

11월 20일, 경상도 관찰사가 일본국 왕사日本國王使 중僧 화자和子·양예亮倪가 도두음곶都豆音串에서 사로잡혔던 강인발姜仁發과 대마도를 정벌하러 갔을 때에 사로잡혔던 갑사 김정명金定命·박영충 등 4인을 거느리고 부산포富山浦에 도착하였음을 보고하였다.

세종이 크게 기뻐하며 갑사들과 포로들을 서둘러 한양으로 올려 보내라 일렀다. 열흘 후, 세종이 미리 도착한 갑사들을 인정전仁政殿에서 인견하였다.

"모두들 수고가 많았소. 못난 과인의 탓이니 나를 용서하시오."

"전하. 모두 전하의 덕입니다. 이제 다시 전하를 뵙게 되오니 감개무량합니다."

박영충이 눈물을 흘리며 무릎을 꿇자 따라온 갑사들이 모두 엎드려 울었다.

세종이 갑사들에게 주안을 마련하여 그동안의 노고를 위로하고, 미곡과 상목을 주어 집으로 돌려보내고 따로 박영충을 편전으로 불렀다.

세종이 박영충에게 대마도에서 있었던 일들을 들었다. 박영충은 윤득홍과 함께 화포 5문을 싣고 어렵게 거제도로 간 일과 대마도에서 왜인들과 접전한 이야기와 금전성에서 순돌이와 함께 도망하여 구전촌에서 사로잡힌 이야기를 장황하게 늘어놓았다.

자정 무렵까지 이야기를 듣던 세종이 주안을 마련하여 그 다음 이야기를 물었다.

박영충은 갑사들과 함께 구전촌에 잡혀 죽기 일보 직전에 살아났는데 다음날, 조선 군사들이 두지포에서 퇴각했다는 소식을 들었다 하였다. 포로가 된 박영충은 도도웅와의 성에서 지내게 되었는데, 그 덕분에 대마도에서 돌아가는 이야기를 대략이나마 알게 되었다.

대마도주 도도웅와가 구전촌의 신라장원에서 부하를 보내어 8군의 소식을 물어오니 사카의 관부가 잿더미가 된 것은 둘째 치고라도 10의 8개 마을과 포구가 파괴되고 섬에 있던 쥐꼬리만한 논과 밭이 망가져서 겨울과 다음해 봄을 날 가망이 없었다. 8월에 중국으로 약탈 갔던 부하들의 배가 돌아왔는데 100여 척 가운데 70여 척이 중국에서 파괴되고, 싸움에서 죽고 사로잡힌 자가 1500명이나 되었다.

도두음곶에 침입한 해적의 배는 30척인데 백령도에서 윤득홍에게 1척을 빼앗기고 중국에서 싸우다가 없어진 것이 16척이며, 나머지 14척은 돌아왔는데 7척은 곧 일기주—岐州의 사람으로, 벌써 그 본주로 돌아갔고, 7척은 대마도의 사람인데 전라도에서 공물선 9척을 끌고 왔지만 그해 겨울을 나기도 힘들어서 배가 있는 자들은 뿔뿔이 흩어져 대마도가 텅 비게 되었다 하였다.

맞은 데 또 맞고, 엎친 데 덮친 격이라 다급해진 도도웅와가 부하 도이단도로를 시켜 축전주筑前州 태재太宰 소이등원만정少貳藤原滿貞에게 구원을 청하였다. 그러나 소이등원만정 역시 조선과 무역이 끊어질까 두려워 도도웅와를 바로 돕지 못하고 원의지(源義持, 아시카가요시모토)에게 도움을 요청하였다. 이에 원의지가 신년 사례를 하러 양예를 보내어 일행이 대마도에 이르렀을 때, 대마도 정벌에서 사로잡힌 갑사들과 포로들이 조선으로 돌아올 수 있었던 것이다. 그동안 도도웅와가 조선군이 다시 대마도를 정벌할까 두려워하여 포로들을 지극하게 대해주었는데 예전에 잡혀왔던 사람들까지 모두 조선으로 돌아올 수 있도록 배려해주었다고 하였다.

박영충의 이야기가 끝이 나자 세종이 미소를 지으며 물었다.

"경이 고생이 많았다. 경이 원하는 것이 무엇인가?"

박영충이 머리를 바닥에 조아리고 읍하며 말했다.

"천한 것을 벼슬길에 올려 주신 것만으로도 감읍합니다. 신은 더 이상 원하는 것이 없습니다."

세종이 고개를 저으며 말했다.

"아니다. 첫째로 경이 정벌에 세운 공이 크고, 둘째로 경의 재주가 아까우니 과인과 백성들을 위해 이로운 벼슬을 마련해 주마. 경은 과인과 백성을 위해 충성을 다하기 바란다."

"성은이 망극하옵니다."

박영충이 황공하여 어쩔 줄을 몰라 했다.

2

세종이 박영충과 순돌을 데리고 군기감을 찾았다. 겨울의 차가운 날씨 가운데서도 군기감은 시장통처럼 북적거렸다. 군기감으로 들어가니 군기소감 이도와 최해산이 달려와 맞이하였다. 이도와 최해산이 생사를 모르던 순돌이를 보고 기뻐하였다.

"이 자식. 죽은 줄로만 알았더니 살아있었구나."

"잘 돌아왔다. 잘 살아 돌아왔어."

이도와 최해산이 순돌이의 머리를 쓰다듬으며 한마디씩 하였다.

세종이 그윽한 미소를 지으며 물었다.

"기동이는 어디 있느냐?"

최해산이 말했다.

"염초를 태우고 있을 겁니다."

"잘하고 있는가?"

"예. 그 녀석이 요금 군기감에서 제일 열심일 겁니다. 밤낮 없이 화약과 무기에 매달려 있기에 좀 쉬라고 염초 태우는 일을 시켰습니다. 아마 순돌이가 살아온 것을 알면 놀라 까무러칠 것입니다."

세종이 미소를 지으며 말했다.

"어서 데려오라."

별감이 후다닥 달려가서 얼굴이 시커멓게 그은 기동이를 데리고 왔다.

"기동아."

순돌이가 소리치며 다가가자 기동이 놀란 얼굴로 멍하니 바라보다가 달려와 순돌을 껴안았다.

"순돌아."

시커먼 재가 가득한 기동의 볼에 두 줄기 눈물 자욱이 났다. 두 소년이 서로 떨어져 손을 맞잡고 물었다.

"그동안 잘 지냈는겨?"

"그러는 넌 다친 데 없니?"

"네가 신문고를 두드렸다는 말은 들었구먼. 네 덕분에 나와 사수장 나리가 살아 돌아왔으니 네 공이 크구먼."

"사수장 나리도 살아 돌아오셨구나."

"그럼. 승진하셔서 정의현감에 제수되셨구먼."

기동이 고개를 드니 순돌의 뒤편에 장교 복색을 한 박영충이 서 있었다.

"나리."

기동이 박영충에게 인사를 하였다.

"고맙다는 말은 주상전하께 하거라."

기동이 박영충의 뒤편에 서 있는 세종을 보곤 땅바닥에 엎드려 큰절을 하였다.

"임금님. 고맙습니다."

눈물을 닦고 일어난 기동이 소매로 눈가를 닦았다. 그 얼굴이 일변 기뻐하면서도 일변 서운해 보였다. 순돌이 씨익 웃다가 기동의 어깨를 두드리며 말했다.

"기동아. 점순이 누나도 함께 왔다."

"저, 정말?"

"그럼 군기감 바깥에서 기다리고 있어. 함께 가 볼래?"

기동의 눈에서 닭똥 같은 눈물이 쏟아졌다. 기동이 천천히 세종의 앞으로 다가가 큰절을 하였다.

"임금님. 이 은혜를 어떻게 갚아야 할는지……."

세종이 기동과 순돌이를 번갈아 바라보며 말했다.

"열심히 기술을 배우고 익혀라. 너희들의 위치에서 너희들이 할 수 있는 최선을 다하거라. 그래서 왜구들이 감히 이 땅을 침범하지 못하도록 이 나라를 부강하게 만들어다오. 그것이 너희들이 나에게 은혜를 갚는 길이다. 나 역시 내 자리에서 최선을 다할 것이다. 너희가 그리 할 수 있겠느냐?"

"예. 꼭 그렇게 하겠습니다."

말하는 것은 기동이요,

"열심히 배우겠구면유. 배우고 익혀서 이 땅에 왜구들이 얼씬 못하게 할 거구먼유."

　하고 이를 꾹 다무는 것은 순돌이었다.

　세종이 두 소년들을 보고 빙그레 미소를 지었다.

　"누이가 보고 싶을 텐데 어서 나가보라."

　기동과 순돌이가 허리를 구부려 인사를 하곤 함께 군기감의 문으
로 부리나케 뛰어나갔다. 세종이 안중문으로 사라지는 기동과 순돌
을 바라보며 흐뭇한 미소를 지었다.

항서降書

1

세종 2년 1월 6일, 세종이 인정전에 나가 군신의 조하를 평상시와 같이 받았다. 이때 좌우에서 전악이 웅장하게 울려서 그 광경이 실로 장엄하였다. 동반과 서반의 신하들이 품석 앞에 서서 국궁하고 있을 때에 일본국 사신 양예亮倪가 그 부하를 거느리고 반열을 따라 예를 행하였다.

양예가 이런 일을 처음 겪어보는 터라 어쩔 줄을 모르는데 세종이 서반西班 종3품의 반열에 서게 하여 군신들과 함께 조하를 보았다. 예가 끝나자 세종이 통사通事 윤인보尹仁甫에게 명하여 양예를 인도하여

전상殿上에 오르게 하였다.

"풍수風水가 험한 길에 수고롭게 왔소."

양예가 젊은 임금의 영롱한 눈빛을 보고 황송하여 굽어 엎드려 대답하였다.

"임금의 덕택을 말로써 다하기 어렵습니다."

"너희들의 바라는 것이 무엇인가."

"대장경大藏經 뿐이올시다."

"대장경은 우리나라에서도 희귀하오. 그러나 귀국과의 관계를 생각하여 1부部는 구해 주겠소."

양예가 엎드려 머리를 조아렸다.

"우리나라에서 받은 임금의 은혜는 이루 말할 수 없습니다."

세종이 물끄러미 양예를 내려다보다가 물었다.

"너희들이 하고 싶은 말이 있을 것이다."

양예가 힐끔힐끔 눈치를 보았다. 무언가 말을 하고 싶지만 분위기에 눌려서 할 말을 못하는 것이었다.

세종이 부드럽게 물었다.

"올해 여름에 우리가 대마도를 정벌한 사실을 알고 있는가?"

"그렇지 않아도 종도도웅와가 구주절도사에게 서한을 보내어 물어왔습니다."

"대마도는 본래 경상도에 예속한 땅이오. 땅이 기름지지 못하고 바다와 멀리 떨어져 있기에 놔두었더니 차차 왜적들이 자리를 잡아서 도적질의 근거지가 되었소. 상왕께서 도도웅와의 아비인 종정무에게 벼슬을 주고 후하게 대우하였는데 이제 그 아들이 의리를 버리고 도적질을 하게 되니 어쩔 수 없이 무력을 쓰게 되었소. 그대가 대마도에 사로잡힌 갑사들을 데려왔으니 이유는 더 잘 알 것이오. 일본국 국왕의 뜻은 어떤가 물어보고 싶소."

양예가 머리를 숙이며 말했다.

"대마도의 종씨들이 축전국의 소이씨와 관계가 있으나 근래 소이씨가 저희와 관계가 좋지 않습니다. 부득이 도도웅와가 소이씨의 도움을 얻지 못하고 우리에게 중재를 요청하여 갑사들과 포로들을 보내어 왔으니 하해와 같은 마음으로 한번 용서해 주시지요."

"그런 것으로는 아니 되오. 내가 도도웅와에게 항복할 기한을 주었고 이월까지 확답이 없다면 다시 정벌한다 하였으니, 따라온 사신의 편에 내 말을 분명히 전해주기 바라오."

"예."

양예가 고개를 숙여 읍하였다.

"또 할 말은 없으시오?"

"말로서는 다할 수 없으므로 삼가 시를 지어 충성을 보이겠습니다."

양예가 품속에서 시를 꺼내어 올렸다.

廣拓山川歸禹貢 넓게 개척한 산천은 우공禹貢에 돌아가고,
高懸日月揭堯天 높이 달린 일월日月은 요천堯天이 열리도다.
聖朝何以酬皇化 무엇으로서 성조聖朝의 황화皇化에 감사할지.

端拱三呼萬萬年 사뭇 읍하여 세 번 만만년을 부른다.

전날 일본국 경도京都 소조아상하小早阿常賀와 구주 총관九州摠管 원도진源道鎭과 농주수호農州守護 평종수平宗壽 등이 사람을 보내어 토산물을 바치며 충성을 맹세하였는데 이렇듯 일본국 왕의 사절이 다시 충성을 맹세하는 시를 읊으니 세종은 마음이 흐뭇하였다.

"고맙소. 우리나라와 일본은 바다를 사이에 두었지만 가장 가까운 나라요. 큰 물결이 험한 데가 많아서 때때로 소식을 잇지 못하더니 이제 그대가 찾아와 소통을 하게 되니 기쁜 일이오. 이제 두 나라가 화친하여 영구히 변함없이 지내도록 하자고 국왕에게 말해주시오."

"예. 알겠습니다."

양예가 허리를 구부렸다.

2

세종 2년 윤 1월 10일, 대마도의 도도웅와의 부하 시응계도時應界都가 사신으로 와서 도도웅와의 서신을 전달하였다.

대마도는 토지가 척박하고 생활이 곤란하오니, 바라옵건대 섬사람들을 가라산加羅山 등 섬에 보내어 주둔하게 하여, 밖으로는 귀국貴國을 호위하며, 백성으로는 섬에 들어가서 안심하고 농업에 종사하게 하고, 그 땅에서 세금을 받아서 우리에게 나누어 주어 쓰게 하옵소서.

저는 일가 사람들이 수호하는 자리를 빼앗으려고 엿보는 것이 두려워 나갈 수가 없사오니, 만일 우리 섬으로 하여금 귀국 영토 안의 주·군州郡의 예에 의하여, 주州의 명칭을 정하여 주고 인신印信을 주신다면 마땅히 신하의 도리를 지키어 시키시는 대로 따르겠습니다.

도두음곶에 침입한 해적의 배 30척 중에서 싸우다가 없어진 것이 16척이며, 나머지 14척은 돌아왔는데, 7척은 곧 일기주一岐州의 사람인데 벌써 그 본주로 돌아갔고, 7척은 곧 우리 섬의 사람인데 그 배 임자는 전쟁에서 죽고 다만 격인格人들만 돌아왔으므로, 이제 이미 각 배의 두목 되는 자 한 사람씩을 잡아들여 그 처자까지 잡아 가두고 그들의 집안 재산과 배를 몰수하고 명령을 기다리고 있사오니, 빨리 관원을 보내어 처리하시기를 바랍니다.

세종이 서신을 보니 박영충의 말과 크게 다르지 않아 진심으로 복종을 바라는 것이라 생각하였다.

"이제 도도웅와가 스스로 조선의 속주가 되겠다고 하였으니 목적한 바는 달성하였다."

세종이 예조 판서 허조에게 명하여 도도웅와의 서한에 답서하게 하니, 그 글이 이러하였다.

사람이 와서 편지를 받아 보고 네가 진심으로 뉘우치고 깨달아서 신하가 되기를 원하는 뜻을 자세히 알았으며, 돌려보낸 인구人口와 바친 예물은 이미 자세히 위에 아뢰어 모두 윤허하심을 받았으니, 실로 온 섬의 복이라고 생각한다.

네가 요청한바 여러 고을에 나누어 배치한 사람들에게는 이미 의복과 식량을 넉넉히 주어서 각기 그 생업에 안심하고 종사하게 하였는데, 섬 안에는 먹을 것이 부족하니 돌아간다면 반드시 굶주릴 것이다.

또한 대마도는 경상도에 매여 있으니, 모든 보고나 또는 문의할 일이 있으면 반드시 본도의 관찰사에게 보고를 하여 그를 통하여 보고하게 하고, 직접 본조에 올리지 말도록 할 것이요, 겸하여 청한 인장의 전자篆字와 하사하는 물품을 돌아가는 사절에게 부쳐 보내노라.

근래에 너의 관할 지역에 있는 대관代官과 만호萬戶가 각기 제 마음대로 사람을 보내어 글을 바치고 성의를 표시하니, 그 정성은 비록 지극하나 체통에 어그러지는 일이니, 지금부터는 반드시 네가 친히 서명한 문서를 받아 가지고 와야만 비로소 예의로 접견함을 허락하겠노라.

이때 세종이 인장을 함께 보내었으니 글자는 "종씨 도도웅와宗氏都都熊瓦"라 하였다.

낙천정 樂天亭

이 해 겨울은 유난히 눈이 많이 내렸다. 모이는 사람들마다 이 해가 대풍이 될 것이라 말들을 하였다. 전날 눈이 많이 내린 탓에 상왕의 환후가 걱정이 된 세종이 이른 아침 낙천정에 행차하였다.

낙천정은 작년 8월에 대산臺山의 구릉에 지은 정자의 이름이었다. 대산의 동북방 모퉁이에 이궁離宮을 짓고 상왕께서 거처하시면서 정자에 올라 경치를 완상하시었는데 한 달 전부터 수강궁을 나와 낙천정의 이궁에서 머물러 계셨다.

상왕이 세종을 맞이하여 낙천정으로 올라갔다. 낙천정의 사방에 화로를 피우고 바닥에 수달피를 깔아서 따뜻하고 훈훈한 기운이 봄과 같았다.

전날 눈이 내려 온 세상이 푸른 하늘과 흰 눈으로 이분된 것 같았다. 멀리 연이은 봉우리와 중첩한 산등성이가 궁궐을 전위하는 시위처럼 서 있고, 언 강물 위로 흰 눈이 이불을 덮은 것 같아서 너른 한강이 넓은 평야처럼 보였다.

한동안 경치를 완상하던 상왕이 입을 열었다.

"내가 처음에 대마도의 일을 주상에게 맡길 때에는 심히 걱정이 되었소. 그러나 후에 조말생과 이종무로부터 주상이 세심하게 주도하였다는 이야기를 들었고 이제 대마도 왜구의 일을 깨끗하게 마무리 지은 것을 보니 내 마음이 든든하오."

"송구한 말씀입니다. 모두 상왕전하께서 도와주신 때문이지 어찌 저의 공이겠습니까. 가당치도 않습니다."

상왕이 입가에 미소를 지었다.

"주상의 마음이 갸륵하구려. 주상은 일체의 모든 일을 나에게 의논하고 모든 공은 나에게 돌리려 하는구려."

"아니옵니다."

상왕이 고개를 돌려 먼 곳을 응시하다가 이윽고 입을 열었다.

뿌리 깊은 나무는 바람에 흔들리지 아니하나니,
꽃이 좋아야 열매가 많도다.
샘이 깊은 물은 가뭄에 마르지 아니하나니
시내로 흘러 바다로 내려가는구나.

상왕이 고개를 돌려 세종에게 말했다.

"주상. 이 노래의 뜻을 아시겠소?"

세종이 고개를 숙여 읍하며 말했다.

"나무라 함은 이 나라요, 뿌리는 백성이옵니다. 백성들의 민의를 듣고 백성을 섬기듯 나라를 이끌어 가면 외세의 침입에도 흔들리지 않는 굳건한 나라가 된다는 것입니다. 백성들의 말은 깊은 샘의 물과도 같은 것이니, 백성들의 소리에 귀 기울여 정사를 행하면 큰 바다와 같이 융성한 나라를 만들 수 있다는 뜻이옵니다."

상왕이 고개를 끄덕이며 물었다.

"성군이란 어떤 사람을 이르오?"

"백성들의 소리에 귀 기울이고 백성들의 마음을 헤아려, 백성들을 위한 정치를 하는 군왕을 이름입니다."

"그렇소. 백성은 국가의 근본이니, 나무로 말하면 뿌리이며 깊은 땅의 샘물과 같은 존재요. 백성들을 내 자식처럼 귀하게 생각하고 그들의 고통을 어루만지는 정치를 행하는 군왕이야말로 천하 백성들이 바라는 성군일 것이오. 주상은 명심하시오. 뿌리 깊은 나무는 바람에 흔들리지 아니하는 법이오."

세종이 상왕의 말을 몇 번이고 되뇌자 상왕이 부드러운 어조로 세종에게 말했다.

"주상. 나는 이제부터 정사에서 일체 손을 떼고 낙천정에서 산수의 낙이나 즐길 작정이오."

"상왕전하. 그게 무슨 말씀이십니까?"

"주상. 요임금이 순임금에게 왕위를 넘긴 이유가 무엇이겠소? 다시 순임금이 우임금에게 왕위를 넘겨 준 이유가 무엇이겠소? 주상은 내 시험에 통과하였소. 아니 성군의 재질을 내 눈으로 보았으니 나는 미련 없이 왕위를 넘겨줄 생각이오."

"상왕전하. 다시 생각해 주시옵소서."

상왕이 고개를 저으며 말했다.

"주상. 내가 이 정자 이름을 왜 낙천이라 지은 줄 아시오? 변계량은 정기(亭記)에서 억지로 애쓰지 아니하고 자연히 이치에 합하는 것을 말한다고 하였지만 내 생각은 다르오. 낙천이란 말 그대로 하늘도 즐거워할 만한 태평성대를 바라는 마음에서 지은 이름이오. 사람과 땅이 하늘과 더불어 즐거워할 만한 세상, 그런 세상을 이 두 눈으로 보고 싶어 지은 이름이오."

상왕이 세종의 손을 잡았다.

"이제 그런 세상을 주상이 나에게 보여주세요."

"상왕전하께서 계신데 제가 어찌?"

상왕이 머리를 저었다.

"아니에요. 이제 내가 없이도 주상은 잘 해낼 것입니다. 지난해 주상이 말했던 무위를 나에게 보여줬으니 이제는 백성들에게 문경(文經)을 보여주시오. 아니 이제는 문경무위(文經武緯) 두 가지 모두를 보여주시오. 백성들이 외세의 침입을 받지 않고 모두 배부르게 살 수 있는 그런 태평한 세상을 나에게 보여주시오."

"상왕전하."

세종이 상왕의 무릎 앞에 엎드려 울었다. 상왕이 담담하게 미소를 지으며 말했다.

"내가 이곳에서 지켜볼 테니 나에게 보여주시오. 이 낙천정에서 아름다운 산수를 바라보며 주상의 덕으로 백성들이 태평가를 부르는 소리를 들을 것이오. 이제 내 마지막 소원을 주상이 들어 줄 수 있겠지요?"

한동안 흐느끼던 세종이 입을 굳게 다물고 고개를 끄덕거렸다.

상왕이 세종의 손을 이끌어 일으켜 세우곤 흰 눈에 쌓인 아름다운 산천을 바라보다가 푸른 하늘을 가리켰다.

"주상. 저기 보시오. 저기 홍학이 무리지어 날아가오. 저놈들이 우는 것이 장차 태평성세가 도래한다고 노래 부르는 것 같구려. 그렇지 않소?"

상왕이 소리 높여 웃었다. 세종이 상왕의 손을 잡고 고개를 들어 바라보니 긴 나래를 펼치고 우는 홍학의 소리가 푸른 하늘 위로 긴 여운을 남기며 흩어져갔다.

終

▌대마도 정벌 일표

1419년

5월 4일	충청도 결성 지역에 왜구 나타남
5월 5일	왜구 비인현 도두음곳에 왜선 50척 침공, 300사상자를 냄
5월 6일	평도전 등 처치사들 보냄
5월 10일	충청좌도 도만호 김성길 참형 당함
5월 12일	황해도 해주에 왜선 7선 침입
5월 14일	상왕과 임금이 대신들을 불러 대마도 치는 문제 의논
5월 16일	박초와 우박에게 충청·전라의 병선과 군졸을 점검하여 정벌 나가게 함
5월 18일	상왕과 임금 두모포에 거동하여 장수 이종무 등을 전송하고 격려. 이종무, 송거신에게 군호를 더하고, 유습, 우박 등에게 삼군 총제직 제수. 중군과 우군은 떠나고 좌군은 다음날 떠나기로 함
5월 20일	유정현은 삼도 도통사로, 최윤덕은 삼도 도절제사로 삼다
	대마도 종준이 보낸 사신들이 돌아가고자 하니, 왜구 침입에 대해 책망
5월 21일	떠나는 도절제사 최윤덕에게 상왕이 활과 화살을 주다
5월 23일	윤득홍·평도전 등이 백령도에서 왜구를 협공하여 공을 세움.
6월 2일	대마도 정벌과 왜인 토벌에 큰 공을 세운 이천·윤득홍에게 무관직 제수

6월 4일	도통사 유정현이 포로로 잡은 경상 충청 강원 각 포구에 있던 왜인의 수 보고. 평도전의 아들 평망고 저항하다 처형당함
6월 6일	구주절도사가 정벌에 의혹되지 않도록 교지를 내리다
6월 9일	상왕이 대마도 정벌에 대해 중외에 교유하다
6월 14일	평도전을 따르고자 한 통사 박귀 딴마음이 있다 하여 국문 평도전을 잡아오게 하여 함길도로 귀양케 함.
6월 17일	삼군 도체찰사 이종무기 거제도에서 바다로 나갔다가 바람 때문에 다시 돌아옴
6월 19일	이종무가 다시 대마도로 진군
6월 20일	상왕이 행군이 늦은 것을 문책
6월 21일	두지포에 도착하여 승전을 거두다
6월 29일	유정현의 종사관이 대마도 승전을 고하다 이로군의 접전에서 박실이 패전하다
7월 3일	이종무가 군사들을 거느리고 거제도로 돌아오다
7월 4일	왜구가 전라도 공물선 9척을 노략질해가다
7월 7일	정역, 권홍, 이종무 등을 승진시키고, 다시 병선을 거느려 대마도 왜적을 치게 하다
7월 15일	구량량에 정박해 있던 대마도 정벌 병선 풍랑으로 부서지고 없어지다
7월 17일	대마도 수호 도도웅와에게 교화에 응할 것을 교유
7월 18일	귀화한 왜인들을 이용해 먼저 교유하기로 하고 유정현 등을 서울로 부름
7월 21일	동정에서 얻은 한인 130여 명을 요동으로 풀어 보냄

7월 28일	유정현이 왜구 대비책을 조목별로 아룀
	병조에서 9, 10월에 대마도 섬멸을 위해 각도의 병선을 수리하게 함
8월 1일	경상도에서 돌아오는 유정현과 최윤덕을 위해 주연을 베풀다
8월 4일	이종무, 우박 등이 돌아오니 낙천정에 거둥하여 주연을 베풀다
8월 7일	대마도에서 포로로 잡은 요동 등지의 남녀 142명을 요동으로 압송하다
8월 10일	상왕과 임금이 선양정에서 주연을 베풀어 유정현, 이종무 등을 위로하다. 병조에서 동정한 군관과 군인을 상주는 등수의 차례를 정해아뢰다. 병조에서 패전한 박실의 죄를 아뢰다. 우박, 박초, 이장을 삼남의 병마도절제사로 삼아 병선을 만들어 동정에 대비하게 하다
8월 13일	경상도에서 박실이 돌아오다
8월 14일	패전한 죄를 물어 박실을 의금부에 하옥하고 치죄케 하다
8월 16일	상왕이 박실의 죄를 무난히 처리케 하다
9월 20일	대마도 수호 도도웅와가 신서信書를 보내어 항복하기를 빌다
9월 21일	대마도의 항복을 받는 문제와 왜관을 짓는 문제를 의논하다
10월 11일	상왕이 유정현 등과 대마도를 설유하는 방책을 의논하다
10월 13일	조말생이 허조와 함께 도이단도로에게 항복을 설유하다
10월 18일	도도웅와가 보낸 서신에 답한 예조 판서 허조의 편지
11월 20일	일본국 왕사 화자·양예 등이 강인발 등을 거느리고 부산포에 도착하다
12월 14일	일본국 왕의 사신이 서울에 들어오다
12월 17일	정이 대장군이라 자칭한 일본국 원의지가 사신을 보내 서계를 올리다

1420년

1월 5일	일본국 경도·구주 등에서 사람을 보내어 토산물을 바치다.
1월 6일	일본국 사신 양예를 맞이하여 《대장경》 1부를 주고 화친을 다지다
1월 25일	대마도 종준이 사람을 보내어 토산물을 바치다
윤1월 10일	예조에서 대마도의 도도웅와가 귀속하기를 청한다고 아뢰다
윤1월 14일	대마도의 도도웅와가 사람을 보내어 토산물을 바치다
윤1월 23일	허조에게 명하여 도도웅와의 귀속 서한에 답서하게 하다
	도도웅와에게 도서와 인신을 하사하다

기해동정록은 23세의 젊은 세종이 즉위한 다음해 기해년(1419) 5월 5일부터 이듬해 윤 1월 23일 대마도가 조선의 속도屬島가 될 때까지 대략 300일간의 이야기를 다룬 것이다.

1418년 8월 태종이 왕위를 전위한 후, 임금이 된 세종은 태종의 뜻을 이어받아 정치를 시작하게 된다. 초기에 세종은 태종의 뜻을 따라 정사를 돌보지만 23살의 건장하고 효심 깊은 세종은 허수아비 임금만은 아니었다. 즉위 초기 대마도 정벌은 단순히 도적을 토벌하는 것 이외에 큰 의의가 있다.

대마도가 경상도의 속주가 되었다는 역사적인 사실 이외에 세종의 치세기간에 걸쳐 추구하였던 부국강병 정책과 민본사상을 이해할 수 있는 좋은 단서가 되기 때문이다.

대마도가 일본의 영토가 되어 버린 지금, 일본과 독도 문제로 시끄러운 이때 대마도가 누구의 땅이냐를 따지고 싶은 것은 아니다.

1420년 세종이 대마도주의 항서를 받아들여 대마도를 우리 땅으로 만든 역사의 기록은 우리나라 사람이라면 반드시 알아야 할 이야기이기 때문이다.

세종의 민본정책 역시 그러한 부국강병의 바탕 위에서 치국의 요체로 작용하였다.

조선왕조 500년의 기초를 다졌으며, 가장 찬란한 문화적 융성기를 구가한 대왕 세종. 그의 치국의 요체를 우리는 대마도 정벌이라는 사건을 통해 들여다볼 수 있다.

뿌리 깊은 나무는 바람에 흔들리지 아니한다는 글귀를 자주 읊었던, 민초들을 자신의 자식처럼 생각하고 언제나 민초들의 소리에 귀 기울였던 세종대왕의 모습은 현대를 살아가는 우리가 귀감으로 삼아야 하지 않을까?

세종, 대마도를 징벌하다

초판 1쇄 발행일 | 2008년 7월 25일

인지는
저자와의
합의하에
생략함

지은이 | 권오단
펴낸이 | 박영희
표 지 | 콩디자인
편 집 | 정지영·허선주
펴낸곳 | 도서출판 어문학사
        132-891 서울특별시 도봉구 쌍문동 525-13
        전화: 02-998-0094 / 팩스: 02-998-2268
        홈페이지: www.amhbook.com
        e-mail: am@amhbook.com
        등록: 2004년 4월 6일 제7-276호

ISBN 978-89-6184-049-1 03900
정 가 | 10,000원